100 Viagens
que Toda Mulher Precisa Fazer

100 Viagens
Que Toda Mulher Precisa Fazer

Stephanie Elizondo Griest

Tradução
Camila Werner

Editora Novo Conceito
d'bolso

Título original: 100 Places Every Woman Should Go

1a. impressão - 2011
Produção Editorial
Equipe Novo Conceito
Tradução: Camila Werner
Preparação de texto: Camila Sanches
Revisão de texto: Beatriz Simões, Meggie Manauar
e Valquíria Della Pozza
Diagramação e editoração: Printmark Marketing e Editorial
Capa: Mello & Mayer
Imagens da capa: Adrian van Leen (Austrália) e
Rawku5 (Alemanha) – SXC – Stock.Xchng – www.sxc.hu
Este livro segue as regras da Nova Ortografia da Língua Portuguesa

Dados Internacionais de Catalogação na Publicação (CIP)
(Câmara Brasileira do Livro, SP, Brasil)

Griest, Stephanie Elizondo
100 viagens que toda mulher precisa fazer / Stephanie Elizondo Griest ; tradução Camila Werner. – Ribeirão Preto, SP : Novo Conceito Editora, 2011.

Título original: 100 places every woman should go.
ISBN 978-85-63219-61-9 (pocket)

1. Mulheres viajantes 2. Viagens 3. Viajantes - Escritos I. Título.

11-07650 CDD-910.4082

Índice para catálogo sistemático:
1. Mulheres viajantes : Narrativas 910.4082

Rua Dr Hugo Fortes, 1885 - Parque Industrial Lagoinha
14095-260 - Ribeirão Preto - SP
www.editoranovoconceito.com.br

Para minha sobrinha Analina e
meu sobrinho Jordan.
Que suas viagens os levem a todos
os cantos do mundo!

Sumário

II. LUGARES PARA AVENTURA

III. PURIFICAÇÃO E BELEZA

IV. PERMITA-SE

V. LUGARES DE CELEBRAÇÃO E AFIRMAÇÃO FEMININA

VI. LUGARES DE LUTA E RENOVAÇÃO

VII. LUGARES DE INSPIRAÇÃO E ILUMINAÇÃO

VIII. APENAS VÁ

IX. OS MELHORES DESTINOS DE TODOS OS TEMPOS

Introdução

Holly Morris

O tempo parava quando eu girava o globo e colocava meu dedo sobre algum país desconhecido — um continente cor-de-rosa, uma ilha verde, uma *república*, uma *serra* ou uma *cordilheira*. Os *itálicos*, os negritos, os litorais recortados, os oceanos azuis sem fim: para mim, tudo isso eram possibilidades. De algum modo, mesmo naquela época eu já sabia que conhecer o mundo deveria ser uma das melhores coisas da vida.

E agora, com um tanto de poeira da estrada debaixo das unhas e a sensação aguçada de que os anos passam voando, viajar com um *objetivo* (em vez de ficar vagando por aí) parece mais importante do que nunca. Mas *para onde?* E *por quê*?

O mundo lá fora é grande, muito grande, intimidador e emocionante, e um pouco de orientação não faz mal a ninguém. Claro, existem pilhas de guias de viagem que oferecem muitas informações sobre preços de passagens de ônibus, hotéis e histórias obscuras — o tipo de coisa que some da sua mente no instante em que você se vê dançando sobre uma sólida mesa grega, assistindo às oferendas deslizarem pelo Ganges sagrado ou observando os campos de extermínio do Camboja.

Nós, mulheres, deveríamos usar um livro que descrevesse o mundo de um jeito que fizesse sentido para nós; um livro que nos encorajasse a seguir nossas inspirações e a procurar os lugares pelo mundo em que elas se manifestam. *100*

Viagens que Toda Mulher Precisa Fazer faz exatamente isso. Este livro é a junção dos conhecimentos e das experiências de uma intrépida viajante, que encheu alguns passaportes e agora está nos entregando apenas as anotações mais suculentas, para que outras possam colocar o pé na estrada com o mesmo espírito feminino.

Há muitas boas razões para viajar para longe, para perto, para qualquer lugar. Às vezes, só precisamos dar uma escapadinha das exigências sem graça da labuta diária; outras, perdemos o rumo e precisamos refletir sobre a mudança com uma clareza que só podemos atingir saindo da nossa zona de conforto; às vezes, esperamos nos relacionar com outras pessoas ao redor do mundo que estão enfrentando desafios idênticos ou diferentes dos nossos: pobreza, minas terrestres, angústia espiritual, troca de fraldas do filho. Por vezes, apenas precisamos nos lembrar de que há uma foliona dentro de cada uma de nós — e que, de vez em quando, ela devia se dar ao luxo de uma massagem relaxante benfeita.

Este guia prático serve como um lembrete de que cada viagem pode ser uma jornada de devoção com altos e baixos. Ele me trouxe lembranças das peregrinações tantas vezes adiadas: o intrigante festival em homenagem à Virgem em um recanto da América do Sul, para o qual tenho pensado em ir nos últimos dez anos; o mágico templo hindu em Kerala, que me encanta há tanto tempo; as origens das minhas ancestrais.

100 Viagens que Toda Mulher Precisa Fazer mostra todas as melhores razões para viajar e fornece uma excelente lista de destinos que com certeza vão responder aos seus *para onde* e aos seus *porquês*. Vamos nessa!

Holly Morris, Brooklyn, EUA

Holly Morris é produtora executiva, redatora e apresentadora da série *Adventure Divas;* ganhou o prêmio PBS e é autora do livro *Adventure Divas: Searching the Globe for Women Who Are Changing the World*, "Escolha do Editor" pelo *New York Times*.

Ela escreve para revistas e jornais norte-americanos, incluindo *Outside* e *The New York Times*, e participou de diversas antologias. Foi diretora editorial da *Seal Press* e desenvolveu o selo *Adventura*, que publica livros sobre viagens internacionais e aventuras escritos por mulheres.

Morris trabalha como correspondente para a série *Globe Trekkers, Treks in a Wild World, Outdoor Investigations;* já trabalhou e viajou pelo mundo todo — da Lapônia à Guiana, do Oriente Médio ao Extremo Oriente, do alto do Monte Cervino às profundezas do Pacífico Sul.

Prefácio

Stephanie Elizondo Griest

O desejo de viajar corre em minhas veias: ao longo da última década, explorei duas dúzias de países e quase todo os Estados Unidos, e quero mais. Cada lugar é especial de maneira diferente, mas, de vez em quando, eu deparo com um lugar sagrado. Normalmente preciso de alguns instantes para me recuperar, depois disso olho em volta à procura de alguém com quem eu possa compartilhar o que estou sentindo. Não importa onde eu esteja — no centro de Manhattan ou nas estepes da Mongólia —, é sempre nos olhos de outra mulher que encontro a mesma chama ou o mesmo sentimento de admiração. Sendo assim, só posso descrever tal lugar como um lugar a que "toda mulher deveria visitar".

Quando me apresentaram esse projeto, as lembranças desses locais vieram à tona. Em meia hora eu já tinha metade da lista e então comecei a ligar para as minhas amigas (e alguns seletos amigos). Depois de quase 100 entrevistas, nasceu este livro. Em suas páginas, você descobrirá lugares em que as mulheres fizeram história, onde elas lutaram por seus direitos de participação política, de falar, de votar, de ser livres. Também encontrará lugares de inspiração e iluminação, como os 88 Templos Sagrados do Japão, e lugares de purificação e beleza, como o banho de lama nos vulcões de Cartagena, na Colômbia. Quer um pouco de aventura? Vá surfar na Costa Rica, fazer *trekking* no Paquistão, canoagem em Utah, ou mergulhe para colher pérolas em Bahrain. Quer apenas diversão? Escolha entre as praias de areia branca de Zanzibar, os passeios pela região de Champagne, na França, e as pamonhas de frango mergulhadas em um molho preto e mole em Oaxaca. Para cada lugar de luta deste planeta (Ruanda, Beirute, Camboja, Nova Orleans) há um espaço de festa (clubes de rumba, haflas à lua cheia, festivais de flamenco, carnaval).

Em resumo, este livro reúne lugares em que a feminilidade é afirmada e confirmada e onde você se sentirá energizada e sensibilizada.

Talvez você esteja pensando: isso quer dizer que não haverá homens? Sem chance: em alguns lugares — Rio de Janeiro, Havana, Bali — eles são a atração principal! Mas todas nós sabemos como assobios pelas ruas e mãos bobas em metrôs lotados podem acabar com uma viagem que tinha tudo para ser ótima. Esforcei-me para incluir lugares habitados por homens que são pelo menos um pouco respeitosos com mulheres estrangeiras. Mas é claro que nem todas as mulheres são recebidas do mesmo jeito ao longo do caminho. Uma amiga búlgara, que tem feições mediterrâneas, passou pelo sul da Itália sem maiores incidentes, já uma loira americana "avantajada" foi assediada a cada esquina. Etnia, classe social, religião e orientação sexual podem causar tanto — ou maior — impacto quando você está viajando quanto causam onde você mora.

Outra preocupação inicial foi apenas escolher lugares em que mulheres, populações nativas e o meio ambiente fossem tratados com cuidado, mas foi quase impossível encontrar 100 lugares assim: as desigualdades estão por toda a parte. Em vez disso, tentei destacar o trabalho dos ativistas das comunidades locais para que se você, assim como eu, se sentir culpada ao tomar uma taça de Chardonnay no Napa Valley enquanto lavradores sem registro estiverem debruçados sob o sol, saiba onde pode se oferecer como voluntária ou para onde enviar uma doação.

Esses destinos podem ser visitados com suas amigas, sua mãe, sua filha, sua família ou seu parceiro. Mas espero que você viaje sozinha pelo menos uma vez, para pegar do seu jeito as estradas da Mãe Terra e experimentar o que ela tem para lhe oferecer. Esteja ciente de que ela levará você até os seus limites físicos, espirituais e psicológicos — e lhe dará um empurrãozinho para mais alguns passos adiante. Mas, no fim da viagem, você estará muito mais segura de si.

Que suas viagens a levem para todos os cantos! E, se você descobrir outros lugares que toda mulher deveria visitar, por favor, registre-os no site *www.placesforwomen.com*. Talvez eles figurem em nossa próxima edição.

Stephanie Elizondo Griest, Texas

Dez Dicas

Para Mulheres Viajantes

1. **Rede de contatos.** Um mês antes de viajar, mande um e-mail com seu itinerário para todo mundo que conhece. Você provavelmente ficará surpresa com a quantidade de pessoas que têm velhos amigos, ex-namorados e primos em terceiro grau ao longo do caminho. Peça o contato deles e marque um café (ou um chá, ou um narguilé) para quando você chegar, assim poderá ter uma boa noção do lugar. Também conve™rse com outras viajantes deixando uma mensagem no fórum Thorn Tree do Lonely Planet *(www.lonelyplanet.com/thorntree)*. Qualquer questão urgente que tiver provavelmente será respondida em 24 horas (senão em minutos) e você também pode encontrar companheiras de viagem.
2. **Fazendo as malas.** Leve apenas o que consegue carregar por 800 metros correndo rápido. Essa é a regra de ouro para correspondentes internacionais e deveria ser adotada também pelas viajantes. Coloque tudo o que acha que vai precisar em cima da cama, mas só a metade na mala, e dobre a quantidade de

dinheiro. Nunca saio de casa sem algumas coisas: tampões de ouvido, um canivete versátil, um pedaço de corda de náilon forte, uma lanterna (melhor ainda, uma lanterna de testa), um cadeado com segredo, uma capa de chuva, papel em branco, canetas, um jornal, camisinhas e um monte de absorventes. O que me leva à dica nº 3.

3. **Higiene feminina.** Certa vez uma amiga passou aproximadamente dois anos viajando por países em desenvolvimento com um simples objeto — um copo menstrual — e ela jura que ele é a maior contribuição para a história das mulheres. Simplesmente o insira na vagina e o esvazie algumas vezes ao dia. Sem fios, sem abas! Outra amiga elimina sua menstruação de uma vez por todas tomando uma injeção de progesterona que inibe a ovulação por intervalos de até três meses. Senão, coloque na bagagem absorventes internos, sem aplicador; eles ocupam metade do espaço e é menos provável que os agentes de imigração queiram vasculhar suas malas atrás de drogas. É bem possível que você consiga comprar absorventes no exterior, mas, se é exigente ou tem um fluxo intenso (daqueles que só um absorvente super extra plus dá conta), leve os seus de casa.
4. **Como guardar o dinheiro.** Algumas viajantes costuram pequenos bolsos por dentro da roupa; outras guardam notas para emergência e telefones

importantes no sutiã ou nos sapatos. Eu defendo a divisão da riqueza. Normalmente coloco uma cópia do meu passaporte, alguns *travelers' checks* e algum dinheiro em uma pochete escondida, depois guardo os documentos importantes (passaporte, passagem aérea, cartões de crédito, a maior parte do dinheiro e dos travelers' checks) em uma bolsa presa à minha perna por dentro da calça. Se no seu destino há um problema sério de roubo, leve uma "carteira do ladrão" — ou seja, alguma coisa que você poderá entregar em caso de assalto.

Antes de partir, entregue a alguém de confiança uma pasta com itinerário, telefones e cópias do seu passaporte, vistos, carteira de identidade, travelers' checks e cartões de crédito. Crie uma pasta na sua conta de e-mail e guarde lá o número do seu passaporte, os telefones do cartão de crédito, para o caso de perda ou roubo, e outros telefones importantes.

5. **Repelente de homens.** Para afastar os engraçadinhos, algumas mulheres usam falsas alianças de casamento e carregam fotos de um homem musculoso a quem chamam de marido. Tento aprender algumas frases-chave na língua local ("vou encontrar meu namorado ali. Ele é oficial da Marinha americana", é uma que é sempre útil). A melhor maneira de lidar com homens que molestam você em ônibus ou metrôs lotados é a humilhação pública. Diga em alto e bom som: "Você

gostaria que alguém tratasse sua mulher/filha/irmã desse jeito?"; ou simplesmente: "Sem vergonha!". É bem provável que os outros passageiros venham em sua ajuda (se você se virar e der um tapa nele, provavelmente não farão o mesmo).

6. **Segurança.** Como regra geral, pensões, casas de família, pousadas e albergues são melhores para mulheres do que hotéis e motéis americanos. Se possível, use apenas a inicial do primeiro nome na recepção e peça um quarto que não seja no térreo. Pegue o elevador, em vez das escadas, e nunca deixe suas chaves onde alguém possa ver o número do seu quarto.
7. **O que usar.** Às vezes, pode ser um desafio usar roupas que estejam de acordo com os costumes locais. Apesar de mulheres estrangeiras poderem ser perdoadas ou desculpadas por passar dos limites dos códigos locais, usar tops e shorts em sociedades conservadoras ou religiosas é falta de respeito. Também tenha em mente que muitas culturas levam a moda muito a sério: minha calça de veludo marrom e minhas botas de caminhada fizeram eu me sentir como uma pobretona andrógina no leste europeu, e meus jeans rasgados se mostraram totalmente inapropriados. Para ajudar a escolher o que vai na mala, dê uma olhada em revistas e alugue filmes atuais sobre o seu destino.

8. **Mantendo a saúde.** Parasitas adoram pegar uma carona. Para ficar longe deles, evite o seguinte, especialmente nos países em desenvolvimento: saladas e outros alimentos crus, produtos não pasteurizados, como leite e iogurte, bebidas com gelo, travessas de frios e queijos em hotéis do tempo da União Soviética (eles devem estar lá há horas, senão dias) e frutos do mar. Quando for escolher um restaurante, primeiro dê uma olhada no banheiro. Se o estado dele for condenável pela Saúde Pública, o mesmo deve se aplicar à cozinha. Dê tempo para o seu corpo se acostumar com os temperos locais antes de atacar as barraquinhas na rua e, quando for, vá somente às mais movimentadas. Se você for para um lugar muito rústico, dê uma de vegetariana — ou, pelo menos, evite frango e peixe, porque estragam mais rápido. Caso fique doente, beba refrigerantes à base de limão ou gengibre, água com gás (ou repositores hidroeletrolíticos, como Gatorade, se tiver uma séria desidratação) e monitore suas fezes. Se ficarem amarelas, com sangue ou pus, corra para o médico.
9. **Lágrimas funcionam.** Odeio recomendar às mulheres que abusem de sua aparente fragilidade ou fraqueza para conseguir alguma coisa, mas uma estrangeira sozinha chorando abre as portas, as carteiras e o coração das pessoas deste mundo, como em um passe de mágica. Foi como consegui

repor todos os meus documentos roubados na Turquia em tempo recorde, sem multas nem taxas de urgência. E foi assim que minha amiga Daphne escapou de pesadas multas de trânsito pela África e literalmente parou um avião que estava decolando em Angola. Use-as apenas como último recurso. Mas, se for usar, vá até o fim. Se estiver tentando evitar uma multa exorbitante, prisão ou ser jogada do trem Trans-Siberiano no meio da noite por não ter os documentos em ordem, pense: Oscar. Caia de joelhos. Entre em convulsão. Faça uma cena de forma que até os outros passageiros se envolvam. Se a situação for mesmo crítica, considere a ideia de desmaiar (mas só se houver um número suficiente de pessoas envolvidas e simpáticas a sua causa para que seu opressor simplesmente não a jogue do trem!).

Outra estratégia é fingir que está passando mal. Uma vez li sobre uma senhora estrangeira na China que nunca saía de casa sem o cartão do médico. Sempre que os motoristas de táxi passavam dos 120 por hora, ela sacava o cartão e dizia: “Se eu tiver um ataque do coração, por favor, me leve para este endereço”. Os motoristas metiam o pé no freio. Viajantes mais jovens podem ter dificuldade em usar essa estratégia, mas, se precisar diminuir a velocidade do táxi, grite: “Estou ficando enjoada”, e se abane.

10. **O karma da boa irmã.** Espalhe o amor. Seja gentil com viajantes do sexo feminino que você encontrar na sua cidade e ajude suas irmãs nativas no exterior. Apoie artesãs, vendedoras, guias turísticas e motoristas de táxi aonde quer que vá. Seu dinheiro certamente irá para onde ele é mais necessário.

I. Mulheres Poderosas e Seus Lugares na História

1

Nossa Senhora ao Redor do Mundo

Maria deve ser a mulher mais cultuada que já passou por este planeta. Quase todas as culturas a veneram de alguma forma, seja ela chamada de Mãe de Deus, de Mãe Terra ou de Bodhisattva da Compaixão. A Igreja Católica Romana e a Igreja Ortodoxa celebram grandes festas em sua homenagem. Apesar de ela ter morrido há cerca de 2.000 anos, seu espírito ainda faz aparições públicas aqui e ali e existem milhares de santuários para lembrar esses "milagres". Alguns lugares são considerados especialmente sagrados:

- Em dezembro de 1531, o camponês Juan Diego Cuauhtlatoatzin descansava no alto de um monte perto da Cidade do México quando ouviu cantos maravilhosos, como se fossem "os cantos de vários pássaros preciosos". De repente, uma mulher vestindo roupas douradas "como o Sol" apareceu na sua frente e pediu sua ajuda para convencer o bispo local a construir um santuário para ela. Juan Diego correu para a igreja, carregando as rosas-damascenas que ela havia lhe dado como prova de sua presença. Quando o bispo expressou ceticismo, o camponês abriu seu manto para lhe mostrar as rosas e, para sua surpresa, a imagem da santa havia ficado marcada no tecido. Desde então, a *Virgem de Guadalupe* se tornou não apenas o símbolo da fé mexicana, mas do México, e muitos índios e grupos ativistas usam sua imagem em seus apelos por justiça social. O famoso manto pode ser visto em uma passarela na Basílica de Santa Maria Guadalupe, na Cidade do México, perto da estação de metrô La Villa-Basilica. Durante a semana da festa da Virgem de Guadalupe (12 de dezembro) e na Páscoa, milhares de mexicanos fazem peregrinações até a nova Basílica, alguns ajoelhados em sinal de penitência.

- Em maio de 1917, uma mulher "mais brilhante que o Sol" apareceu para três crianças que estavam pastoreando as ovelhas da família perto de Fátima, Portugal. Depois de revelar três segredos (incluindo uma descrição do inferno e instruções de como salvar as almas de irem para lá), ela pediu às crianças que rezassem o rosário todos os dias e as visitou todo dia 13 dos cinco meses seguintes, para ter certeza de que estavam fazendo o que ela havia pedido. A notícia da aparição se espalhou rapidamente e milhares de pessoas foram para o campo conferir se ela era verdadeira. Em agosto, as autoridades consideraram que as crianças estavam causando tumulto e as colocaram na prisão. Ainda assim, elas se recusaram a revelar os segredos que a Virgem havia contado — mesmo sob a ameaça de serem atiradas em um caldeirão cheio de óleo fervendo. Em outubro, a Virgem agraciou cerca de 70.000 pessoas com um espetacular show de luzes que culminou com o Sol se pondo no horizonte em meio a uma grande tempestade. Ela não apareceu mais; no entanto, milhares de fiéis ainda se reúnem em Fátima todo dia 13 de maio para seguir sua imagem em procissão pela cidade e para fazer uma vigília à luz de velas na Basílica.

- A Basílica do Santuário da Imaculada Conceição em Washington, D.C., nos Estados Unidos, tem 70 capelas, oratórios e imagens em homenagem a Nossa Senhora, muitos deles doados por ordens religiosas do mundo todo. "Quando venho aqui, sinto-me ligada às mulheres que viveram nos séculos passados e que viverão nos próximos séculos", diz a palestrante de motivação Aliana Apocada, de El Paso, Texas (EUA). "É um lugar místico que venera o feminino. Sempre que estou em Washington, venho até aqui só para meditar um pouco." A Basílica — a maior do ocidente — fica na parte noroeste da cidade, no nº 400 da Avenida Michigan. Para ir até lá, desça na estação de metrô Brookland-CUA.

- A história da devoção à Nossa Senhora Aparecida começa por volta de 1717, quando o governador da Capitania de São Paulo e Minas de Ouro faria uma passagem por Guaratinguetá a caminho de Vila Rica, em Minas Gerais. Os pescadores, encantados com a notícia, decidiram fazer uma pescaria no Rio Paraíba do Sul para presentear o político com os melhores peixes da região. Lançaram suas redes, sem sucesso. Então, descendo o rio, chegaram a Porto Itaguaçu. Era 12 de outubro e, quando um dos pescadores decidiu jogar a rede novamente, "pescou" o corpo, sem a cabeça, de uma imagem de 40 centímetros de altura de Nossa Senhora da Conceição. Em outra tentativa, encontraram a cabeça. Depois, envolveram a imagem em um lenço e decidiram continuar a pescaria. Surpresos, conseguiram fazer naquele dia a melhor pescaria de suas vidas. Durante vários anos, a imagem permaneceu na casa de um dos pescadores, onde família, amigos e vizinhos faziam orações.

Muitas graças alcançadas foram atribuídas a Nossa Senhora "aparecida das águas" (que, por isso, ficou conhecida como Nossa Senhora Aparecida). A notícia sobre seus poderes se espalhou pelo Brasil e a devoção à santa foi crescendo. A família construiu um oratório para a imagem, mas não foi suficiente. Mais tarde, o vigário de Guaratinguetá ergueu uma capela aberta à visitação pública. O número de fiéis aumenta a cada ano e, por isso, foi construída uma igreja maior. Hoje, muitos fiéis se deslocam frequentemente até o interior de São Paulo, na cidade de Aparecida, para orar para a santa na Basílica de Nossa Senhora Aparecida — um dos maiores templos católicos do mundo. Nossa Senhora se tornou padroeira do Brasil, portanto a Basílica também é conhecida como Santuário Nacional de Nossa Senhora da Conceição Aparecida. A grande maioria dos brasileiros vê Nossa Senhora como uma mãe protetora e salvadora em momentos de dor e desespero.

LEITURAS SUGERIDAS

Mary: A Flesh-and-Blood Biography of the Virgin Mary, de Lesley Hazelton.

A *Woman's Path*, editado por Lucy McCauley, Jennifer L. Leo e Amy G. Carlson.

Hatshepsut e Santa Catarina de Alexandria

As mulheres do Antigo Egito faziam parte de um grupo relativamente liberal e tinham tanto o direito de herdar propriedades como de possuí-las. Mas todas ficaram surpresas quando uma delas assumiu a nobre posição de "faraó" e a manteve por 22 anos. Hatshepsut nasceu com o dom da autopromoção e ainda jovem começou a espalhar boatos de que seu pai (o rei) a havia escolhido — e não um de seus meio-irmãos — como sucessora. Após assumir o poder, ela adquiriu os símbolos de seus antecessores homens (até uma barba falsa) e com frequência era retratada sem seios (historiadores afirmam que essa era uma maneira de ela assegurar o título de rei e não o de uma simples esposa ou consorte). Uma das mais bem-sucedidas de todos os faraós, Hatshepsut é vista como a "primeira grande mulher da história" e hoje está imortalizada tanto em jogos de computador (Civilization IV) como em romances e peças de teatro (por exemplo, as escritas por Betty Shamieh). Preste sua homenagem em Deir el-Bahri, o complexo de templos e tumbas espalhados pela margem oeste do Nilo, em frente à cidade de Luxor, onde seu fiel ministro (e suposto amante) construiu o templo de Djeser-Djeseru (a Sublime das Sublimes), como homenagem póstuma a Hatshepsut. Depois, caminhe até o Vale das Rainhas, a necrópole onde estão enterradas as esposas dos faraós. Somente algumas das cerca de 70 tumbas conhecidas podem ser visitadas, e na da Rainha Nefertari — com os mais luxuosos relevos — só se pode ficar por apenas dez minutos, mas a energia feminina é perceptível.

Depois de se banhar na glória de Hatshepsut, siga para o Monte Sinai, a montanha sagrada onde Deus entregou os Dez Mandamentos a Moisés. Antes do entardecer, acompanhe os mochileiros trilha acima para assistir ao pôr do sol. Em alguns domingos, são realizadas cerimônias na capela que fica no topo e, uma vez por ano, um cordeiro é sacrificado em uma mesquita próxima. Em seguida, desça até o Mosteiro de Santa Catarina, onde Moisés teria visto o arbusto em chamas. O Mosteiro, transformado em museu, guarda ícones dos séculos 5 e 6, cálices, mosaicos e outros ornamentos do sacerdócio, assim como a segunda maior coleção de códices e manuscritos antigos do mundo. Lá também pode ser visto um arbusto franzino que todo mundo diz ser o original.

Santa Catarina foi uma conhecida mulher do século 4, que, aos 8 anos, implorou ao imperador que parasse de perseguir os cristãos. Apesar de ela ter obtido a conversão da esposa do imperador e de muitos pagãos, autoridades foram enviadas para prendê-la. Tentaram torturá-la amarrando-a a uma roda que quebra lentamente todos os ossos do corpo, mas a roda é que foi quebrada assim que Catarina a tocou. Ela foi então decapitada e conta-se que anjos desceram do Céu e levaram seu corpo para o Monte Sinai.

Depois de apreciar a coragem de Santa Catarina, adentre o deserto. Guias beduínos oferecem viagens de jipe até os acampamentos nômades, onde você pode fazer uma caminhada até a fonte de água local. O cenário é dinâmico, as cores mudam de acordo com a posição do Sol e as formas ao sabor do vento. Tente visitar o Wadi Al-Zalaga (entre o Mosteiro e o oásis de Ain Umm-Ahmed, perto de Nuweiba) em meados de janeiro, quando as tribos ao sul do Monte Sinai se reúnem para uma caótica corrida de camelos de 20 quilômetros de extensão. Depois, comemore as vitórias bebendo chá e comendo pão *lebba* assado diretamente no fogo.

LEITURA SUGERIDA

Hatshepsut: *From Queen to Pharaoh*, editado por Catherine Roehring, Renee Dreyfuss e Cathleen Keller.

Safo

Platão a considerava a décima musa. Ovídio incorporou sua lírica em sua poesia. Sólon queria aprender sua profissão — e morreu. Muitos séculos mais tarde, até a Mulher Maravilha, na TV, gritava seu nome na hora do aperto ("Safo sofredora!"). Apesar de restarem apenas duas centenas de exemplos do seu trabalho — sendo que apenas quatro poemas completos —, ela é assunto obrigatório para quem quer estudar os clássicos. Estamos falando de Safo, é claro: a poetisa grega que é um ícone para as feministas modernas do mundo todo.

Nascida em uma família aristocrata entre 630 a.C. e 600 a.C., Safo teve uma vida privilegiada, até um golpe a mandar para o exílio. Depois, ela se casou com um rico mercador e, de acordo com alguns estudiosos, tornou-se a diretora de um internato para meninas. Como dedicou muitos de seus trabalhos sensuais às mulheres, as pessoas concluíram que ela tinha inclinações homossexuais (é verdade que o termo "lésbica" vem de sua ilha natal, Lesbos). Safo foi a primeira poetisa grega a escrever em primeira pessoa, ousando revelar seus sentimentos em vez de ficar enaltecendo os deuses, como a maioria dos colegas fazia.

"Mesmo quando outros poetas usavam a primeira pessoa, eles não tinham o mesmo frescor e a presença que Safo colocava em seus poemas — sua alma parecia em chamas em comparação com o discurso empolado em primeira pessoa dos outros", diz a professora de Princenton, Sarah M. Anderson. "Como muitos já observaram, certamente é a primeira vez que uma mulher fala sobre e para ela mesma."

Sua poesia também é tão melódica que é quase impossível traduzi-la, e tão erótica que dizem que as antigas Igrejas Católicas Romana e Ortodoxa destruíram a maior parte. Surpreendentemente, um poema que ela escreveu 2.600 anos atrás foi recentemente encontrado nos tecidos que envolviam uma múmia no Egito. Os estudiosos o interpretaram como sendo um discurso para uma jovem que lamenta estar ficando velha:

...mas meu corpo outrora firme envelhece e cresce
meu cabelo torna-se branco em vez de negro
meu coração fica pesado, meus joelhos já não me suportam,
os mesmos antes ágeis para dançar como as corsas...

As modernas admiradoras de Safo migram para Lesbos — a terceira maior ilha grega — para se misturar com suas musas. Montanhosa e luxuosa, Lesbos é coberta de plantações de oliveira que produzem um dos melhores azeites do país. Outras atrações incluem ruínas romanas, fontes de água termal, museus, pontos históricos e quilômetros e quilômetros de praias de areia marrom. Fazer caminhadas ali é uma delícia; há trilhas ligando as vilas que passam por pequenos vales cheios de pereiras e magnólias cor-de-rosa. O caminho de 800 metros entre a praia de Paleohori e Rahidi inclui uma divertida parada em um *kafeneio*, ou café, aberto apenas no verão.

As poetisas peregrinas vão gostar do Skala Eressos, um resort relaxante. Uma comunidade internacional de homossexuais abriu cafés e lojas pela ilha e há uma variedade de hotéis exclusivos para mulheres. O Hotel Antiopi se gaba de sua banheira de hidromassagem ao ar livre e de seu estúdio de massagem, já os quartos do Hotel Mascot têm varandas privativas com vista para os limoeiros. Todos os anos, em setembro, a cidade celebra o Festival das Mulheres, que dura duas semanas, com karaokês, shows, cruzeiros, passeios, "Olimpíadas Bobas" e oficinas sobre tudo o que você possa imaginar, desde osteopatia até como construir um foguete.

Volte para mim, Gongyla, esta noite,
Você, minha rosa, com sua lira lídia.
Algo te rodeia eternamente com prazer:
Uma beleza desejada.

Até mesmo suas roupas roubam meu olhar.
Estou encantada: eu que outrora
Protestei para a deusa nascida em Chipre,
Para quem agora imploro.
Nunca me deixe perder essa graça
Em vez disso, traga você de volta para mim:
Entre todas as mortais, a única
Que mais desejo ver.

— "Por favor", Safo

LEITURA SUGERIDA

Poemas e *Fragmentos Safo de Lesbos*, tradução de Joaquim Brasil Fontes
(Editora Iluminuras).

PASSEIOS E VIAGENS

A Sappho Travel oferece pacotes apenas para mulheres, incluindo um tour pela ilha de Lesbos. Acesse: www.lesvos.co.uk.

Santa Dwynwen

A história da Santa Dwynwen remonta ao século 5. Seu pai, o príncipe de Gales de Brycheiniog, teve 24 filhas, mas ela era a mais formosa de todas. Certo dia, um jovem atraente chamado Maelon pediu sua mão em casamento. O príncipe, no entanto, já tinha escolhido a dedo um marido para Dwynwen. O que aconteceu depois depende da lenda em que você acredita: alguns dizem que Maelon, em um ataque de raiva, estuprou a amada e a deixou chorando e pedindo a ajuda de Deus; outros dizem que ela pediu a assistência de Deus para permanecer casta. De qualquer maneira, Ele mandou um anjo com uma poção que transformou Maelon em um bloco de gelo. Isso foi demais para a pobre Dwynwen, e ela implorou a Ele a realização de mais três desejos: que Ele derretesse seu amado, que a fizesse esquecê-lo e que desse uma trégua coletiva a todos os amantes. Todos os desejos foram atendidos e ela se isolou na ilha de Llanddwyn, na costa de Anglesey, a passar o resto dos dias sozinha (o que não quer dizer que ela não era feliz lá; na verdade, Dwynwen é famosa por seus animadores provérbios, como "Nada conquista um coração como a alegria").

Dwynwen passou então a ser considerada a santa padroeira dos amantes. Peregrinos vão até Llanddwyn para prestar homenagens a ela e para testar o próprio amor no seu poço sagrado. Dizem que se você espalhar migalhas de pão, estender um lenço e uma enguia sair de seu esconderijo e vir dar uma espiada, quer dizer que seu amor lhe será fiel. Tantas pessoas deixavam oferendas em seu santuário que no século 16 uma nova capela foi construída em sua honra, perto das ruínas da capela antiga. Quatro séculos mais tarde, foi instituído um dia em sua memória: 25 de janeiro. Os galeses comemoram esse dia da mesma maneira que comemoramos o Dia dos Namorados, com cartões e presentes.

Apesar do nome, a ilha de Llanddwyn está ligada ao continente quase o tempo todo, com exceção das marés altas, então, tecnicamente, ela não é uma ilha. Entretanto, é um lugar muito romântico, com um extenso litoral, dunas móveis, rochedos, mangues e pântanos. Estranhas formações geológicas chamadas de "travesseiros de lava", resultado de erupções vulcânicas submarinas, podem ser vistas aqui e ali. Pôneis selvagens passeiam livremente enquanto cormorões e ostraceiros cruzam o céu. De vez em quando, ovelhas de Soay podem ser vistas mascando flores, perto da capela de Santa Dwynwen.

"Há algo indescritível a respeito de Llanddwyn que não consigo explicar", defende Nicole Fraser, paleontologista americana que mora no País de Gales. "É deslumbrante."

Ter um carro é essencial, já que a ilha fica em um lugar muito afastado (as estações de trem mais próximas são Bangor e Holyhead). Os fãs de Dickens vão adorar o Ye Olde Bull's Head Inn, no lado oposto da ilha, perto do castelo de Beaumaris. Deguste um copo de *ale* enquanto admira a vista do Rio Menai e da Snowdonia, assim como fez o escritor em 1859 (depois disso, cada quarto do hotel recebeu o nome de um de seus personagens). Em seguida, suba as escadas até o restaurante para saborear umas das melhores refeições do norte do País de Gales: um filé galês ao vinho tinto, chalotas e barriga de porco grelhada, servidos ao molho — temperados com sal marinho de Anglesey — , acompanhados de uma torta quente de chocolate Valrhona com sorvete e calda de chocolate amargo.

SITE RECOMENDADO

www.bullsheadinn.co.uk

5. Rouen, França

Joana d'Arc

O começo do século 5 foi o ponto mais baixo da história francesa. Uma guerra que parecia não acabar nunca causava grande sofrimento ao povo; a família real estava um caos; os ingleses e os borgonheses saqueavam os vilarejos a torto e a direito. Foi quando uma jovem analfabeta chamada Jeanne la Pucelle teve uma visão em que Deus implorava para que ela ajudasse sua pátria. Apesar de ter apenas 16 anos, ela solicitou uma visita à corte e logo estava liderando tropas no campo de batalha — e vencendo. Em um famoso conflito, ela até arrancou uma flecha que estava atravessada em seu próprio ombro e continuou lutando. O Exército francês se sentiu fortalecido por sua presença e logo ela se tornou seu estandarte.

Contudo, em 1430, Joana foi capturada pelos ingleses e levada para a prisão (eles a acusavam de heresia, mas apenas queriam usá-la para desacreditar o rei da França). Ela tentou fugir pulando da torre em que estava presa para um fosso seco, mas foi arrastada novamente para dentro, onde foi quase estuprada (a partir desse dia, começou a usar roupas masculinas). Durante o julgamento, Joana surpreendeu a corte ao responder à difícil pergunta sobre se ela estava ou não a serviço de Deus da seguinte maneira: "Se eu não estou, que Deus me coloque a serviço Dele; se estou, que Ele me mantenha assim". Ninguém conseguiu pensar em um bom contra-argumento e muitos começaram a temer que ela fosse realmente uma mulher santa. Mas o duque de Bedford a condenou à morte de qualquer jeito. Atendendo a seu pedido, dois clérigos construíram uma cruz enquanto seus executores a amarravam a um tronco e ela gritou o nome de Jesus quando lhe atearam fogo. O duque ordenou que o corpo fosse queimado três vezes e depois jogado no Rio Sena, para que não sobrassem relíquias, mas era tarde demais. Apesar de ter apenas 19 anos de idade, ela já havia se tornado Joana d'Arc: mártir, heroína e santa.

A cidade em que Joana d'Arc morreu — Rouen, França — desde então se tornou um grande centro de peregrinação. Quase tudo ali leva seu nome: uma ponte, uma igreja, ruas e praças, cafés e restaurantes — até mesmo uma bebida. Muitos dos prédios no centro histórico estão lá desde sua época.

Comece pela torre Jeanne d'Arc na Rue du Donjon, onde a mártir foi mantida prisioneira até ser executada. Sobrou apenas a torre do que já foi um sólido *chateau* construído por Phillipe Augustein. Suba pelas escadas em espiral para ver modelos e mapas da cidade e do castelo como eram no século 5. Continue até a igreja de St. Ouen na Rue des Faulx. No cemitério atrás dessa igreja em estilo gótico, Joana d'Arc tanto foi condenada à morte como, 25 anos mais tarde, absolvida. Ali pertinho, veja a cruz de 20 metros de altura que marca o lugar onde ela morreu, em 1431, na Place du Vieux Marché. Por ali também fica uma igreja que tem seu nome e apresenta 15 vitrais renascentistas e uma estátua de bronze da jovem santa. Termine o passeio no Musée Jeanne d'Arc, onde bonecos de cera (completinhos, até com falsos cílios) encenam as cenas mais importantes de sua vida no porão do nº 33 da Place du Vieux Marché.

LEITURA SUGERIDA

Joana d'Arc, de Mary Gordon (Editora Objetiva).

Grace O'Malley

No século 16, quando era apenas uma menina na costa irlandesa, Grace O'Malley tinha um sonho: navegar pelos sete mares com seu pai. Quando lhe disseram que isso seria impossível porque seus longos cabelos enroscariam nas cordas, ela passou a tesoura neles. Essa excentricidade lhe rendeu não apenas a entrada livre a bordo mas também a fama de destemida, e os apelidos de Gráinne Mhaol (que significa Grace, a careca) e de Granuaile. Ela fez de tudo: durante os 60 anos seguintes, O'Malley aterrorizou os mares como pirata, capitã, amante e mãe, tornando-se umas das figuras mais famosas da história irlandesa.

O primeiro marido de O'Malley — com quem teve três filhos — morreu cedo em batalha. Para superar a perda, ela navegou para lá e para cá entre o Báltico e a Espanha, atrás de âmbar, seda, armas e vinho (parte dos quais ela comprou, muitos dos quais ela roubou). Nessa época, ela conheceu "Iron Dick" Burke, o dono do chique Rockfleet Castle. Depois de uma breve paquera, eles se casaram de acordo com o antigo código irlandês, que dizia "por um ano, com certeza". Dizem que ela se separou dele logo após o fim do período de testes e ficou com o castelo. Naquele momento, ela já era uma fora da lei conhecida internacionalmente e as autoridades ofereciam grandes recompensas por sua captura. Em 1593, os ingleses capturaram vários membros de sua família e ela navegou até a Inglaterra para pedir à rainha Elizabeth que os libertasse. Apesar de O'Malley ter se recusado a se curvar diante de Sua Majestade — dizendo que também era uma rainha e, mais ainda, que não era uma súdita inglesa —, a rainha acabou gostando dela e lhe deu anistia sob a condição de que parasse de pilhar a Grã-Bretanha. Ela concordou, mas logo voltou à pirataria, embora, na maioria das vezes, contra os "inimigos" da Inglaterra.

Em comunhão com o espírito de O'Malley, no condado de Mayo você encontrará infinitas praias e ilhas intocadas, que foram praticamente esvaziadas durante a Grande Fome. Uma escultura da rainha pirata, de bronze e com mais de dois metros de altura, foi inaugurada há alguns anos em Westport House, e o castelo de Rockfleet ainda está em pé, próximo a Newport (e é aberto ao público durante o verão). Pegue um barco no píer ali perto e veleje até Clare, a ilha montanhosa que ela chamava de lar (assim como o fazem cerca de 200 pessoas hoje). No extremo leste da ilha estão as ruínas de uma torre conhecida como Grace O'Malley Castle; perto da costa sul há um mosteiro cisterciense, onde fica o túmulo de O'Malley, no qual se lê: "Invencível na terra e no mar".

Aproveite e explore o resto do condado de Mayo, que está bem fora do circuito (o que pode ter mudado um pouco, já que a vida de Grace se tornou tema de um musical da Broadway chamado *The Pirate Queen*). Mergulhadores vão se encantar com a vida marinha: aqui se pode ver de tudo, desde lagostins e bodiões até marachombas. A melhor época para visitar a região são as duas primeiras semanas de agosto, quando os habitantes de lá celebram um festival chamado

Scoil Acla, que inclui muita cantoria e dança nos rochedos da ilha de Achill. Se puder, passe uns dias no Delphi Mountain Spa e Resort, que deve ser reaberto em 2008. Nele você pode jantar mexilhões e robalo depois de um longo e difícil dia de tratamentos com algas.

LEITURA SUGERIDA

Granuaile: The Life and Times of Grace O'Malley, de Anne Chambers.

SITE RECOMENDADO

www.delphimountainresort.com

7. Salem, Massachusetts (EUA)

As Bruxas de Salem

A histeria começou nessa pequena cidade de Massachusetts em 1692, quando a filha e a sobrinha do reverendo local foram abatidas por uma enfermidade que estava "além dos efeitos poderosos de um ataque epilético ou de uma doença natural". Quando o médico da família não conseguiu diagnosticar o que elas tinham, chegou-se à conclusão de que as meninas estavam enfeitiçadas. Uma pedinte, velha escrava doente vinda de Barbados, chamada Tituba, foi a primeira a ser acusada nos infelizes julgamentos das Bruxas de Salem. Apesar de elas terem sido colocadas atrás das grades, a loucura não parou por aí: as garotas começaram a acusar cada vez mais vizinhas de praticarem magia negra e bruxaria. Logo a prisão estava superlotada e o governador convocou um homem que havia estudado teologia — e não direito — para ser o juiz do caso. Ao longo dos abusivos julgamentos, as meninas apontavam para as desafortunadas prisioneiras e gritavam: "À noite, ela vem na minha casa e me atormenta! Ela me tortura!". Depois de uma semana, a corte condenou e enforcou a primeira mulher e, no fim, 19 pessoas haviam sido levianamente mortas — das quais apenas seis não eram mulheres.

O interessante é que, no começo dos anos de 1950, quando Arthur Miller visitou a cidade para fazer pesquisas para sua peça *As Bruxas de Salem*, ninguém queria tocar no assunto. Isso mudou nos anos de 1970, quando o seriado *A Feiticeira* gravou uma série de episódios em Salem e a cidade assistiu a um crescimento no turismo. Percebendo as possibilidades de negócio, apareceram alguns museus e supostas bruxas. Atualmente, a mascote da escola de ensino médio usa um chapéu cônico e agita uma vassoura e as bruxas estão por toda parte, dos carros de polícia até o cabeçalho do jornal — sem falar em camisetas, canecas, chaveiros etc.

Comece pelo Salem Witch Museum, no nº 19 da Washington Square North, que traz a história da cidade à vida com figurinos e efeitos melodramáticos. Uma nova exposição, "Witches: Evolving Perceptions", mostra um bom panorama da bruxaria, das parteiras pagãs às modernas sacerdotisas Wicca. Depois, visite a úmida e fria masmorra onde Tituba e as outras "bruxas" esperaram pelo julgamento no Witch Dungeon Museum, na Lynde Street nº 16. A Witch House, no nº 300 da Essex Street, é a residência histórica de um dos juízes dos julgamentos.

Dizem que há mais bruxas em Salem do que em qualquer outro lugar dos Estados Unidos. O Broom Closet na Central Street, nº 3, é uma loja especializada em bruxaria que oferece "a melhor seleção de material para rituais e ferramentas de transformação para o desenvolvimento pessoal e para o autoconhecimento". Isso inclui capas da época da rainha Vitória, jogos de runas, bolas de cristal, pentáculos e uma coleção de Varinhas das Três Deusas. Já a Crow Haven Corner oferece uma série de serviços: desde consultas paranormais e jogos de tarô até leitura de pêndulos e quiromancia a "Wiccanings" (batismos ao estilo pagão) e descarregos (para seu carro, sua casa ou para você mesma), na Essex Street, nº 125. Eles também oferecem passeios de uma hora "com bruxas de Salem de verdade!", com visitas a lugares como o cemitério Burying Point e a prisão do Condado de Essex.

Outubro é a melhor época do ano para visitar Salem, apesar de mais tumultuada. É quando a cidade celebra o Festival Haunted Happenings, que dura o mês todo. Além dos passeios a pé "Hocus Pocus", das casas mal-assombradas e do Bizarre Bazaar, a cidade sedia um desfile de fantasias infantis e o baile anual à fantasia de Hawthorne. Quer tirar fotos da sua aura, fazer consultas astrológicas, sessões com médiuns e videntes? Dê um pulo na Annual Psychic Fair and Witchcraft Expo, que acontece todos os dias desse mês no Museum Place Mall, na Essex Street, nº 176.

A apenas oito quilômetros dali, a cidade de Danvers é outro bom lugar para visitar pontos turísticos enfeitiçados. O arquivo central da cidade na biblioteca do Peabody Institute (Sylvan Street, nº 15) guarda uma impressionante coleção de publicações relacionadas às Bruxas de Salem, e o Witchcraft Victims' Memorial, no nº 176 da Hobart Street, é um emocionante tributo àqueles que morreram. Na Pine Street, nº 149, visite a casa do século 17 onde morava Rebecca Nurse, a senhora de 71 anos e mãe de oito filhos que foi condenada e enforcada durante os julgamentos. Quando foi acusada, ela exclamou: "... A respeito disso, sou tão inocente quanto uma criança que ainda não nasceu, mas, pelos pecados não arrependidos que Deus tenha encontrado em mim, Ele deve me impor tais aflições nesta idade".

"Se for possível que mais nenhum sangue inocente seja derramado...
Estarei livre desse pecado."
Mary Easty, enforcada como bruxa em 22 de setembro de 1692.

SITES RECOMENDADOS

www.broomcloset.com

www.crowhavencorner.net

www.hauntedhappenings.org

LEITURA SUGERIDA

The Salem Witch Trails: A Day-by-Day Chronicle of a Community Under Siege, de Marilynne K. Roach.

PASSEIOS E VIAGENS

A Salem Historical Tours oferece passeios temáticos diários. Acesse:
www.salemhistoricaltours.com.

Catarina, a Grande

Pedro, o Grande, pode ter construído essa cidade, mas foi Catarina, a Grande, quem a fez brilhar. São Petersburgo é a cidade mais romântica da Rússia, com seus suntuosos museus, esplêndidas catedrais, amplos *boulevards* e canais. Os guias de viagem costumam chamá-la de "Veneza eslava", mas, depois de alguns dias por lá, você vai concordar que, na verdade, Veneza é que é uma "São Petersburgo italiana".

Princesa alemã por nascimento, Catarina foi educada por uma governanta francesa e ingressou na família real russa ao se casar com o terrível grão-duque Pedro III (nada "grande"). Impotente e imaturo, por 12 anos Pedro não conseguiu consumar o casamento. Em 1762, alguns meses após ter subido ao trono, Catarina o tirou do poder e se tornou czarina da Rússia. Nos 30 anos seguintes, ela acrescentou mais de 500 mil quilômetros quadrados ao território russo e fez dele um país poderoso. Intelectual, Catarina se correspondia com Voltaire e Diderot e escreveu memórias, ficção e comédias. Ela também fundou o instituto Smolny para meninas nobres. Por isso, a Europa a considerava uma monarca "esclarecida", mas, em casa, ela estava mais para uma tirana, censurando publicações e enviando os críticos para o exílio. Também foi uma mãe severa para os dois filhos, Paulo e Orlov, e preferia seu neto mais velho, Alexandre (que depois se tornou o czar Alexandre I). Até hoje, correm boatos sobre a causa da morte de Catarina — muitos dos quais envolvem sua suposta voracidade sexual (e um cavalo). Mas os historiadores dizem que ela simplesmente teve um AVC enquanto tomava banho e nunca recuperou a consciência.

O museu Hermitage é uma das heranças mais requintadas que ela deixou e os russos competem com seus números como se fossem estatísticas do futebol: 117 escadas levam a 350 halls com 1.057 aposentos, nos quais estão expostos lado a lado mais de 60 mil desenhos e 15 mil pinturas, junto com 12 mil esculturas e milhares de peças arqueológicas. Mas mesmo esses números assombrosos não preparam ninguém para as paredes e mais paredes cobertas de ouro e malaquita, para os assoalhos com mosaicos de mármore e para os tetos repletos de lustres. E ainda tem a arte: Renoir, Picasso, Gauguin e Matisse. Pedro, o Grande, foi quem começou essa coleção sem igual, mas foi Catarina quem comprou a maioria das pinturas mais importantes e construiu o Palácio de Inverno para guardá-las.

Para realmente sentir como Catarina era, visite seu palácio, o Yekaterininsky Dvorets, perto de Pushkin. Toda a família imperial, desde Pedro, o Grande, até os Romanov, passou os verões nessa cidade, antes conhecida como Tsarskoye Selo, ou Vila dos Czares. Construído em estilo barroco russo, o exterior do palácio é de um azul-turquesa brilhante, com colunas brancas ornadas de ouro e cúpulas em forma de alho. Lá dentro, um dos quartos é coberto com mais de uma tonelada de âmbar e reflete dúzias de tons de amarelo. Explore também os jardins, que são decorados com quedas-d'água, lagos, caramanchões e pontes. Dizem que os estimados cães *greyhounds* de Catarina estão na pirâmide que fica no fim do lago. Pushkin fica a 24 quilômetros ao sul de São Petersburgo; para chegar, pegue um trem suburbano na estação de Vitebsk, ou um mini ônibus no metrô de Moskovskaya.

Depois de prestar sua homenagem a Catarina, conheça seus descendentes. Já se foram os dias de "velho oeste" do começo dos anos de 1990 em que os mafiosos deixavam suas armas na entrada, mas não tenha medo — as boates russas ainda viram uma bagunça. Os melhores lugares mudam constantemente, assim, é aconselhável ler o *St. Petersburg Times* ou, melhor ainda, consultar um amigo russo ou estrangeiro que more na cidade. Um lugar digno de nota é o Tri El, provavelmente o primeiro clube lésbico da história do país. Em quase todos os fins de noite há shows de *drag queens*, além de shows de bandas ao vivo às quintas-feiras, e terapeutas oferecem consultas gratuitamente. O Tri El fica no nº 45 da 5-aya Sovetskaya Ulitsa, perto do metrô Ploshchad Vosstaniya. Amigos homens podem (e felizmente vão) se juntar à festa às quintas e sextas, e mulheres heterossexuais também vão se divertir, é claro.

LEITURA SUGERIDA

Catherine the Great, de Henri Troyat.

As Mulheres de Nova York

"Acreditamos firmemente na evidente verdade de que todos os homens e mulheres nasceram iguais..."

Foi com essas palavras que o movimento americano em defesa dos direitos das mulheres nasceu em Seneca Falls, Nova York, em 1848. Depois de apenas dez dias de conspiração e planejamento, as pioneiras do feminismo Elizabeth Cady Stanton, Lucretia Mott, Mary Ann M'Clintock e três centenas de outras mulheres (e alguns homens, como o abolicionista Frederick Douglass) organizaram a primeira Convenção sobre os Direitos das Mulheres da história na capela metodista de Wesleyan. Naquela época, as mulheres eram proibidas de estudar em universidades, ter propriedades, votar ou participar de um júri. Na admirável "Declaração de Sentimentos", as participantes fizeram uma lista com essas e outras 14 queixas e juraram mudá-las. Preste homenagem a essas e outras virtuosas mulheres nos seguintes lugares:

- O centro de visitação do Women's Rights National Historic Park apresenta exposições e filmes sobre a histórica convenção e também oferece passeios a lugares como a capela Wesleyan e a casa de

Elizabeth Cady Stanton, no nº 32 da Washington Street. Nascida em 1815, Stanton cresceu ouvindo o pai lamentar: "Oh, minha filha, queria tanto que você fosse um menino". Aos 32 anos e com três filhos, ela se sentia um leão enjaulado. Talvez isso tenha sido o impulso para que se tornasse feminista, abolicionista e leal defensora do direito das mulheres ao voto. Termine o passeio na casa de Mary Ann M'Clintock, onde as organizadoras da convenção escreveram a Declaração dos Sentimentos. Mais tarde, Stanton lembrou que elas "pareciam muito dóceis e tranquilas para o advento de uma revolução como o mundo nunca tinha assistido antes".

- O National Women's Hall of Fame foi inaugurado em 1969, a fim de celebrar as maiores contribuições das mulheres para a história. Localizado na Fall Street, nº 76, esse santuário homenageia escritoras como Harriet Beecher Stowe e Maya Angelou, ativistas como Sojourner Truth, lavradoras como Dolores Huerta, a líder cherokee Wilma Mankiller e a comediante Lucille Ball. Preste sua homenagem às suas heroínas ou escolha uma nova.

- Auburn, a última cidade em que Harriet Tubman morou, fica a apenas 20 minutos (de carro) de Seneca Falls. Conhecida por seu povo como "Moisés", ela não apenas ajudou a libertar 300 escravos por meio de um complexo sistema de "linhas subterrâneas" como liderou incursões dos soldados afro-americanos da União, durante a Guerra Civil.

Sua casa foi restaurada e está aberta à visitação na South Street, nº 180. Também é possível visitar sua sepultura e um memorial.

- A partir de Auburn, siga de carro por quatro horas em direção ao leste e depois para o sul até o Hyde Park, onde fica a residência Val-Kill, em que Eleanor Roosevelt morou, em Stone Cottage, na Val-Kill Park Road, nº 56. Guiada pela profunda convicção de que todo mundo merece uma oportunidade justa na vida, a primeira-dama passou toda a sua existência defendendo os pobres e os oprimidos. A conquista de que tinha mais orgulho foi convencer a Assembleia Geral das Nações Unidas a adotar a Declaração Universal dos Direitos Humanos. Certa vez, ela disse: "O futuro está literalmente em nossas mãos para que o moldemos como quisermos, mas não podemos esperar até amanhã. O amanhã é agora".

"Você ganha força, coragem e convicção a cada experiência em que tem de parar e encarar o medo. Você consegue dizer a si mesmo: 'Eu sobrevivi a esse horror. Posso suportar o que vier a seguir'. Você deve fazer aquilo que acredita não ser capaz."

Eleanor Roosevelt (1884-1962)

SITES RECOMENDADOS

http://www.nps.gov/wori

http://www.greatwomen.org

Frida Kahlo

Essa famosa artista gostava de tomar tequila e contar piadas sujas, fumava, era bissexual e linda. Mancava pelo bairro boêmio onde morava, vestindo exuberantes vestidos indígenas, e oferecia jantares a personalidades como Leon Trotsky, a fotógrafa Tina Moddotti, o poeta Pablo Neruda, o político Nelson Rockefeller e para seu marido ocasional, o muralista Diego Rivera. Apesar de apoiar o comunismo, os Estados Unidos a homenagearam postumamente e fizeram dela a primeira mulher latino-americana a ser representada em um selo postal. Suas pinturas ainda fazem mais dinheiro do que as de qualquer outra artista (dizem que Madonna é uma colecionadora voraz). Claro que estamos falando de Frida Kahlo — ícone cultural extraordinário — e uma visita a sua casa azul-cobalto em Coyoacan é um dos pontos altos de qualquer viagem ao México.

A vida de Kahlo foi, em grande parte, trágica. Ela nasceu em 1907 e logo contraiu pólio, o que a deixou com uma perna mais curta e a obrigou a usar os desajeitados sapatos que tanto odiava. Aos 18 anos, o ônibus em que estava bateu em um bonde e ela voou pela janela — para ser empalada por uma barra de ferro que perfurou seu útero e quebrou sua coluna, uma perna, a clavícula e a pélvis. Dores constantes impediram que tivesse filhos, o que ela lamentava. Teve um relacionamento tempestuoso com Rivera, que, apesar de amá-la loucamente, não podia ficar longe de um rabo de saia (incluindo a irmã de Frida). Ela se vingou com alguns casos, incluindo um com Trotsky e com a atriz Josephine Baker, mas afogava suas mágoas principalmente nos pincéis. Em muitos de seus autorretratos, lágrimas correm por seu rosto.

"Pinto autorretratos porque fico muito tempo sozinha, porque sou a pessoa que conheço melhor."
Frida Kahlo (1907-1954)

Passear pela Casa Azul é como entrar em um dos quadros fantásticos de Frida. As paredes estão inundadas por cores e mosaicos; um altar para o Dia dos Mortos revela doces, flores, velas e esqueletos em papel machê; no jardim interno crescem flores tropicais e cactos; anfíbios em cerâmica estão por todos os lados (em homenagem a Rivera, que jurava ser feio como um sapo). Na parede da cozinha, com pequenos vasos de cerâmica, lê-se "Frida y Diego". Mais reveladora é sua cama com dossel, sobre a qual está pendurado um espelho (assim ela podia pintar melhor a si mesma); aos pés da cama estão colados retratos de Lênin, Marx e Mao. Muitos objetos pessoais de Frida estão expostos pela casa, incluindo vestidos bordados, joias pré-colombianas, corpetes de gesso, cadernos de rascunho e cartas de amor para Rivera. Depois há suas vibrantes obras de arte, incluindo o último quadro que terminou (melancias intituladas *Viva la Vida*) e alguns trabalhos em andamento (um retrato de Stalin). Na lojinha você pode comprar de tudo, desde camisetas e *mousepads* até canecas e, no café, tomar um *café con leche*. A Casa Azul fica na Calle de Londres, nº 247. Para chegar lá, vá até o metrô Coyoacan Viveros.

Assim que estiver quite com Frida, caminhe duas quadras até a Avenida Churubusco, nº 410, e conheça a casa-*bunker* onde Trotsky passou o último ano de sua vida. O seu interior sem graça contrasta com o da Casa Azul e reflete as diferenças entre uma artista mexicana e um revolucionário russo. Trotsky fugiu para o México depois de bater de frente com Stalin, mas, apesar dos muros altos e dos seguranças armados em sua casa, o ditador conseguiu que ele fosse assassinado com o golpe de um picador de gelo na cabeça. A casa é mantida como o dono a deixou, com buracos de bala na porta (resultado da primeira tentativa de assassinato) e um exemplar amassado do *Pravda* sobre a mesa.

LEITURA SUGERIDA

Um Diário de Frida Kahlo – Autorretrato Íntimo, de Carlos Fuentes.

PASSEIOS E VIAGENS

A Andalé Mexico oferece seis dias de passeio pelo México, ressaltando a vida de Frida Kahlo, entre outras. Acesse: www.andalemexico.com

---

Mulheres fantasmas

Carvalhos cobertos de musgo; jardins perfumados pelos jasmins selvagens. Pousadas com passados escandalosos e lojas de antiguidades a cada esquina. Savannah é mesmo uma cidade encantadora, com 21 praças públicas construídas ao redor de estátuas, fontes e coretos. Ali também nasceram muitas mulheres poderosas — cujos espíritos continuam por lá (algumas mais presentes do que outras).

- Conhecida entre as amigas como Daisy, Juliette Gordon Low era uma excêntrica que perdeu boa parte da audição devido a uma série de infecções, uma delas causada por um grão de arroz errante jogado em seu próprio casamento. Ela se mudou para a Europa quando se engajou com o ativismo juvenil e acabou voltando aos Estados Unidos para fundar o Girl Scouts of America (a versão americana das escoteiras brasileiras). Morreu vítima de câncer de mama e foi enterrada com seu uniforme. Desde então, 50 milhões de jovens já participaram de seu legado. Visite a casa onde ela passou a infância, na East Oglethorpe Avenue, nº 10, que se transformou em um santuário para as tropas.

- Flannery O'Connor, nascida em Savannah em 1925, era — de acordo com suas próprias palavras — uma criança de pés tortos, sem queixo e com complexo de deixa-me-em-paz-senão-eu-mordo. Autora de clássicos como *É Difícil Encontrar um Homem Bom e Everything that Rises Must Converge*, ganhou três vezes o respeitado prêmio O. Henry de melhor conto, antes de morrer de lúpus, aos 39 anos de idade. Desde então, a casa de três andares onde passou a infância, na East Charlton Street, nº 207, em frente à Lafayette Square, tornou-se um centro literário que oferece palestras, aulas e filmes para lembrar não apenas sua obra, mas também a de todos os escritores do sul dos Estados Unidos.

- Alguns dizem que é culpa da Guerra Civil, que destruiu boa parte do Estado e matou milhares de pessoas ao longo do processo; outros dizem que o culpado é o Tratado de New Echota, que obrigou centenas de índios a percorrerem a "Trilha das Lágrimas", da Georgia para Oklahoma. Seja qual for o motivo, a Georgia acolhe muitos fantasmas — e em Savannah eles se fazem notar.

Alice Riley, por exemplo, era empregada de um homem cruel chamado Sr. Wise. Certa manhã, ela estava lavando o cabelo do patrão em um balde, quando as mãos bobas dele ficaram muito atrevidas e ela o afogou. Seu marido foi imediatamente enforcado pelo crime, mas, como Alice estava grávida, foi condenada a ficar presa em uma cela, na esquina sudoeste da Wright Square, durante oito meses, até que o bebê nascesse e fosse adotado. Então chegou a sua vez. Porém, como era considerado impróprio manter pendurado o corpo de uma mulher durante os habituais três dias, as autoridades dobraram o peso do cadafalso, para que as árvores o escondessem. "Depois desse dia, não cresceu mais nenhum musgo ao redor desses velhos carvalhos, porque Alice está ali em cima, tomando conta do seu bebê", diz Robert Edgerly, guia de passeios noturnos em Savannah.

Há também Anna Powers, que aos 14 anos de idade pulou do telhado do Hotel 17 Hundred 90, na President Street, para não se casar com um velho. Ela continua assombrando o quarto 204, abrindo e fechando gavetas, levantando a cama e jogando-a no chão, ligando e desligando o chuveiro, puxando a descarga e passando trotes pelo telefone. "Você atende e ouve uma mulher soluçando", diz Edgerly. A maioria dos relatos de suas aparições no hotel é de casais, já que Anna normalmente deixa em paz os homens que estão viajando a trabalho.

SITE RECOMENDADO

www.hauntingstour.com

PASSEIOS E VIAGENS

A Gutsy Women Travel oferece pacotes de seis dias chamados "Savannah's Style Charleston's Charm", que incluem um "passeio fantasma", entre outras coisas.
Acesse:
www.gutsywomentravel.com

Evita e as Mães da Praça de Maio

A enorme Praça de Maio que se estende diante da Casa Rosada, ou Palácio Presidencial, no centro de Buenos Aires, foi o ponto de encontro do ativismo liderado por mulheres no século passado. Ali, nos anos 1940, María Eva Duarte de Perón (conhecida como Evita pelos seus seguidores) fez discursos eloquentes sobre bem-estar social; 30 anos depois, as mães dos "desaparecidos" argentinos iniciaram uma batalha que continua até os dias de hoje. Visite esse espaço público cheio de história — também conhecido como Plaza de Protestas — para sentir o espírito dessas mulheres ou para assistir as suas lutas atuais.

Nada na biografia dos primeiros anos da vida de Evita indicava que ela um dia se tornaria a mulher mais poderosa da América do Sul. Filha ilegítima em uma sociedade conservadora, não estudou muito, não teve ligações com pessoas importantes e, durante anos, sobreviveu como atriz em melodramas de segunda categoria e em novelas de rádio. Impressionado com sua beleza e seu entusiasmo, o coronel Juan Domingo Perón se apaixonou por Evita durante um evento de caridade e, após um curto período passado na prisão por motivos políticos, casou-se com ela pouco antes de começar a campanha pela presidência. Evita batalhou por Perón, ganhando votos especialmente entre os descamisados argentinos. Depois de se tornar primeira-dama do país, em 1946, cumpriu suas promessas e criou a Fundação Eva Perón para oferecer comida, roupas, hospitais, escolas e orfanatos aos pobres. Ela também ajudou a garantir o voto para as mulheres e criou o braço feminino do partido peronista. Mas a maioria das pessoas se lembra de Evita por causa dos fascinantes discursos que fez do balcão da Casa Rosada, olhando para a Praça de Maio. Em um famoso discurso em 1951, ela conduziu um diálogo espontâneo com uma multidão de 2 milhões de pessoas sobre a ideia de concorrer ou não como vice-presidente (seu marido impediu veementemente sua candidatura, mas depois lhe deu o título de "Líder Espiritual da Nação"). Ela morreu de câncer aos 33 anos de idade e Perón mandou embalsamar seu corpo *à la* Lênin. Seu corpo ainda continuou vivendo aventuras — leia o livro *Santa Evita*, de Tomas Eloy Martinez, para conhecer uma versão ficcional. Os fãs podem visitar seu túmulo no Cementerio de la Recoleta, onde se lê em um dos muitos epitáfios: "Não chore por mim, Argentina, eu sempre estarei perto de você".

Após um longo período de exílio, Perón governou a Argentina novamente de 1973 até sua morte, em 1974, época de grande agitação social. Sua nova esposa e vice-presidente, Isabel Perón, tentou ocupar o governo depois de sua morte, mas logo foi deposta pelos militares de extrema direita, liderados por um general, que disse: "Morrerão quantas pessoas forem necessárias na Argentina, até que o país seja seguro novamente". Na "guerra suja" que se seguiu, cerca de 30 mil opositores políticos, a maioria estudantes e trabalhadores de extrema esquerda, "desapareceram" (a maioria foi provavelmente torturada e assassinada pelos esquadrões de morte do regime militar). Em um inacreditável ato de coragem, um grupo de 14 mães fez uma marcha na Praça de Maio para exigir notícias de seus filhos. Reuniões públicas de qualquer espécie eram proibidas pela ditadura — incluindo simplesmente estar lá —, mas elas deram voltas ao redor do círculo principal da praça. Voltaram na semana seguinte e muitas semanas depois, cada vez com mais mães. Algumas usavam lenços brancos que simbolizavam as fraldas dos filhos perdidos; outras penduravam fotos plastificadas dos filhos desaparecidos no pescoço. Apesar de três das mães originais terem logo desaparecido, as outras se tornaram respeitadas ativistas dos direitos humanos e continuam a protestar até hoje (apesar de terem acrescentado outros temas ao seu repertório, como a luta contra a globalização e o Fundo Monetário Internacional). Junte-se a elas todas as quintas-feiras à tarde para suas marchas semanais ao redor da praça.

"Eu tenho uma coisa que importa, e é meu coração;
ele queima em minha alma, ele inflama minha carne
e põe fogo nos meus nervos: assim é o meu amor pelo povo
e por Perón."
Eva Perón

LEITURAS SUGERIDAS

Eva Perón: A Madona dos Descamisados, de Alicia Dujovne Ortiz (Ediouro).

Evita: The Real Life of Eva Perón, de Nicholas Fraser e Marysa Navarro.

Santuários Nacionais para as Mulheres

A capital norte-americana homenageia muitas heroínas da história dos Estados Unidos, de sufragistas a pintoras, de veteranas de guerra a políticas. Para ter uma boa experiência na capital, junte-se a grupos como o National Organization for Women ou o Code Pink, a fim de ficar por dentro dos assuntos do momento. Depois, visite os seguintes lugares:

- Em 1929, a líder do movimento pelos direitos da mulher, Alice Paul, inaugurou o quartel-general do Partido Nacional das Mulheres na Sewall-Belmont House, que fica na Constitution Avenue, nº 144, NE. Ali ela redigiu a Emenda dos Direitos Iguais e lutou por sua aprovação. Hoje o museu oferece visitas de uma hora a sua extensa coleção de objetos relacionados ao direito das mulheres ao voto e também apresenta o curta *Equal Rights Amendment: Unfinished Business for Constitution*.

- Qualquer estatística sobre a Biblioteca do Congresso Americano espanta. A maior biblioteca do mundo guarda mais de 130 milhões de itens em 856 quilômetros de prateleiras. Sua coleção sobre o movimento para o sufrágio feminino é enorme, incluindo a biblioteca particular de Susan B. Anthony e os três volumes de History of Women's Suffrage, escritos por Susan, Elizabeth Cady Staton e Matilda Joslyn Cage. Não se esqueça de visitar o gigantesco mosaico representando Minerva, a deusa da sabedoria e do conhecimento, que fica no alto da grande escadaria na entrada principal da biblioteca. Segundo a professora Amy Schapiro, os pés da deusa seguem você assim que dobra a esquina!

- O Women in Military Service for America Memorial, na entrada cerimonial do cemitério nacional de Arlington, homenageia os 2 milhões de mulheres que defenderam os Estados Unidos desde a Revolução Americana. Nele se encontram registros (fotos, relatos orais e histórias) que podem ser acessados por meio de um banco de dados computadorizado. Muitos emocionam por sua simplicidade: "Minha experiência mais marcante foi me tornar amiga de um menino coreano em Seul, na Coreia, em 1975, por cinco ou seis meses, somente para encontrá-lo congelado em um buraco do muro, do lado de fora do campo", escreveu Joan Humes, uma sargento do Exército da Filadélfia.

- Wilhelmina e Wallace Holladay começaram a colecionar arte feita por mulheres nos anos de 1960, quando acadêmicos e historiadores estavam apenas começando a debater sua falta de representatividade em museus e galerias. O National Museum of Women in Arts foi criado em 1981 e alojado em diversos lugares antes de se fixar no nº 1.250 da New York Avenue, NW. Agora, a coleção permanente conta com mais de três mil obras desde o século 16 até hoje, incluindo Frida Kahlo, Rosa Bonheur, Camille Claudel, Elaine de Kooning e Käthe Kollwitz.

SITES RECOMENDADOS

www.now.org
www.codepink4peace.org
www.sewallbelmont.org
memory.loc.gov/ammem/collections/suffrage/nwp
www.womensmemorial.org
www.nmwa.org

E seus Recantos Criativos

O que seria de nós sem nossas irmãs literatas — aquelas que jogam luz sobre nossas mentes e dão sentido as nossas almas? Homenageie algumas das grandes escritoras nos seguintes lugares:

- Nascida em uma família conturbada em 1892, a russa Marina Tsvetaeva teve uma vida repleta de conflitos e marcada pela tragédia. Quando era adolescente, encontrava sua inspiração em um recanto artístico à beira do Mar Negro, para onde atraiu muitos amantes — homens e mulheres. Mas ela acabou se casando com um cadete que depois fugiu para se juntar ao Exército Branco na guerra civil que seguiu a Revolução de 1917. Tsvetaeva foi até Moscou na esperança de encontrá-lo e se viu presa em uma cidade em guerra. Sem poder cuidar dos próprios filhos, mandou uma das filhas para um orfanato, e a menina acabou morrendo de fome (depois se descobriu que o diretor vendia a comida e ficava com o dinheiro). Tsvetaeva ficou arrasada e fugiu para Berlim, Praga e Paris, e no final odiava ser uma imigrante. Apesar de saber que não era certo, ela voltou para Moscou em 1939, em meio ao pior período do expurgo instituído por Stalin. Em poucos meses, o marido e a filha foram presos (depois a filha acabou sendo fuzilada). A própria Tsvetaeva se enforcou dois anos depois, pelo menos é o que dizem. Fãs e parentes transformaram sua residência de Moscou em um museu, na Ulitsa Pisemskovo, nº 6. Apenas uma mesa e um espelho são originais, mas seu escritório monástico e o quarto das crianças, onde a família mantinha tartarugas, papagaios e esquilos como animais de estimação, impressionam. Se você pedir, os guias recitam poesias da autora.

- A grande poetisa russa Anna Akhmatova também sofreu terrivelmente nas mãos de Stalin. Dois de seus maridos foram executados e seu filho passou a maior parte da infância em um gulag (campo de trabalhos forçados). Apesar de ter se tornado conhecida antes da Revolução, ela foi censurada entre 1925 e 1952, proibida de publicar qualquer coisa que não fosse ensaios acadêmicos sobre Pushkin, algumas traduções e alguns poemas patrióticos escritos às pressas durante a Segunda Guerra. Réquiem, sua obra-prima sobre a vida sob o terror do regime stalinista, só foi publicada na Rússia depois de sua morte, em 1966. Visite a Fountain House em São Petersburgo, onde Akhamatova morou por quase trinta anos, na Liteyny Pereylok, nº 53 (perto do metrô Mayakovskaya). O acervo inclui fotografias, cartas de amantes (incluindo Boris Pasternak) e alguns textos que só podem ser lidos com a ajuda de um espelho. Na lojinha, compre o CD em que famosos atores russos leem seus poemas.

- A história nunca conheceu uma família tão letrada quanto as irmãs Brontë. Charlotte, Emily e Anne publicaram seu primeiro livro (de poemas) em 1846, sob o pseudônimo de Currer, Ellis e Acton Bell. O exemplar só vendeu duas cópias e elas então decidiram tentar a ficção. No ano seguinte, cada uma publicou um romance: Jane Eyre, O Morro dos Ventos Uivantes e Agnes Grey. Os três foram sucessos arrasadores, mas as autoras, doentes, faleceram antes que pudessem produzir mais (fragmentos dos cadernos de rascunho de Charlotte foram publicados postumamente com o título Emma, cinco anos depois de sua morte). Desde então, a casa das irmãs se tornou um museu que exibe grande parte dos móveis originais e dos objetos pessoais das autoras. Os fãs vão gostar especialmente da sala de estar, onde elas costumavam se reunir em torno da mesa, lendo trechos em voz alta e dando sugestões umas às outras. Nela também se encontram a cadeira de balanço preferida de Anne e o sofá negro em que Emily morreu. Vitrines espalhadas pelos aposentos mostram alguns dos primeiros textos e poemas e também exemplos de suas pinturas. O Brontë Parsonage Museum está localizado na Church Street, atrás da igreja Parish, em Haworth, West Yorkshire, Inglaterra.

- Filha dos transcendentalistas e com fortes laços com Emerson e Thoreau, Louisa May Alcott cresceu em uma família pobre na primeira década do século 19. Abolicionista e feminista, ela transitou entre aulas, bordados e limpezas antes de pegar firme na tinta e na pena. Seus primeiros romances foram considerados "histórias com sangue e trovões", ambientados na era vitoriana porque seus protagonistas tentavam, a todo custo, achar sua chance na vida, e tinham títulos como Longa e Fatal Caçada Amorosa. Mas Louisa é mais conhecida por seu romance do bem, Mulherzinhas (no Brasil, virou um filme de sucesso no cinema com o título Adoráveis Mulheres), um relato semiautobiográfico de sua vida com as irmãs no noroeste americano (dizem que a voluntariosa personagem Jô, que corta os cabelos para que a mãe possa visitar o marido ferido durante a guerra, é inspirada na autora). Dizendo que "preferia ser uma solteirona livre e trilhar seu próprio caminho", Louisa nunca se casou e optou por cuidar da família. Visite sua casa, hoje museu, conhecida como Orchard House, na Lexington Road, nº 399, em Concord, Massachusetts. A autora está enterrada no cemitério Sleepy Hollow, ali perto, em uma parte dedicada apenas a escritores. Realize o desejo dela, de que seus livros fossem os em "piores condições" (de tanto ser usados) da biblioteca, e visite a Concord Free Public Library, na Main Street, nº 129.

O ouro dos meus cabelos se transformou
silenciosamente em prata. Não tenha pena!
Tudo foi feito
Em meu peito tudo está mesclado e em paz.
— Em paz como tudo aquilo que se mescla com a distância
Nos gemidos das chaminés dos subúrbios.
E Deus! Uma alma se deu conta:
Seu segredo mais íntimo chegou ao fim.
Marina Tsvetaeva (1922)

LEITURAS SUGERIDAS

Selected Poems, de Marina Tsetaeva, traduzidos por Elaine Feinstein.

Earthly Signs, de Marina Tsetaeva, traduzidos por Jamey Gambrell.

The Complete Poems of Anna Akhamatova, de Anna Akhamatova, editado por Roberta Reeder.

Anna of all the Russias: A Life of Anna Akhamatova, de Elaine Feinstein.

The Brontë Myth, de Lucasta Miller.

The Brontës: A Life in Letters, de Juliet Barker.

Louisa May Alcott: Her Life, Letters and Journals, editado por Ednah D. Cheney.

Nos Estados Unidos

Em 1997, havia 175 livrarias direcionadas para mulheres espalhadas pelos Estados Unidos. Atualmente, cerca de 30 ainda estão em funcionamento, em parte devido à proliferação das grandes redes, como Barnes & Noble, e das lojas *online*, como a Amazon. Essa tragédia não é apenas literária: por muito tempo as livrarias para mulheres funcionaram como pontos de encontro para discussão de questões que iam desde gravidez e maternidade até discriminação e abuso sexual. Mas, enquanto as livrarias remanescentes lutam para sobreviver, elas ainda estão em plena atividade, como:

- A Amazon Bookstore de Minneapolis, Minnesota. Fundada em 1970, diz ser a mais antiga livraria independente para mulheres dos Estados Unidos. A loja é uma cooperativa que tem como objetivo incentivar "a força, a sabedoria, a beleza e a diversidade de mulheres, meninas e suas famílias". Além de promover encontros para clubes de leitura como "Ecletic Dykes" e "Get Off Yer Ass & Do Something", nela também acontecem exibições de filmes, shows e uma hora de histórias para crianças. Visite a livraria na Chicago Avenue South, nº 4.755.

- A Antigone Books, na North 4th Avenue, 411, em Tucson, Arizona, mantém uma comunidade de frequentadores por meio de eventos como "Stitch'n'Bitch", em que mulheres se reúnem para tricotar e... tricotar. Elas também vendem adesivos, cartões, bichos de pelúcia e bijuterias, a maioria produzida por artistas locais.

- Apesar de a Bluestockings, no extremo leste de Manhattan, recentemente ter se tornado mais um centro de encontro de ativistas que uma livraria, ela ainda tem uma impressionante seleção de títulos e fanzines sobre o feminismo. Quase todas as noites da semana também acontecem palestras, exibições de vídeos, oficinas e debates, e você pode participar sem ter que comprar nada. Saboreie quitutes vegetarianos e os feitos com ingredientes *fair trade* no café da livraria, na Allen Street, 172 (para chegar lá, desça na parada Second Avenue, da linha F de trem).

- A BookWoman tem apoiado as mulheres de Austin, Texas, desde 1975. Localizada no nº 918 da West 12th Street, ela oferece 10% de desconto para participantes de clubes de leitura e é sede de diversos eventos, incluindo o encontro mensal do círculo de letristas de músicas.

- A Milk & Honey, na North Main Street, nº 123, em Sebastopol, Califórnia, é especializada em espiritualidade feminina. Ali você encontra de tudo, desde estatuetas de deusas (para montar seu próprio altar) e talismãs, até produtos para cuidados com o corpo e aromaterapia, de fabricação própria. A maior parte dos livros é sobre saúde e desenvolvimento pessoal.

- A Room of One's Own Feminist Bookstore é um lugar bem iluminado na West Johnson Street, nº 307, em Madison, Wisconsin. Os eventos mensais incluem o "Writergirrrrls Writing Circle" e o "Shameless Hussy Book Club". Ali também acontecem recepções para eventos como o WisCon, a convenção de ficção científica feminista.
- Com 30 mil títulos, a Women & Children First de Chicago é uma das maiores livrarias feministas dos Estados Unidos. Também vende CDs, DVDs, revistas e produtos do movimento feminista. Há pouco tempo, foi criado o "Women's Voices Fund", a fim de arrecadar fundos para manter o programa, que desde 1979 debate sobre "vidas, ideias e trabalhos das mulheres". Visite a livraria no nº 5.233 da North Clark Street.

Muitas dessas livrarias fazem entregas em qualquer lugar do mundo. Da próxima vez que for comprar livros, lembre-se delas.

SITES RECOMENDADOS

www.antigonebooks.com
www.bluestockings.com
www.milk-and-honey.com
www.roomofonesown.com
www.womenandchildrenfirst.com
www.litwomen.org/WIP/stores.htm

II. Lugares para Aventura

Antártica

A Antártica, região mais fria, tempestuosa e inóspita da face da Terra, tem povoado a imaginação de muitos aventureiros desde sua "descoberta", no começo do século 19. A maioria das bases de operações instaladas lá não permitia a presença de mulheres até pouco tempo atrás (1969, no caso dos Estados Unidos). Mesmo hoje, as mulheres ainda são minoria no continente branco (a primeira mulher a servir na estação brasileira o fez em 2007).

A melhor maneira de visitar a Antártica é conseguindo um emprego na base de operações do seu país. No caso do Brasil, a estação brasileira é a Estação Antártica Comandante Ferraz, inaugurada em 1984. Nos Estados Unidos, a Raytheon Polar Service promove uma feira de empregos, todo mês de abril, em Denver, Colorado. Faça um monte de currículos e candidate-se a qualquer coisa para a qual tenha o mínimo de qualificação — incluindo recursos humanos, engenharia, limpeza de banheiro ou lavagem de louça. Os empregos normalmente duram quatro ou cinco meses, pagam bem e incluem todo o equipamento necessário para a sobrevivência naquele clima.

Ou então faça um cruzeiro. Os cruzeiros turísticos operam durante o verão antártico, de novembro a março, e devem ser reservados com um ano de antecedência. Claro que cancelamentos de última hora acontecem, e se você passar tempo suficiente na agência de viagens de Ushuaia (cidade mais ao sul da Argentina) poderá ter a sorte de conseguir um lugar. Um cruzeiro tradicional de 12 dias custa entre 3 mil e 7 mil dólares e inclui uma cama em uma cabine, refeições, aulas e saídas nos botes infláveis que conseguem passar entre os icebergs. Não se esqueça do equipamento básico: botas de borracha, calças à prova-d'água, um casaco à prova de vento, um estoque de casacos de lã e antitérmicos, óculos de sol com proteção contra os raios UV e alguns remédios contra enjoo, para tomar durante a viagem de quase 1000 quilômetros pelos turbulentos mares da Passagem de Drake.

O turismo na Antártica aumentou muito desde o lançamento do filme *A Marcha dos Pinguins*, do qual os astros não desapontam. "Nós fomos em janeiro, quando os filhotes tinham apenas um mês de idade e você podia vê-los correndo atrás de suas mães, gritando: 'Tô com fome, tô com fome!' e a mãe como que dizendo: 'Já te dei comida, agora me deixa em paz!'. Eles eram muito engraçados. E, se você ficar quietinha, eles vêm até você", conta a viajante Jackie Yang. Lá você também encontra outros animais selvagens, como baleias jubartes, orcas, baleias-azuis, cachalotes, focas, leões-marinhos, albatrozes e petréis.

Igualmente deslumbrante é o cenário: liquens e musgos crescem nas rochas e as montanhas glaciais refletem luz nas piscinas de gelo. Jackie ficou especialmente impressionada com a Deception Island, onde um vulcão cuspiu pedras de lava em uma praia de areia negra. "Parecia que eu estava andando na Lua", lembrou ela. "E em Pendulum Cove, a atividade vulcânica faz a água perto da praia ficar morninha, então é possível nadar — em plena Antártica!"

SITE RECOMENDADO

www.usap.gov

LEITURAS SUGERIDAS

Terra Incógnita, de Sara Wheeler.

Swimming to Antartica, de Lynne Cox.

PASSEIOS E VIAGENS

Pacotes para a Antártica são oferecidos pela Expedition Trips by Land and Sea (acesse: www.expeditiontrips.com) e pela Zegrahm & Eco Expeditions: Giving You the World (acesse: www.zeco.com).

17

Safáris na África

Safáris na África não são apenas uma aventura divertida, mas também contemplativa. “Finalmente você está olhando para fora de si mesmo, esquecendo-se de si, e ficando ligado a tudo o que está ao seu redor. A África é a origem de toda vida”, diz a poetisa porto-riquenha e veterana nos safáris, Irene Perez.

Há dois tipos de safári: os com alojamento e os de acampamento. Os alojamentos dos parques normalmente são luxuosos — completos, com restaurantes cinco-estrelas, massagens e aulas de ioga — e podem ser bem caros. Acampar é muito mais barato, mas se prepare para ir ao banheiro em pé, tomar banho de balde, fazer limpeza e, inclusive, para a possibilidade de abrir sua barraca de manhã e descobrir uma hiena bebendo água em sua vasilha (os alojamentos normalmente têm cercas elétricas, que mantêm os animais longe). Os viajantes que quiserem economizar podem alugar jipes e dirigi-los pelos parques nacionais (como o Kruger National Park, na África do Sul), mas apenas guias autorizados e trilheiros podem sair das trilhas. Tente fazer seu safári coincidir com a lua cheia; é lindo ver o céu ficar alaranjado nos descampados, quando a lua nasce e se põe. Tenha muito cuidado com qualquer animal, principalmente os hipopótamos (que matam mais turistas do que qualquer outro animal — normalmente por esmagamento), e não pendure roupas íntimas para secar do lado de fora. Os babuínos adoram roubar sutiãs e calcinhas.

Safáris inesquecíveis podem ser feitos nos seguintes lugares:

- Cerca de metade de todos os gorilas-das-montanhas do mundo ronda pelas florestas tropicais do Parque Nacional Impenetrável de Bwindi, em Uganda. O Gorilla Forest Camp, um luxuoso acampamento no coração do parque, oferece caminhadas. A expedição que Irene fez incluía uma escalada de cinco horas acompanhada por um trilheiro, um guia que foi abrindo o caminho, um carregador e dois soldados armados (mais para proteger das guerrilhas do que dos gorilas). Quando Irene finalmente viu uma família de gorilas, foi pura alegria: "Todas as minhas fotos ficaram tremidas, eu tremia de tanta emoção, e meus músculos estavam tensos"; e acrescenta: "O olhar dos gorilas é tão intenso e os filhotes olham direto nos seus olhos". Bwindi também é o lar de outras sete espécies de primatas, de 200 espécies de borboletas e de uma manada de raros elefantes africanos.

- Girafas, leões, guepardos, hipopótamos e 10 mil elefantes habitam as verdes terras inundadas do delta do Rio Okavango, em Botsuana. Ele é, do mundo inteiro, o maior delta afastado do litoral. Uma divertida alternativa aos passeios de jipe é explorar as lagoas em uma *mokoro*, uma canoa escavada em troncos de árvore, guiada por um integrante da tribo Bayei, que vai apontar todas as jacanas-africanas, escorregando pelas águas cristalinas. Ou pegue um táxi-elefante: expedições feitas no lombo dos elefantes permitem maior proximidade com os animais, já que o cheiro dele se sobrepõe ao seu.

- Lar de alguns dos cenários mais espetaculares da África, incluindo o Monte Kilimanjaro (o pico mais alto do continente) e a cratera de Ngorongoro (com 20 quilômetros de largura, a maior cratera intacta da Terra), a Tanzânia também abriga o famoso Parque Nacional Serengeti. Venha observar 1,7 milhão gnus-de-cauda-branca migrarem por 15 mil quilômetros quadrados de pastos ondulantes e matas. Um paraíso para os pássaros, o parque Serengeti também abriga flamingos, avestruzes, gaviões e meia dúzia de espécies de urubus.

PASSEIOS E VIAGENS

O Abu Camp oferece um acampamento com elefantes e safáris até o delta do Okavango, em Botsuana. Acesse: www.elephant-back-safaris.com

A Island-Safari Tours oferece diversas opções no Delta de Okavango. Acesse: www.okavango-wilderness-safaris.com

---

Onde Surfar

Esqueça as pedras, os recifes, os tubarões e as correntes. Qualquer surfista vai lhe dizer que remar até depois da arrebentação e voltar para a praia sobre as ondas é o mais perto do nirvana que qualquer um pode chegar na Terra, e vale o risco. Apesar de ser um esporte dominado por homens desde seu surgimento, cada vez mais mulheres estão subindo nas pranchas, graças a campeãs pioneiras como Margo Oberg, Layne Beachley e Lisa Andersen. E as já iniciadas estão adorando (no Brasil, podemos citar um dos fenômenos do surfe brasileiro, Jacqueline Silva, de Florianópolis).

"Toda vez que encontramos uma garota no mar, sempre dizemos a mesma coisa: que achamos muito legal nos encontrar ali", diz Aya Nakashima, que recentemente se mudou do Japão para a Califórnia para poder surfar toda manhã, antes de ir para a aula. "Você se sente muito sozinha sendo a única no mar. Os homens sempre querem me dizer o que fazer só porque sou mulher."

Kristina Marquez e Sally Smith, de Santa Cruz, Califórnia, conhecem a sensação. Elas se sentiam tão mal quando eram ignoradas, ou pior, em lojas de surfe, que em 1997 decidiram abrir uma de suas próprias lojas: a Paradise Surf Shop. Encheram as prateleiras com roupas que servem em "todas as mulheres" e criaram uma atmosfera agradável com sofás, pilhas de revistas e DVDs. Até no banheiro se rendem homenagens ao poder da mulher, com adesivos que dizem "Girls rip" (Garotas arrebentam) e "Só porque um estilista desenhou isso não quer dizer que você tem de usar". Elas também se envolveram com a comunidade promovendo fóruns sobre surfe e cederam espaço para exposições de arte e eventos que arrecadam fundos para projetos sociais locais. Mulheres de todo o norte da Califórnia vão até lá para ver as novidades e bater papo. Você também pode: a loja fica na Portola Drive, nº 3.961.

Assim que estiver equipada com roupa de neoprene e botas, é hora de cair na água — ou, pelo menos, de aprender como. No Havaí, a Maui Surfer Girls oferece tanto acampamentos como aulas de surfe com professoras para mulheres (e meninas) — três alunas por professora. Faça uma visita ao Ukumehame Beach Park, oito quilômetros ao sul de Lahaina. A Surf Diva em La Jolla, Califórnia, oferece aulas de surfe de dois ou cinco dias, tanto para iniciantes quanto para quem já tem nível intermediário, e também viagens de fim de semana chamadas "Viva la Diva", para a península de Nicoya, na Costa Rica. Dê um pulo no escritório deles na Avenida de la Playa, nº 2.160. Para uma experiência mais luxuosa, experimente a Las Olas Surf Safaris for Women. Desde 1997, elas oferecem retiros de fim de semana em casas de frente para o mar em Puerto Vallarta, México, que incluem aulas de ioga pela manhã e massagens esportivas, com aulas de surfe exclusivas para mulheres (dependendo do interesse do grupo, aulas de salsa e sessões de tatuagem de hena também podem ser organizadas). Como o slogan delas bem diz: "Las Olas — Transformando Mulheres em Garotas".

Você pode participar de uma ou duas competições. Garotas e mulheres dos 8 aos 80 se reúnem todos os anos na Califórnia para competir no Women on Waves Festival. Ao longo do dia, pranchas de surfe são rifadas, bandas se apresentam, as profissionais dão autógrafos e todo o dinheiro arrecadado vai para abrigos contra violência doméstica, grupos de apoio a mulheres com câncer e para bolsas de estudo.

PASSEIOS E VIAGENS

A Surf Goddess Retreats oferece pacotes para o Surf Goddess Sanctuary em Seminyak, Bali.
Acesse: www.surfgoddessretreats.com

SITES RECOMENDADOS

www.paradisesurf.com
www.mauisurfergirls.com
www.surfdivas.com
www.surflasolas.com

Onde Praticar Rapel e *Canyoning*

Em primeiro lugar, é preciso esclarecer algumas coisas. Rapel é o processo de descer por um pedaço de corda fixo — isto é, preso em algum lugar. Esse esporte também é conhecido por outros nomes, como *abbing*, *jumping*, *rapping* ou *snappeling*, dependendo do país onde você estiver. Como técnica, ele é utilizado por diversas pessoas, desde limpadores de janela e bombeiros até equipes de resgate, mas quem gosta de aventura o utiliza para explorar as entranhas de cavernas e vales e as vastidões de montanhas e cachoeiras. É essencial ter um bom equipamento: capacete, luvas, calçados resistentes, joelheiras, cotoveleiras, uma cadeirinha confortável, cordas apropriadas que cedam 2% sob o peso do corpo e um freio descensor (equipamento de segurança que permite que você vá soltando a corda de maneira controlada).

Assim que estiver dominando o rapel, passe para o *canyoning*, um esporte jovem e "multidisciplinar" que envolve fazer rapel em barrancos, saltar em corredeiras, escalar em cavernas, ultrapassar formações rochosas e, finalmente, pular de penhascos em piscinas de água gelada. Era isso que Aron Ralston estava fazendo em Utah (EUA) quando ficou pendurado atrás de uma pedra e teve de cortar fora o próprio braço, com um canivete, para se soltar. Então se lembre: além do equipamento de rapel, leve um ou dois amigos (além de um canivete e um bom torniquete).

Ficou com medo? Bom, esse é o primeiro obstáculo a ser ultrapassado quando se fala em esportes radicais.

"Mesmo depois de três anos, ainda há vezes que sento na beira do abismo, começo a chorar e penso: 'Não vou conseguir, não vou conseguir, não vou conseguir'. Mas então eu me acalmo e consigo", diz Shelley Buckingham, uma entusiasta praticante de *canyoning*, de Utah. "O primeiro passo é confiar no seu equipamento e acreditar que ele vai funcionar, porque ele vai. Comece com pequenos cânions e pratique bastante. O *canyoning* me deu muita autoconfiança e me ajudou a superar o medo de altura."

Os corajosos podem fazer rapel e *canyoning* em locais cinematográficos na Espanha, na França, na Escócia, na Nova Zelândia e em outros lugares, como:

- O Zion National Park, em Utah, fica no encontro entre o planalto do Colorado, a Grande Bacia e o Deserto de Mojave. Oferece 600 mil quilômetros quadrados de cânions, tão esculturais que parecem sagrados. De fato, o antigo povo Anasazi, que residiu ali por 700 anos, e os Paiute ficavam tão impressionados com a grandiosidade do Upper Canyon que nunca entravam lá. Atualmente, o parque é um centro de peregrinação para os praticantes de *canyoning*. Os novatos preferem o "Subway", que é composto de três descidas de até oito metros de altura, caminhada e um pouco de mergulho. Os mais experientes preferem o Heaps Canyon, uma caminhada de dois dias que inclui pelo menos 30 descidas de rapel — a última com 85 metros — e uma descida livre (sem contato com as pedras) que termina em uma piscina natural chamada Emerald. A Zion Adventure Company oferece saídas para todos os níveis e um curso de três dias para aqueles que quiserem praticar o esporte sozinhos. As temperaturas nos cânions podem chegar a 43 graus; então, traga o protetor solar e muita água. Também tenha muito cuidado com as enchentes rápidas nos cânions naturais: se a água se tornar turva ou se as nuvens ficarem cinza, procure imediatamente um lugar mais alto.

- A Blue Mountain, na Austrália, ganhou esse nome por causa da espessa neblina que se forma quando a luz do Sol reflete no óleo dos eucaliptos que pinga no ar do topo das árvores. A High'n'Wild Mountain Adventures está a 150 quilômetros de Sydney e oferece treinamento a todos os níveis. No Empress Canyon você vai se exercitar com saltos de dois e meio a dez metros de altura na água gelada, mas, antes de se acabar, faça uma descida de rapel por uma cachoeira de 30 metros de altura até uma profunda piscina de pedras. Descanse das altas doses de adrenalina na Kanimbla View, uma pousada ecológica escondida no meio do mato, que oferece linda vista dos cânions. Acabe com qualquer dor no spa revestido de vidro, antes de descansar em uma cabana de barro equipada com energia solar, banheiros com compostagem e roupa de cama feita de cânhamo. Acorde com o sol e comece tudo outra vez.

PASSEIOS E VIAGENS

A Zion Adventure Company oferece escaladas, *canyoning* e passeios pelo Zion National Park.
Acesse: www.zionadventures.com

Na Austrália, a High'n'Wild Mountain Adventures tem opções diárias de rapel, *canyoning*, escaladas e muito mais.
Acesse: www.high-n-wild.com.au

SITE RECOMENDADO

www.kanimbla.com

Bacia Amazônica

A Bacia Amazônica é coberta por uma rica floresta que um dia já teve mais de cinco milhões de quilômetros quadrados e que guarda a maior biodiversidade do mundo. Milhares de plantas, insetos, pássaros e outros animais só podem ser encontrados ali, e tribos indígenas ainda habitam as regiões mais afastadas. Sua beleza sem igual faz desse lugar um dos mais cheios de energia do mundo.

Apesar de 60% da bacia estar em território brasileiro e de o país ter uma estrutura turística bem desenvolvida, talvez você prefira observar a vida selvagem descendo pelos rios do norte da Bolívia. Vá até a cidade de Rurrenabaque e se inscreva em um passeio de um dia para observar animais (custa cerca de 60 dólares). Excursões pelas planícies exploram as savanas inundadas da Amazônia, enquanto excursões pela selva sobem os rios Tuichi e Beni com barcos a motor, para acampar e fazer caminhadas pela floresta. É comum ver piranhas, sucuris, botos cor-de-rosa, borboleta-azuis, bichos-preguiça, tucanos e, se tiver sorte, uma onça ou uma suçuarana. Tente evitar a época de chuvas dos primeiros meses do ano, a menos que goste de ficar ensopada. Na Bolívia também se pode encontrar várias pousadas ecológicas administradas pelas comunidades indígenas que valem a pena apoiar, como as seguintes:

- Seguindo a filosofia de "mínimo impacto", famílias locais construíram à beira do lago Chalalán, no Parque Nacional Madidi, a pousada ecológica Chalalán. Os cenários naturais ao redor são dos mais diversos, desde mata densa, passando pela floresta tropical até as savanas, e abrigam diversas espécies de macaco, como macacos-prego, bugios, macacos-aranha e macacos-de-cheiro, além de antas e onças. Use uma lanterna de testa nas caminhadas noturnas e veja sapos e outras criaturas da noite. O escritório em La Paz fica na Calle Sagarnaga, nº 189, na esquina com a Rua Murillo, no edifício Michel Shopping Doryan, 2º andar, sala 35; em Rurrenabaque, vá até a Calle Comercio, sem número, na praça principal. É possível chegar à pousada por meio de canoas.

- As famílias do rio Quiquibey são proprietárias, construtoras e administradoras do MAPAJO Ecoturismo Indígena, que oferece cabanas bem equipadas com camas, mosquiteiros, redes e varandas, além de chuveiros com água quente. Entre as atividades estão artes e trabalhos manuais, pescaria com arco e flecha e caminhadas por trilhas cercadas de árvores centenárias para visitar fontes de nitrato e sal, ninhos de araras e as vilas de Moseten e Tsiman. De acordo com o tamanho do grupo, a MAPAJO cobra de 55 a 70 dólares a diária por pessoa, o que inclui transporte, acomodação, alimentação e guias. Dê um pulo no escritório deles na Calle Santa Cruz, em Rurrenabaque.

Aos poucos, a Amazônia está sendo invadida por empreendedores nacionais e estrangeiros, que estão desmatando e explorando seu solo para roubar recursos naturais. Com isso, também estão poluindo as águas dos rios. Ajude a lutar contra a destruição apoiando organizações como a Amazon Watch, que trabalha com grupos locais em toda a bacia para proteger o meio ambiente e lutar pelos direitos das comunidades.

LEITURAS SUGERIDAS

Running the Amazon, de Joe Kane.

A Última Floresta — a Amazônia na Era da Globalização, de Mark London e Brian Kelly (Editora Martins Fontes).

Traveler's Tales Brazil, editado por Annette Haddad e Scott Doggett.

SITES RECOMENDADOS

www.mapajo.com
www.amazonwatch.org
www.amazonia.org.br

Onde Praticar Montanhismo

Não há nada melhor para testar e expandir seus limites que escalar uma montanha íngreme e — quando chegar ao cume — comemorar sua proeza. Nos últimos 50 anos, a californiana Betsy White chegou aos picos de todos os continentes, menos a Antártica, e em várias ocasiões foi a segunda mulher na história a fazê-lo. Ela dá as seguintes dicas para as escaladoras iniciantes: "Primeiro, testem seu equipamento em terreno conhecido, especialmente os sapatos. O melhor é levar uma bagagem leve, mas estejam preparadas para emergências com parca, luvas, gorro quente e água e comida suficientes para pelo menos uma noite a mais. Usar bastões de caminhada também é uma boa ideia: eles ajudam os joelhos, são bons para o equilíbrio e podem ser usados para espantar cachorros chatos (ou pessoas)". Aqui estão algumas das subidas preferidas de Betsy em todos os tempos:

- Na remota travessia Biafo-Hispar, no Paquistão, a geleira de Biafo, com 59 quilômetros de extensão, e a geleira de Hispar, com 61, se encontram para formar um dos conjuntos de geleira fora do Polo Norte mais compridos do mundo. Torres geladas e rochosas e picos intocados formam o caminho e *snowboarders* mais ousados podem deslizar a 5 mil metros de altitude. A região abriga ursos-do-himalaia, diversas espécies de cabras selvagens e leopardos-das-neves, mas quase nenhum ser humano (a não ser os ocasionais *sherpas*). É essencial ter um bom guia, e Betsy indica o dela: Nazir Sabir, de Islamabad. Famoso alpinista que já escalou o Everest e o K2, Nazir também sabe como atravessar o caos político de seu país. A geleira de Biafo é um marco importante na história das mulheres: a famosa alpinista Fannie Bullock-Workman foi a primeira mulher a escalar e documentar a região, junto com o marido. "Nós acampamos no mesmo lugar em que ela acampou na virada do século. Alguns anos atrás um grupo até achou um pouco do lixo que ela deixou", diz Betsy. "Então, além da beleza natural, a Biafo nos dá a chance de seguir os passos de uma famosa alpinista."

- Os Alpes franceses são sempre uma delícia, principalmente no Sul (apesar de que você talvez queira evitar o tumulto de verão perto de Chamonix). O parque nacional Mercantour tem trilhas excelentes que levam a picos de até três mil metros de altura, com vistas espetaculares de lagos, oliveiras mediterrâneas e campos de lavanda e orquídeas. Centenas de camurças vivem no parque e muitas vezes se podem ver manadas pastando pelo terreno pedregoso. Arminhos e lobos também andam por ali, mas é muito difícil avistá-los. Há muitos sítios arqueológicos, incluindo desenhos rupestres da Idade do Bronze gravados aos pés do monte Bego. Ali perto, na Itália, o parque natural Alpi Marittime é tão interessante quanto e ainda tem os "refúgios", ou cabanas, estrategicamente localizados ao longo das trilhas, o que permite caminhadas de vários dias acima da linha das árvores, sem que seja necessário carregar grandes cargas.

- A Patagônia, além de ser um lugar muito remoto e ter ventos fortíssimos, oferece picos, lagos, florestas e geleiras àqueles que encaram esses desafios. Segundo a lenda, o explorador Fernão de Magalhães deu o nome de Patagão à região, ou "Terra dos Pés Grandes", por causa dos gigantes que encontrou por lá — alguns dos quais tinham, aparentemente, quase quatro metros de altura (alguns séculos depois, historiadores estimaram novamente sua altura em medidas mais prováveis, mas mesmo assim impressionantes: dois metros de altura). Os Pés Grandes com certeza ajudariam muito a atravessar o terreno irregular, em grande parte coberto por pedregulhos. Para chegar a essa terra distante, voe até Punta, Arenas, no Chile, pegue um ônibus para Puerto Natales e depois outro até o Parque Nacional Torres del Paine. Muitos alpinistas fazem o "W", um circuito de quatro a cinco dias ao longo do lado sul dos picos Torres del Paine (2.800 m), Paine Grande (3.000 m) e Los Cuernos (2.400 m). Para evitar as épocas mais cheias, vá para lá no outono ou em março e abril. O parque oferece acomodações com um dia de caminhada de distância entre elas, mas reserve com antecedência porque são muito populares.

LEITURAS SUGERIDAS

Trekking and Climbing in the Western Alps, de Hilary Sharp.

Lonely Planet Trekking in the Patagonian Andes, de Clem Lindenmeyer e Nick Tapp.

SITE RECOMENDADO

Acesse: www.nazirsabir.com

22

Victoria Falls

Com nuvens de fumaça que podem ser vistas a mais de 60 quilômetros de distância, a Victoria Falls é uma das mais espetaculares cataratas do mundo. Ao longo de um quilômetro e meio, as águas do Rio Zambezi despencam por 120 metros em um desfiladeiro, e então enfeitam o ar com um arco-íris que atinge até 300 metros de altura. Os europeus viram as cataratas pela primeira vez em 1855, quando nativos levaram o explorador David Livingstone até lá, em uma canoa. Apesar de já terem o lindo nome de Mosi-O-Tunya (Fumaça que Ressoa), ele as chamou de Victoria Falls em homenagem à sua rainha, e uma pequena ilha que divide a queda em duas foi mais tarde batizada de Livingstone em sua memória. Embora seja uma verdadeira armadilha para turistas, a visita vale a pena.

Dois terços das cataratas estão no território da Zâmbia, o resto, no Zimbábue (apesar de o último afirmar ter as melhores vistas, muitos turistas evitam gastar dinheiro lá para não apoiar o governo do presidente Robert Mugabe. Entre outros disparates, sua política repugnante e sua negligência levaram a uma espantosa queda na expecta-tiva de vida entre as mulheres do país, de 61 para 34 anos (a mais baixa do mundo). Nos últimos tempos, a Zâmbia investiu pesado em infraestrutura turística e agora tem resorts de alto nível e hotéis, incluindo o Tongabezi Safari Lodge e o Islands of Siankaba.

Os mais aventureiros encontrarão muitas opções para uma carga de adrenalina, incluindo fazer *bungee jump* a partir de uma ponte centenária que atravessa o Rio Zambezi, *body board*, saltos duplos de paraquedas, voos de *paraglide*, canoagem e *rafting* por passagens com nomes assustadores, como “Ghostrider”. Se você tiver 50 dólares sobrando, faça um voo de avião de 15 minutos sobre as cataratas — juro que você ouvirá os anjos cantando.

SITE RECOMENDADO

www.victoriafalls.co.za

23

Onde Nadar com Animais Marinhos

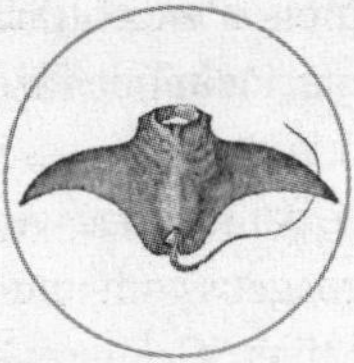

Estar com qualquer animal em seu habitat é uma experiência mágica; se for debaixo d'água, então, é uma alegria. Aqui estão algumas das criaturas do mar mais gentis e os lugares onde você pode interagir com elas (mas tome cuidado! Elas podem querer proteger o seu território!):

- Os peixes-boi são como cachorrinhos de três metros e meio de comprimento e 900 quilos: curiosos e muito carinhosos (quando não estão tirando uma soneca). Totalmente herbívoros, passam a maior parte do dia comendo plantas do fundo do mar. Seus únicos predadores são os seres humanos, que os caçavam por causa da carne e do óleo, até que uma lei americana de proteção aos animais ameaçados entrou em ação. Hoje, se conseguem ficar longe de embarcações, anzóis e puçás, os peixes-boi vivem até 60 anos. Cerca de 3 mil deles habitam a costa americana. A cidade de Crystal River, na Flórida (EUA), se autoproclama a capital mundial desses animais e oferece mergulhos diários para visitar os que vivem por ali. Os meses mais frios, de outubro a março, são os melhores, mas um pequeno grupo vive o ano todo na Kings Bay, onde a temperatura média é de 20 ºC. Normalmente eles nadam até os mergulhadores e ficam com as costas para baixo à espera de uma bela coçada na barriga.

- No passado, os pescadores os chamavam de “peixes-diabos”, convencidos de que vinham com suas “asas negras” do inferno até seus barcos para afundá-los. Mas os mergulhadores modernos têm uma visão diferente sobre as arraias-jamanta. “Elas se esfregam em você, como se fossem gatos, porém sedosas e mais sensuais”, diz a mergulhadora búlgara Svetlana Mintcheva. As arraias-jamanta podem chegar a medir mais de seis metros e meio e pesar mais de 1.300 quilos — números impressionantes se considerarmos que elas só se alimentam de plâncton e mexilhões. Diferentemente das outras arraias, as arraias-jamanta não têm um espinho no fim da longa cauda, o que faz delas parceiras ideais para o mergulho. No Ningaloo Reef Marine Park, na costa oeste da Austrália, a Coral Bay Adventures oferece passeios de barco de meio dia de duração, com muitas oportunidades para mergulho livre. Também oferece excursões para visitar o maior peixe do oceano: o tubarão-baleia. O maior já registrado tinha 12 metros de comprimento, mas há pescadores que dizem ter visto alguns com até 18 metros. Ver um desses de perto é o sonho de muita gente e, por uma quantia módica, a Coral Bay o realiza. Para avistar esses gentis gigantes, apenas dez mergulhadores por vez são autorizados a entrar na água.

- O tubarão-lixa pode ser encontrado em quase todas as águas tropicais, especialmente no oeste do Atlântico e no leste do Pacífico. Eles passam boa parte do dia cochilando em cavernas ou sob os corais, com pelo menos 40 companheiros, antes de sair sozinhos à procura de peixes e crustáceos. Normalmente, os tubarões-lixa fogem dos humanos e só atacam se provocados diretamente. Por meio de agências de mergulho, é possível vê-los em Belize, onde há o segundo maior recife de corais do mundo. A Raggamuffin Tours, que fica na ilha de Caye Caulker, oferece maravilhosos passeios para mergulho livre pela "Alameda dos Tubarões".

PASSEIOS E VIAGENS

A Explorations in Travel leva você até a Flórida para ver os peixes-boi e muito mais! Acesse: www.exploretravel.com

A Coral Bay Adventures oferece pacotes para nado com os tubarões-baleia e as arraias-jamanta além de observação de baleias no oeste da Austrália.
Acesse: www.users.bigpond.com/coralbay/index.htm

A Raggamuffin Tours oferece uma variedade de passeios ao longo da costa de Belize. Acesse: www.raggamuffintours.com

SITE RECOMENDADO

www.manatee-central.com

Onde Colher Pérolas

Durante muito tempo, a profissão de "coletor de pérolas" esteve entre uma das mais cruéis do mundo. Os mergulhadores — muitas vezes escravos — eram forçados a descer a até 30 metros de profundidade com um só fôlego para pegar as ostras no fundo do mar. Muitos se tornavam vítimas de ataques de tubarões e águas-vivas ou de doenças relacionadas à descompressão, e, dentre os milhares de ostras que traziam à superfície, apenas algumas verdadeiramente continham pérolas. Graças às novas tecnologias que implantam partículas nas ostras para induzir a formação de pérolas, hoje em dia essa indústria produz milhões de pérolas perfeitas por ano. Mas quem gosta de aventura ainda pode procurar por tesouros marinhos à moda antiga nos seguintes lugares:

- Minúsculo arquipélago no Golfo Pérsico, o Bahrain alega ter inventado a coleta de pérolas há 5 mil anos. Suas águas calmas e quentes oferecem mais de 1.000 quilômetros quadrados de campos de ostras que dão origem a pérolas brilhantes. Comece o seu tour pelo Museum of Pearl Diving, na Government Avenue, em Manama, que mostra a rica herança dessa indústria, e peça indicações de uma agência de viagem que ofereça passeios pelos campos de ostras. Um bom passeio deve incluir uma aula de história e dicas úteis para distinguir os vários tipos de ostras. Você também pode mergulhar para ver barcos, aviões e balsas parcialmente enterrados no fundo do mar. Entre os habitantes das águas da região estão peixes-palhaço, tartarugas, arraias, garoupas e barracudas e, nos meses mais amenos, peixes-boi podem ser vistos "pastando" no fundo do mar.

- Se todas as suas ostras vierem vazias, você pode encontrar outros tesouros no Craft Centre, na Isa al-Kebir Avenue. Esse mercado de artesanato tem trabalhos em tear, cerâmica, metal e papel, e é totalmente administrado por mulheres. Vá até lá tomar um cafezinho, cuidadosamente feito com cardamomo, açafrão e água de rosas, e pergunte sobre a emenda constitucional de 2002, que finalmente deu às mulheres do Bahrain o direito de votar e de se candidatar a cargos públicos.

- Para ver coletores de verdade, voe até Jeju-do, na Coreia do Sul. Conhecida como "Ilha das Três Riquezas" por causa de suas pedras, seu vento e suas mulheres robustas, Jeju-do é a terra natal das famosas *haenyeo*, ou mulheres mergulhadoras, que, em um só fôlego, submergem nas águas geladas do Mar da China Oriental para colher frutos do mar, mexilhões, polvos e algas marinhas e vendê-los na feira. Em algumas comunidades, como na de

Marado, tradicionalmente são elas quem sustentam a família e tomam as decisões, já que os maridos não aguentam o frio. Antigamente, as *haenyeo* mergulhavam vestidas com roupas de algodão branco, as quais eram tão reveladoras que os homens eram proibidos por lei de olhar para elas. Hoje a maioria usa roupas de mergulho. Elas atraem muitos turistas para lugares como Seogwipo, mas na tranquila U-do você pode observar várias trabalhando na pequena baía sob o farol. Ficam debaixo d'água durante um tempo impressionante, mas voltam de repente à superfície com um assobio.

Se possível, organize sua viagem durante a cerimônia dos xamãs Chilmeori, quando os habitantes rezam pela segurança das *haenyeo* e dos pescadores, no primeiro dia do segundo mês lunar, perto de Sarabong, na cidade de Jeju. Reserve um tempo para explorar essa ilha paradisíaca com suas praias, florestas, fontes de águas termais, formações de lava e montanhas. Seogwipo é muito popular, principalmente entre os recém-casados e amantes, que gostam de tirar fotos em frente às cachoeiras. À noite, vá a um restaurante e peça um prato quente de *seonggyeguk* (sopa de ouriço-do-mar) ou de *jeonbokjuk* (mingau de arroz com abalone) e uma sequência de carpas do mar grelhadas.

Onde Praticar *Bungee Jump*

Você conhece a receita: amarre uma corda elástica em alguma parte do corpo (no tornozelo, se tiver coragem), saia correndo em direção à beira da ponte, do penhasco ou do cânion à sua frente, e se jogue para um mergulho de dezenas de metros, até que a corda estique e (tomara) jogue você de volta para cima antes de você cair de cabeça naquele rio, vale ou fosso lá embaixo. Esse esporte leva o nome de *bungee jump* e a loucura começou quando a BBC colocou no ar imagens de um jovem se jogando de uma plataforma de madeira com trepadeiras amarradas no tornozelo, na ilha de Pentecostes, em Vanuatu, na Malásia. Em 1979, alguns ingleses gostaram da ideia, tentaram fazer o mesmo na ponte suspensa de Bristol's Clifton e foram presos logo a seguir, mas antes disso já estavam viciados na adrenalina. Eles não pararam mais e pularam da Ponte Golden Gate, em São Francisco (EUA), e do Royal Gorge, Colorado (EUA), assim como de uma variedade de guindastes e balões de ar quente.

Isso até que A. J. Hackett, um empresário neozelandês, viu a oportunidade. Depois de pular ilegalmente da Torre Eiffel em 1987, ele abriu uma empresa de *bungee jump* que opera em quase todo o mundo, incluindo Austrália, Bali, México, Alemanha, França e Estados Unidos, e transformou uma experiência maluca em uma indústria milionária. Abriu sua primeira filial em Queenstown, Nova Zelândia, sobre a ponte suspensa de Kawarau. Lá você pode cair e voltar por 43 metros, sozinho ou acompanhado, e pode até quicar na água ou mergulhar completamente. Os saltos noturnos em Ledge Bungy e as descidas de 70 metros em desfiladeiros rochosos sob a ponte do Cânion Skippers são outros saltos emocionantes naquele país.

Segundo o *Guiness*, livro dos recordes mundiais, o mais alto *bungee jump* comercial do mundo está na ponte sobre o Rio Blaaukrans, 70 quilômetros ao leste da baía de Plettenberg, na África do Sul. Feche-se no equipamento de corpo inteiro, caminhe sobre uma passarela especialmente construída até o alto do arco da ponte, a 215 metros acima do nível da água, e pule. Se isso for demais para você, eles também oferecem uma tirolesa com 200 metros de extensão, que vai te deixar tonta por uns dias.

As operadoras de *bungee jump* seguem rigorosos padrões de segurança, verificando uma, duas ou até três vezes todo o equipamento antes de usar. É comum usar cadeirinhas também, como *backup* ao cinto que vai preso aos tornozelos. Mas acidentes ocorrem — como o que aconteceu em 1997, quando uma mulher bateu a cabeça no gramado do Louisiana Superdome enquanto ensaiava para uma apresentação durante o intervalo do Super Bowl. O *bungee jump* não é recomendado a mulheres grávidas ou qualquer pessoa que tenha problemas cardíacos, epilepsia ou fraturas ósseas recentes.

Você ainda está se perguntando o porquê de as pessoas fazerem isso. Amy Robben, assistente social de Portland, Oregon (EUA), se perguntava a mesma coisa na tarde em que olhava do alto da Pacific Northwest Bridge com uma cadeirinha presa ao corpo. Ela tinha acabado de terminar um relacionamento complicado e queria fazer algo significativo para marcar o acontecimento. Estava apavorada até se dar conta de que o *bungee jump* é uma metáfora perfeita da vida.

"É proibido empurrar as pessoas da plataforma, então ninguém pode te obrigar", ela conta. "Parecia que todos os desafios que enfrentei até hoje estavam ali e que eu tinha de me livrar de todos eles para pular. Você se sente mais realizado do que voando de *paraglide* ou escalando, porque, quando pula, é só você, presa apenas a si mesma, sem ninguém apoiando e sem nada para se segurar — como na vida."

PASSEIOS E VIAGENS

A Thrillseekers Canyon Adventure Centre oferece várias oportunidades para *bungee jump* na Nova Zelândia.
Acesse: www.thrillseekerscanyon.co.nz

A Overlanding Africa oferece o "Garden Route Tour", que inclui um salto de *bungee jump* da ponte sobre o Rio Blaaukrans.

Acesse: www.overlandingafrica.com

Alasca

No verão seguinte, após terminar a faculdade, a escritora Jessie Sholl e uma amiga se aventuraram a trabalhar em uma fábrica de peixes no Alasca. No trem que pegaram em Seattle, elas tomaram uma cerveja com um jovem do Alasca. Quando contaram seus planos, ele alertou: "Com certeza vocês serão estupradas. Provavelmente assassinadas". Elas levaram o aviso "numa boa", e, apesar de Jessie ter tido a impressão de que lá havia dez homens para cada mulher, conseguiram manter a situação sob controle, brincando de esconde-esconde em terrenos baldios e dormindo ao relento. "Eu amo o Alasca", ela diz. "É rústico, sem lei e lindo."

E o Alasca realiza mesmo os sonhos de escritores e aventureiros. Aqui vão algumas dicas de lugares para visitar:

- A mais de 6 mil metros de altura, o Denali (também conhecido como monte McKinley) é a maior montanha da América do Norte e parece ainda maior quando refletida no apropriadamente chamado Lago Wonder. Ela fica no coração do Parque e Reserva Nacional Denali, que tem mais de 24 mil quilômetros quadrados de tundras, geleiras e vales estreitos e profundos habitados por ursos negros e cinzentos, lobos, caribus, carneiros de Dall e águias douradas. O sol brilha por 16 a 20 horas por dia durante o verão e flores selvagens cobrem o chão das florestas. Mas o inverno também tem suas belezas, como os trenós puxados por cães atravessando a neve. Os *huskies* do Alasca são parte integrante do parque desde a década de 1920, quando funcionários os usavam para afugentar caçadores ilegais. Atualmente, um canil mantém um grupo de 30 animais com nomes como Chulitna, Tikaani e Pingo, e eles se apresentam puxando trenós todas as tardes. Para ter uma boa visão do parque, você também pode fazer um passeio de oito horas de duração pelas tundras a partir da floresta boreal (só não olhe para baixo: os desfiladeiros íngremes têm dezenas de metros de profundidade). Há muitas possibilidades para *camping* e cada um tem um contêiner para comida à prova de ursos. Quando estiver caminhando, faça muito barulho e evite lugares com muitas frutas silvestres. Se um urso aparecer, levante os braços e ande para trás, devagarzinho, falando com firmeza. Se ele seguir você, finja-se de morta: dobre os joelhos até o queixo, role sobre si mesma até que sua mochila fique virada para cima e chore o mais baixo possível.

- Para assistir ao mais famoso show de luzes da Mãe Terra, visite o Alasca entre setembro e outubro ou entre março e abril. Vá até um descampado depois das 22 horas e observe o espetáculo colorido sobre você. Esse fenômeno conhecido como aurora boreal acontece quando elétrons de energia colidem com átomos presentes na atmosfera sobre um polo geomagnético (ou, segundo uma lenda inuíte, quando o Grande Espírito joga futebol com o crânio de uma morsa). O Chena Hot Springs Resort, a uma hora de carro de Fairbanks, é um ótimo lugar para ver as luzes. Lá você poderá sentar no Aurorarium, um posto de observação aquecido com janelas de vidro voltadas para o Nordeste, ou, para ter uma visão completa, pegar a "carroça da neve" que sai tarde da noite e segue até o topo de um monte afastado (chocolate quente e Sidra estarão à espera em uma tenda ali perto). Esse *resort* também oferece muitas atividades para o dia, incluindo um museu de gelo que fica aberto o ano inteiro. Construído com 1.000 toneladas de gelo e neve, ele exibe um tabuleiro gigante de xadrez e também conta com um bar onde você poderá beber um martíni em um copo esculpido em gelo. Encharcar-se em uma das numerosas piscinas de água quente, fazer corridas de moto ou caminhadas na neve, esquiar pelos campos e trilhas e voar sobre o Círculo Polar Ártico estão entre as outras atividades oferecidas. Por um valor adicional, você pode fazer um curso de duas horas para aprender a conduzir trenós puxados por cães e que acaba com uma divertida corrida liderada por uma equipe de quatro cachorros.

- Ainda não consegue conduzir o trenó direitinho? Em março, acontece em Anchorage a corrida anual de trenós puxados por cachorros de Iditarod. O percurso até a linha de chegada em Nome é de cerca de 1.800 quilômetros e é marcado por passagens estreitas entre montanhas, travessias de rios e temperaturas abaixo de zero com ventos de até 70 graus negativos. Normalmente, as corridas duram pelo menos duas semanas e muitos dos condutores dos trenós começam a ter alucinações por causa da falta de sono. A situação dos cachorros é ainda pior: apesar de os condutores trazerem milhares de pares de botas, muitas vezes eles sofrem de congelamento, pneumonia, estrangulamento pelas correias e exaustão muscular por causa do excesso de exercício. Grupos de defesa dos animais lutam contra a corrida, mas ela ainda reúne muitos espectadores e os vencedores se tornam estrelas. Libby Riddles foi a primeira mulher a vencer a corrida, em 1985, seguida por Susan Butcher, em 1986, que manteve a posição por meia década — mais tempo do que qualquer outro condutor.

LEITURAS SUGERIDAS

Race Across Alaska: First Woman to Win the Iditarod Tells Her Story, de Libby Riddles e Tim Jones.

Travalers' Tales Alaska, editado por Bill Sherwonit, Andromeda Romano-Lax e Ellen Bielawski.

PASSEIOS E VIAGENS

A Adventure Women oferece um safári apenas para mulheres no Alasca e observação de ursos. Acesse: www.adventurewomen.com

A Women Traveling Together oferece um pacote de oito dias para o Alasca, que inclui a península de Kenai, Denali e Fairbanks. Acesse: www.women-traveling.com

SITE RECOMENDADO

www.chenahotsprings.com

III. purificação e beleza

Banya

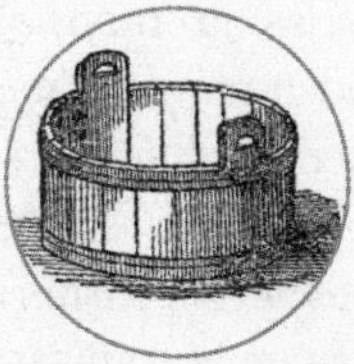

A *Banya* é um paraíso eslavo: um lugar úmido que lembra o útero materno onde você fica nua e se delicia com caviar e arenque defumado. As *babushki* russas, ou avós, juram que frequentar essas saunas úmidas pode acrescentar muitos anos a sua vida.

Tente conseguir um convite para a *dacha*, ou casa de campo, de um amigo russo. Muitas famílias constroem *banyas* em seus jardins, e, provavelmente, eles vão entrar lá com você acompanhados de uma (ou duas) garrafa de vodca obrigatória. Se isso não der certo, visite uma *banya* pública. Em Moscou, tente a Krasnopresnensky na Stolyarny Pereulok, nº 7, perto do metrô Ulitsa 1905 Goda, ou a Sandunovskiye Bani, construída no século 19, na Neglinnaya Ulitsa, nº 14. Em São Petersburgo há a Mitninskaya Banya na Ulitsa Mitninskaya, nº 17/19, perto do metrô Ploshad' Vosstaniya, e a Kazachie Bani, na Bolshoy Kazachy Pereulok II, perto do metrô Pushkinskaya. Os banhos públicos normalmente são separados por sexo.

Pague a entrada na recepção e siga para o vestiário. Dizem que espíritos brincalhões chamados *bannik* assombram qualquer pessoa que estiver usando roupas em uma *banya*, então se lembre de tirar tudo. Enrole-se em uma toalha, calce os chinelos e passe pelos chuveiros para uma ducha antes de entrar na sauna, uma construção de madeira com um forno em um dos cantos (às vezes, fragrâncias como pinho, eucalipto ou cerveja são colocadas no forno). Estenda sua toalha em um dos bancos de madeira (quanto mais alto, mais quente) e observe o comportamento cultural ao seu redor. Nada melhor que a nudez para acabar com as diferenças sociais: russas de todas as classes podem ser vistas nessas arquibancadas, massageando umas às outras com sal, trocando segredos de beleza e fofocando.

De vez em quando, uma funcionária vai entrar carregando pesados baldes cheios de ramos de bétulas e zimbros mergulhados em água. Pegue alguns e bata com eles pelo corpo todo, começando pelos pés. Dizem que esse ritual "traz o sangue para a superfície". As *babushki* terão prazer em ajudar com os lugares mais difíceis de alcançar; mas depois retribua o favor. Quando o calor se tornar insuportável, vá para a piscina e mergulhe imediatamente (algumas são mantidas a gelados 5 ºC; se você colocar só a ponta do pé para experimentar, vai perder a coragem). Saia da piscina antes de ficar com hipotermia e volte para a sauna. Repita essa sequência quantas vezes puder: sua pele com certeza vai brilhar depois disso. *Slyogkim parom*, que a sauna a acompanhe!

Spas Holísticos

Mimo e descanso você consegue em qualquer spa. Mas, se está procurando uma limpeza sistemática da mente, do corpo e do espírito, tente os seguintes lugares:

- Jackie's on the Reef. Construído em perfeita harmonia com o meio ambiente, em um recanto escondido de uma praia jamaicana. Em quartos sem rádio, TV ou ar-condicionado (que não é necessário, graças ao excelente sistema de ventilação), camas de bambu combinam com os assoalhos de azulejo polido. Os banheiros parcialmente ao ar livre têm vista para hibiscos, e nos chuveiros de pedra há sabonetes de erva-doce. As piscinas cheias de água do mar são sobrevoadas por colibris de bico vermelho e borboletas.

  Os hóspedes são acordados todos os dias com música *new age* e podem participar de aulas de meditação e ioga. O café da manhã — assim como todas as refeições — é preparado em um fogão a lenha e as opções incluem banana, panqueca com abacaxi em calda, granola caseira e iogurte fresco. Passe o dia em redes, cochilando ou lendo livros da biblioteca de autoajuda, nade no mar ou fique desenhando nas varandas. O Jackie's oferece aulas de *tai chi*, dança e percussão africanas e costura (*quilting*). Os hóspedes que ficam a semana toda são convidados a participar de pelo menos quatro serviços oferecidos pelo spa. A variedade é impressionante: banhos de ervas, aromaterapia, sessões de *reiki* com cristais, massagens manuais e com pedras quentes, *ear candling*, análise celular (com aconselhamento nutricional) e "viagens astrais" que promovem encontros com anjos e antepassados. O almoço e o jantar são inspirados nas cozinhas jamaicana, indiana, chinesa e crioula, e cada um termina com um chá feito com as ervas que crescem no jardim e adoçado com o mel de um apiário próximo.

"O Jackie's é muito tranquilo, você realmente consegue se encontrar aqui", diz Mercedes Gallego, jornalista espanhola que passou uma semana no spa depois de cobrir a guerra no Iraque. "Ele lhe dá tempo de refletir e tomar decisões para a vida."

Ele fica a vinte minutos de carro do aeroporto de Negril; a proprietária, Jackie Lewis, modelo americana que se tornou uma guru dos spas, manda um motorista buscar você.

- Aninhado nos campos aos pés de uma montanha sagrada a uma hora de carro de San Diego, fica um spa que desde 1940 ajuda seus hóspedes a "descansar, renovar-se e achar novos caminhos": o Rancho La Puerta. Construído por um carismático filósofo da Transilvânia e sua noiva de 17 anos, o rancho se tornou famoso quando começou a ser frequentado por celebridades e intelectuais de Hollywood que consideravam uma verdadeira aventura dormir em barracas e comer legumes. Desde então, ele se tornou um eco-resort com 12 quilômetros quadrados, mas que permanece sendo administrado pela família.

Cada semana começa no sábado, quando chegam 150 hóspedes. A qualquer momento, você pode escolher entre 70 diferentes atividades *indoor* ou ao ar livre. Além das tradicionais — pilates, ioga, meditação, natação e tênis —, o rancho sempre oferece palestras com pessoas como Naomi Wolf, Erica Jong e Bill Moyers, que falam sobre assuntos de importância social ou política. É comum que artistas e escritores famosos façam residência ali e ofereçam oficinas sobre como escrever memórias ou tirar fotos de naturezas-mortas. Outra atividade que faz muito sucesso é a caminhada, especialmente até o topo do monte Kuchumaa (1.200 metros de altura), há muito cultuado pela tribo dos Kumeyaay. Há saídas para passeios com guias todas as manhãs. O rancho em si também vale ser explorado, um labirinto de caminhos de pedra ladeado por cactos, oleandros e vinhas repletas de cachos de uva. Seis acres de hortas, jardins e pomares orgânicos fornecem até 90% do que é consumido no rancho no verão, além de todas as oliveiras e ervas (que são usadas não apenas na cozinha, mas também em tratamentos de pele e aromaterapia).

O principal objetivo do Rancho La Puerta é cuidar de você e, para isso, há uma variedade de saunas, massagens e banhos de ervas. Há dois tratamentos que são especialmente divinos: a massagem com pedras quentes retiradas de um rio próximo e o banho com sal, que esfolia cada centímetro do seu corpo. Há algumas áreas reservadas entre as videiras para quem quiser tomar sol como veio ao mundo e com privacidade, e um salão de beleza de 240 metros quadrados oferece cabeleireiros e manicures. Depois disso, vá para um dos 87 quartos com vista privativa para jardins internos. Deixe a janela aberta para ouvir os coiotes uivarem para a lua.

- "No Rancho La Puerta, você pode ficar em harmonia, ouvir sua voz interior e viver seu dharma", diz Aliana Apodaca, palestrante motivacional de El Paso, Texas. "Aqui você pode deixar sua alma respirar." Em agosto normalmente acontecem semanas exclusivas para mulheres.

LEITURA SUGERIDA

Spas: Exceptional Destinations Around the World, de Eloise Napier.

SITES RECOMENDADOS

www.jackiesonthereef.com
www.rancholapuerta.com

Depilação

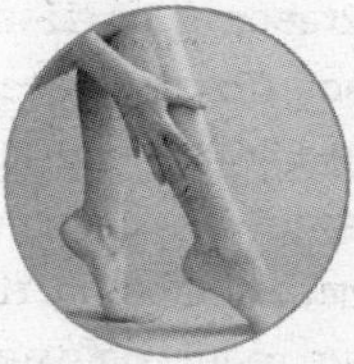

No Brasil, os salões de beleza não são um luxo, mas sim parte essencial da vida. “É onde você vai para recarregar e renovar as energias, para rejuvenescer”, diz Daphne Sorensen, que trabalha em uma ONG internacional no Rio de Janeiro. “Os cabeleireiros são nossos melhores amigos. Todo mundo fofoca, toma café — sempre oferecido como cortesia da casa — e compartilha histórias.”

Há gerações, a família de Daphne é freguesa de um salão na Avenida Bartolomeu Mitre, nº 455, loja 103, no Leblon. Pergunte pela Graça, especialista em tirar cutículas, ou pela Teresinha, para cortar e pintar. Se estiver procurando um salão na Barra da Tijuca, vá até o Sonia Nesi, no Shopping Barra Point, e peça para ser atendida pelo Natan. Na Gávea, experimente o La Vie en Rose no Shopping da Gávea e depois se delicie com um folhado de queijo na Chez Anne, considerada a melhor confeitaria do Rio de Janeiro.

Claro que fazer as unhas das mãos e dos pés, cortar e tingir o cabelo são apenas parte da experiência de ir a um salão no Brasil. Para ser realmente brasileira, você também precisa fazer uma depilação com cera.

Qualquer mulher que prefere a depilação com cera à depilação com lâmina defende seus benefícios: os pelos só começam a crescer depois de duas semanas e não só crescem mais finos como também mais macios. Mas, verdade seja dita, a primeira sessão dói. Muito. Deixar os pelos crescerem o máximo possível antes de depilar pode ajudar. Tome uma aspirina (ou duas) uma hora antes e um ou dois chopes gelados depois. Pense também sobre quanto você quer depilar: só a linha do biquíni? Ou algo mais ousado? A moda atual é tirar tudo e deixar apenas um pequeno "bigode" ao redor da vagina, mas você também pode pedir depilações em formato de raios, estrelas, corações e — e se conhecer alguém especial — iniciais (se o romance acabar mal, você sempre pode depilar as letras).

Quando a depilação começar, relaxe os músculos, respire fundo e converse com a depiladora. Pense bem: o que essa mulher já não deve ter visto e ouvido? Essa é a oportunidade perfeita para fofocar sobre homens, sexo e o que mais vier à cabeça enquanto estiver se contorcendo em posições extremamente íntimas, deitada praticamente nua sobre uma mesa.

Os *Onsen* e os *Sento*

Não se preocupe se o controlado caos japonês começar a deixá-la estressada. Existem dois antídotos maravilhosos para isso e os dois envolvem ficar completamente nua e mergulhar em uma banheira: os *onsen* e os *sento*.

Primeiro, os *onsen*. Como o Japão está localizado sobre uma área de grande atividade vulcânica, muitas de suas fontes são aquecidas naturalmente e ricas em minerais. Há séculos, os japoneses curtem tomar um *kamiyu*, ou banho sagrado, nessas águas medicinais, e famílias e grupos de amigos passam juntos os fins de semana prolongados no interior, tomando saquê gelado em vaporosos *onsen*. O significado dessa atividade não pode ser desprezado: os *onsen* são um dos poucos lugares públicos onde os japoneses fogem um pouco das formalidades sociais que seguem à risca. Aqui eles podem falar o que pensam; e falam mesmo!

Muitos *onsen* oferecem diversos banhos, cada um com uma temperatura ou uma composição mineral diferente (e diferentes propriedades medicinais). Normalmente, homens e mulheres se banham separadamente e aqueles que oferecem piscinas coletivas quase sempre também têm opções apenas para mulheres. Tenha em mente que sua higiene pessoal é sagrada. Os estrangeiros são observados com cuidado e as pessoas se sentirão ofendidas se você entrar em uma banheira sem estar limpinha. Mesmo que você tenha tomado banho antes de sair de casa, lave-se e enxágue-se cuidadosamente outra vez. Normalmente o sabonete é fornecido, mas por que parar por aí? Essa é uma oportunidade única para se mimar um pouco: use todas as pedras-pomes, cremes e loções sofisticados que você tem. Então respire fundo, abra a porta rapidinho, corra para a piscina e mergulhe.

"Eu me encosto e aprecio a visão do céu entre as folhas de bambu e fico vendo meus dedos enrugarem até virarem uvas-passas, e não consigo evitar olhar para minhas velhas companheiras de *onsen*. Penso: 'Ah, então é assim que vou ser quando tiver 80 anos'", diz Debby Katz, que passou dois anos se banhando em Kyushu. "E, como estamos todas peladas e sentadas na mesma banheira, começamos a conversar. 'De onde você é?', todas querem saber. 'Você gosta do *onsen*? Está muito quente aqui, não?'."

Em Dogo há um *onsen* muito popular, um spa em Matsuyama, Ehimeken, na ilha de Shikoku. O "Banho dos Espíritos" inclui chá quente, docinhos de feijão e um lugar reservado para descansar nos tatames da varanda. *Ashi-yu* gratuitos, ou banhos para os pés, podem ser encontrados perto da fonte termal de Tsu Baki-no-yu Onsen. Outra ótima opção é um *onsen* que fica aos pés do Monte Fuji, uma montanha vulcânica de mais de 3.700 metros de altura que fica a 70 quilômetros ao sul de Tóquio. Vá em maio, quando as azaleias estão em flor, e curta os banhos até o anoitecer. Dizem que essas águas termais curam de tudo, desde estresse até reumatismo.

E também há os *sento*, ou casas de banho comunais, que entraram em voga no Período Edo (1600-1868), quando o Japão começou a se urbanizar, mas vêm caindo em desuso nos últimos anos, já que a maioria dos apartamentos agora tem banheiros próprios. Mas eles ainda podem ser encontrados em alguns bairros residenciais. O *sento* costuma ser prático: um recinto simples com uma parede alta separando homens de mulheres. A entrada das mulheres costuma ser vermelha e ter a palavra "mulher" escrita em kanji (*onna*); a dos homens é azul (*otoko*). Deixe seus sapatos no armário e — como no *onsen* — faça da limpeza do corpo uma superprodução. Só então, entre.

"Os *sento* são uma ótima maneira de conhecer os seus vizinhos, encontrá-los e tirar os mais velhos de dentro de casa etc.", diz Marie Doezema, jornalista que mora em Tóquio. "Uma vez por semana vou me encontrar com as senhoras e me 'cozinhar' um pouco. Da última vez que fui, uma estranha se ofereceu para esfregar minhas costas onde eu não alcançava."

Visite o *sento* da Marie, o Rokuryu, no 3-4-20 Taito-ku, em Ikenohata, Tóquio.

LEITURA SUGERIDA

The Japanese Spa: A Guide to Japan's Finest Ryokan and Onsen, de Akihiko Seki e Elizabeth Heilman Brooke.

Onde Praticar Naturismo

Existe algo mais gostoso do que tirar uma soneca sob o sol sem um biquíni apertando você? Nudismo (ou naturismo) não é apenas uma condição física, mas um estado de espírito — um retorno ao verdadeiro, puro e livre eu. Além do mais, como Katherine Mansfield bem colocou: "Para que ter um corpo se você tem de mantê-lo em um casulo, como se fosse um instrumento raríssimo?". Uma das razões para isso são os pervertidos, mas os lugares citados a seguir são conhecidos por receber bem as mulheres e ser livres de *voyeurs*.

- Mundialmente famosa pelos seus *resorts* de naturismo, a Croácia se orgulha do fato de que aproximadamente 15% dos seus turistas (hippies alemães, austríacos, italianos e holandeses, em sua maioria) viajam para lá apenas para tirar a roupa e se deitar sob o sol. Dizem que essa tradição começou no parque de naturismo de Koversada quando, no século 18, o *playboy* internacionalmente conhecido Giacomo Casanova pulou no mar como veio ao mundo, diante de uma plateia. Duzentos anos mais tarde, o parque assistiu ao surgimento do *Freikörperkultur*, um movimento social alemão que pregava "a cultura do corpo livre", e nos anos de 1960, Koversada se tornou um ponto de referência do naturismo. Hoje, há vários *campings* naturistas ao longo da costa do Mar Adriático, normalmente com a marca "FKK" (abreviação de *Freikörperkultur*). Experimente a praia de naturismo na ilha de Lokrum, perto de Dubrovnik, à distância de dez minutos de caminhada do porto, na ponta mais ao leste da ilha; a praia de naturismo de Sunj, na ilha de Lopud (é possível chegar lá de barco a partir do porto de Gruz); e a praia de naturismo de Betirina em uma pequena baía isolada perto da vila de pescadores de Mlinj. Mas, para viver o melhor do naturismo, nada bate o parque de Koversada. Com uma centena de hectares, ele oferece quase 2 mil módulos para *camping* sob oliveiras e pinheiros, além de atividades como bocha, vôlei de praia, tênis e mini golfe. Também é possível alugar botes e pranchas. Nessas praias, mulheres solteiras e casais são muito bem recebidos; já os homens solteiros têm de apresentar uma carteirinha de membro da Federação Internacional de Naturismo para poder entrar.

- Pergunte aos seus amigos espanhóis sobre as praias naturistas em seu país: com certeza eles terão uma lista delas. A astrofísica Amaya Moro-Martín, por exemplo, diz que poderia viver feliz pelo resto da vida na praia de Torimbia, na costa oeste das Astúrias. "Os rochedos são altos, as praias são brancas, o litoral é cheio de verde e não há vestígio de construções em lugar nenhum", ela suspira. Já a jornalista Mercedes Gallego prefere Caños de Meca, perto do Estreito de Gibraltar, e defende o fato de que a praia é intocada e cercada por densas florestas de pinheiros. Aqui, famílias alugam, por várias semanas, casas de frente para o mar. Com quatro quilômetros de areia dourada e águas cristalinas, a Bolonia é outra ótima opção. Espremida na costa de Cádis, a parte nudista fica na ponta sul; ali você encontra bares e restaurantes, chuveiros e muitas redes.

- Os hippies californianos adoram o Wilbur Hot Springs, a duas horas e meia de carro a noroeste de São Francisco. Localizado em uma propriedade de 1.800 acres de natureza preservada, com vales de flores silvestres e campos, oferece várias banheiras de água quente em uma casa de banho comunitária onde a roupa é opcional. Ajude a preparar um jantar comunitário e passe o resto da noite tocando com seus companheiros de banho (violão, piano e flautas de bambo estão à disposição) antes de dormir em um hotel da virada do século. Na manhã seguinte, vá fazer *rafting* no Cache Creek Canyon, ali perto (nesse caso talvez você prefira vestir alguma coisa). Outra opção é o Orr Hot Springs, a 20 quilômetros a oeste da cidade de Ukiah, na Califórnia, na Orr Spring Road, nº 12.201. Um *resort* rústico com decoração *vintage*, o Orr oferece banheiras de água quente, saunas, massagens, um jardim inglês, uma cozinha comunitária e trilhas sem fim para caminhadas entre florestas montanhosas de eucaliptos e sequoias. Deixe as giletes em casa: o Orr celebra a condição cabeluda do ser humano. Também não se esqueça das sábias palavras da escritora Heidi Julavits: "Contatos visuais por acaso (e contatos entre olhos e corpos) são encorajadores, não só porque rapidamente você se dá conta de que se recusar a olhar uma pessoa tem o mesmo efeito indelicado, ou até mesmo mais rude, do que ficar olhando. No entanto, em Orr existe a deliciosa liberdade de ser aceito pelo que é: um estranho pelado sem nada de excepcional".

- No Brasil, a Praia de Tambaba, na Paraíba, é considerada a praia oficial de naturismo do Nordeste, sendo reconhecida pela Federação Brasileira de Naturismo. Vale a visita!

SITES RECOMENDADOS

www.brasilnaturista.com
www.fbrn.org.br
www.cronatur.com
www.wilburhotsprings.com

Lago Atitlán, Guatemala

No alto das montanhas da Guatemala há uma cidade mística que há décadas tem atraído hippies e mochileiros: San Marcos La Laguna. Só o cenário já vale a pena: três vulcões ativos (Toliman, Atitlán e San Pedro), orquídeas selvagens, comunidades maias e o Lago Atitlán, uma cratera vulcânica de 300 metros de profundidade cheia de água. Os mais místicos são levados pela crença de que San Marcos exala uma poderosa espiral de energia (por isso centros de meditação, massagem e ioga se amontoam ao longo dos estreitos caminhos cobertos de cascalho).

A primeira parada é o centro de meditação Las Piramides, onde todas as construções têm a forma de uma pirâmide e estão voltadas para os pontos cardeais. As aulas de ioga acontecem ao pôr do sol e os cursos de meditação, tarô e mediunidade são realizados durante o dia. “O Curso da Lua Cheia” dura quatro semanas, é popular entre os praticantes de ioga, enquanto aqueles que estão em busca de uma limpeza pesada preferem os “40 Dias de Silêncio” com um jejum à base de suco. Escorpiões não venenosos adoram aparecer nos dormitórios, então não se esqueça de trazer o mosquiteiro. Já a Casa Azul oferece massagens a preços acessíveis e petiscos orgânicos. Outras opções na cidade incluem *reiki*, reflexologia, massagem craniossacral e homeopatia.

A comida e as pousadas de San Marcos são uma atração à parte. Vá até o El Tul y Sol para tomar o café da manhã e aprecie a vista para o lago, enquanto se delicia com um prato de bananas fritas, feijão preto, ovos e queijo fresco. Os vegetarianos vão adorar o falafel da Moonfish, enquanto os *moles* de frango do Paco Real vão fazer a alegria de qualquer carnívoro. Faça a sesta no Hotel Aaculaax, cujo quarto mais caro é o Mirador, com três andares, enormes janelas de vidro e um banheiro que invade um terraço ao ar livre, tudo com uma vista inesquecível.

"Há muita camaradagem entre os viajantes em San Marcos, é como se estivéssemos compartilhando um grande segredo", diz Irene Carranza, proprietária de uma eclética loja chamada Yin Yang Fandango em Corpus Christi, no Texas (EUA). "Nós nos reunimos lá para apreciar a tranquilidade do lago e para nos dedicar a alimentar nossa alma."

Assim que tiver atingido seu limiar holístico, vá dar uma volta. As festeiras vão gostar de San Pedro, a dez minutos de barco ou a 30 minutos de carona em uma picape. Às sextas-feiras, vá ao colorido mercado de Santiago Atitlán. A melhor época do ano para uma visita, como em todos os países latino-americanos, é a Semana Santa, quando os maias criam desenhos com areia colorida no chão e penduram bonecos de diabos com olhos vermelhos, chamados Machimon.

Para uma noite memorável, hospede-se no hotel La Casa del Mundo, perto de Jaibalito. Acessível apenas por barco ou a pé, ele foi construído em um rochedo escondido cercado por jardins e oferece banheiras de água quente e piscinas com vista para o Lago Atitlán. De manhã, alugue bicicletas ou caiaques;

à tarde, faça um passeio até a cidadezinha que fica ali perto. Todas as refeições são servidas em estilo familiar na Casa Del Mundo, e as conversas seguem noite adentro.

SITE RECOMENDADO

www.lacasadelmundo.com

IV. permita-se

Holanda

Amsterdã pode ser considerada a cidade mais progressiva ou mais depravada do mundo, depende do seu ponto de vista. Seja o que for que atraia sua atenção, o liberalismo e a libertinagem ou as panquecas quentes servidas no jantar, você certamente se apaixonará — loucamente — por essa cidade.

Ali as lojas estão por todos os lados. Passeie pela P. C. Hooftstraat — também conhecida como a Fifth Avenue holandesa — e veja as butiques de grife, as joalherias e as galerias de arte. Aos domingos, na Westerstraat, no bairro Jordaan (perto da estação central), acontece um agitado mercado que vende roupas em estilo *vintage* que você encontra na H&M pelo dobro do preço. Para um lanchinho, pare em uma barraquinha de *stroop* e coma um *waffle* mergulhado em melado. Depois, caminhe sem pressa até o Albert Cuyp, uma feira que se espalha por quase 400 metros e oferece de tudo, desde peixes frescos e *curry* indonésio a queijos, bijuterias, livros e pás. Se você é viciada em tulipas, dê uma escapadinha para a cidade de Aalsmeer para assistir ao maior leilão de flores do mundo, que acontece todas as manhãs, em um galpão do tamanho de nove campos de futebol.

Apertar-se em um bar é o passatempo nacional e muitos holandeses tomam uma *jenever* — um gim bem forte — antes da cerveja. Normalmente, você pode contar com o barulhento Nol Cafe, na Westerstraat, nº 109, para se divertir, especialmente se gosta de entoar clássicos americanos dos anos de 1980 e músicas populares holandesas. O bar Lux na Marnixstraat, nº 403, perto da Leidseplein, é uma mistura dos clássicos bares holandeses (desses centenários que ficam ao longo dos canais) com um toque europeu chique, e fica lotado de artistas locais e boêmios estrangeiros que moram na cidade. Se você passar tempo suficiente por lá, poderá conseguir um convite para uma festinha na alta madrugada, na qual poderá relaxar até quase o amanhecer.

Os *coffee shops* de Amsterdã costumam servir sua erva em cachimbos ou *space cakes* e você pode ficar "altinha" só de passar pela porta. Quem sabe das coisas deve ir para o De Dampkring, na Handboogstraat, nº 29, várias vezes vencedor da famosa competição *Cannabis*, feita pela revista *High Times*. O Abraxas, na Jonge Roelensteeg, nº 12, é bom para quem é multitarefa: você pode checar seu e-mail e jogar xadrez ou gamão enquanto espera aquele pedaço de bolo ou aquela batida fazer efeito. Com sua música ambiente, luz baixa e cadeiras confortáveis, talvez você não saia nunca mais do Global Chillage, na Kerkstraat, nº 51. Ainda bem que os funcionários são muito gentis (e os DJs agitam os fins de semana).

Vale a pena visitar o famoso Red Light District, no bairro de De Walletjes, mesmo que seja apenas por motivos antropológicos. Apesar de ser uma sequência de *sex shops*, shows de sexo e um museu do sexo que oferece cinco andares de "diversão e arte", é mais provável que você esbarre com casais curiosos e estudantes bêbados do que com vultos de homens encapotados. As trabalhadoras do sexo — que têm um sindicato desde 1984 — esperam por seus clientes atrás de janelas cor-de-rosa, mas normalmente estão lixando as unhas ou lendo uma revista. Para um programa *voyeur*, vá até o Theater Casa Rosso. De acordo com a Coalizão contra o Tráfico de Mulheres, cerca de 80% das trabalhadoras do sexo na Holanda vêm de outros países e muitas são vítimas de tráfico sexual. Para mais informações, dê um pulo no Centro de Informações da Prostituição, na Enge Kerksteeg, nº 3.

"O caminho dos excessos leva ao palácio da sabedoria."
William Blake

34. Champagne

França

Segundo a lenda, o champanhe foi descoberto no século 16 pelo monge beneditino francês Dom Pérignon, que dizem ter exclamado “Estou bebendo estrelas!” depois de dar um golinho. Os franceses insistem que apenas os espumantes produzidos na região de Champagne-Ardennes e que seguem à risca uma longa sequência de especificações podem ser autenticamente chamados de “champanhe”. Depois de visitar as diversas caves nos vilarejos da região, você provavelmente vai concordar com eles.

Muitos reis franceses foram coroados em Reims, a capital da Champagne, e esse é um ótimo lugar para começar uma degustação, ou uma viagem de bom gosto. A casa Piper-Heidsiek, no *Boulevard* Henry Vasnier, nº 51, produz cerca de 5 milhões de garrafas por ano, incluindo o delicioso Baby Piper, e oferece visitas por suas galerias nas profundezas da terra. Depois, siga a Route Touristique du Champagne, uma rota com quase 600 quilômetros de extensão, que atravessa três grandes regiões: Montagne de Reims, Côtes des Blancs e Vallée de la Marne. Não perca Épernay, que abriga os mais famosos produtores de champanhe da França (que juntos produzem algo em torno de 200 milhões de garrafas por ano). A De Castellane, na Avenue de Champagne, nº 64, tem um museu com muitas informações e um passeio de 45 minutos por suas instalações; vá até o alto da torre para ter uma visão panorâmica da cidade. A maravilhosa Moët & Chandon fica no nº 18 da Avenue de Champagne e é uma excelente alternativa para visitas e degustações.

Os entendidos podem visitar a pitoresca vila de Houtviller e prestar homenagens ao monge Dom Pérignon, cujo túmulo fica perto do altar da igreja do mosteiro, a Église Abbatiale. No passado, a igreja ordenou que Pérignon se livrasse das bolhas em sua poção mágica, porque acreditava que elas eram o motivo da explosão de tantas garrafas (que na verdade estavam pressurizadas de modo errado) e, desse modo, deviam ser "obra do demo".

PASSEIOS E VIAGENS

A Arblaster & Clarke organizam pacotes por todo o mundo, incluindo um Champagne *Weekend* na França. Para mais detalhes, acesse: www.winetours.co.uk

As Melhores Lojas e Butiques

"Sempre digo que fazer compras é mais barato do que ir ao psiquiatra."
Tammy Faye Bakker

Depois de encarar as lojas abaixo, você pode dar adeus ao seu terapeuta:

- Para ficar com um visual de princesa saudita, voe para os países do Golfo Pérsico. Dubai se autointitula com orgulho de "a capital das compras do Oriente Médio", abrigando, entre outras coisas, dois dos maiores shopping centers do mundo (e livres de impostos) e um Festival de Compras entre janeiro e fevereiro onde os preços caem até 75%. Se você está atrás de estilistas como Donna Karan, Cartier e Tiffany, vá até o Bur Juman Centre, na Trade Center Road; se preferir Armani, Gucci, Prada e sapatos e bolsas Jimmy Choo, experimente o Emirates Tower Boulevard, na Sheikh Zayed Road. Mas Dubai é famosa mesmo pelos seus mercados de ouro, que com certeza quebram todos os recordes de ostentação por metro quadrado. As lojas na

Old Baladiya Street, em Deira, são entupidas de brincos, colares, braceletes e pingentes em ouro de 18, 21, 22 e 24 quilates. No caso improvável de você não achar um modelo que lhe agrade, crie o seu próprio. Para trabalhos em prata, visite a Aries Trading no Old Gold Market, do lado oposto à entrada do mercado. Para roupas sob medida, escolha seu corte preferido de seda ou *chiffon* no Meena Bazar, na saída da Al Fahidi Street, e leve-o para o Dream Girl Tailors, do lado oposto ao Emirate Bank International.

- Para ficar com um visual Penelope Cruz, voe para Barcelona, na Espanha, lar de milhares de shoppings, lojas e butiques, muitas situadas ao longo de uma linha de quatro quilômetros, em cuja maior parte é proibida a circulação de carros, e que vai desde o alto das Ramblas até a Avenida Diagonal. Gaste algum tempo no bairro de Eixample se quiser ver lojas como a Jean-Pierre Bua (que pode saciar qualquer desejo por Marnis ou MiuMius), na Avenida Diagonal, nº 469, ou como a butique minimalista do estilista Antonio Miró, na Calle Consell de Cent, nº 349. Já o Bairro Gótico abriga a estilista argentina Daniela Yavich, na Calle Escudellers, nº 56; uma ótima ponta de estoque chamada Stockland, que oferece roupas de coleções antigas de Josep Font e Purificación García, na Calle Comtal, nº 22; e a loja preferida para as roupas rejeitadas pelas passarelas, Zara, na Avenida Puerta del Angel, nº 32-34. Para comprar sapatos, dê um pulo na Muxart, na Calle Rosellón, nº 230, em Eixample, na Rouge Poison, na Calle Flassaders, nº 34 e na U-Casas, Calle Espaseria, nº 4, ambas em Born. Quando as sacolas ficarem muito pesadas, embarque no TOMBUS, um ônibus especial que transporta as compradoras para cima e para baixo ao longo do caminho.

- Para um visual Bollywood, vá para a Índia, onde as roupas femininas são veneradas desde os tempos da antiga poetisa Tamil. A maioria dos sáris mede de quatro a seis metros de comprimento (embora algumas brâmanes prefiram os com oito metros) e são enrolados em volta da cintura e jogados delicadamente sobre os ombros (antes da colonização, alguns sáris deixavam a parte de cima do corpo exposta, mas os ingleses acabaram com esse costume rapidinho). Muitos são enfeitados com miçangas, bordados, espelhos minúsculos e até pérolas e pedras preciosas.

- "Vá até o vendedor e diga o que você quer, um sári de seda vermelho, por exemplo, e ele vai lhe mostrar todos os tons imagináveis de vermelho e 50 tipos de seda", explica Trina Chattoraj, uma americana de origem indiana, de Maryland (EUA), enquanto fala das lojas preferidas de sua família, entre as quais: em Calcutá, visite a Gourisaria Sarees, na Shakespeare Sarani, nº 10-A, a Adi Dhakeswari Bastralaya, no mercado de Gariahat, a Adi Mohini Mohan Kanjilal, a India Silk House e a Benarasi Kuthi, na região do mercado da College Street. Em Nova Déli, para ver sáris e *salwars*, visite a Ushnak Mal na parte sul e a Nalini Sarees na Defence Colony; se você estiver atrás de *bindis* (aquele ponto que muitas indianas usam na testa) e braceletes, vá até a Sethi Collections, no mercado central de Latpat Nagar; e para joias siga até a Tribhandas Zavery, no Connaught Place. Em Bombaim, a Rajkamal, na New Marine Lines, é ótima para comprar sáris; já a Minawala Jewelry, no Shopping Center Hira Panna, do outro lado do templo de Haji Ali, tem o melhor em braceletes de ouro e joias.

- Para um visual Frida Kahlo, vá para Oaxaca, no México, onde mulheres carregando pilhas de *rebozos*, ou xales feitos em teares manuais, pendurados no ombro, vão cumprimentá-la pela rua. A melhor *tienda* é a Mujeres Artesanas de las Regiones de Oaxaca (a Associação Regional das Artesãs de Oaxaca), ou MARO. Essa cooperativa foi fundada por um grupo de mulheres que queria eliminar os intermediários, que viajavam de vila em vila comprando peças de artesanato pelo menor preço possível e depois as revendiam na capital por preços exorbitantes. Hoje, os trabalhos de cerca de 300 mulheres são vendidos em uma loja com dois andares, que também funciona como um museu de artesanato indígena. A variedade é incrível: bolsas e sandálias de couro; delicadas joias feitas de ouro e prata; uma sala cheia de *huipiles*, vestidos bordados à mão pelas índias Triqui e Zapotec; uma parede repleta de xales e lenços; e uma sala lateral com tradicionais vestidos de casamento de Oaxacan, joias e aqueles laços de pôr na cabeça que Frida Kahlo usa em alguns de seus autorretratos. Não é possível barganhar e, mesmo que você ache preços mais baixos em outro lugar, os produtos não terão a mesma qualidade que os da MARO. Faça uma visita na 5 de Mayo, nº 240, três quarteirões ao sul da Igreja de Santo Domingo, todos os dias, das 9 h às 20 h.

LEITURAS SUGERIDAS

The Fearless Shopper: How to Get the Best Deals on the Planet, de Kathy Borrus.

Guias Born to Shop, de Suzy Gershman (existem guias sobre diversas cidades).

PASSEIOS E VIAGENS

A Chic Shopping Paris oferece dez diferentes passeios para fazer compras. Acesse: www.chicshoppingparis.com

A Artisan of Leisure oferece vários pacotes destinados a compras ao redor do mundo. Acesse: www.artisansofleisure.com

Onde Comer

Geneen Roth resumiu muito bem: "Você não gosta de chocolate. Você nem ama chocolate. Chocolate é algo com que se tem um caso de amor". Na verdade, ser chocólatra é uma perdição internacional, e você pode suprir suas carências em quase todos os cantos do planeta.

- Resíduos encontrados em antigas cerâmicas maias sugerem que os mexicanos já estavam bebendo chocolate 2.600 anos antes. E, quando se trata de criações com chocolate, seus descendentes ainda estão entre os melhores, incluindo o chocolate quente e o *mole*, uma sofisticada mistura de pimenta, chocolate e mais de 30 ingredientes, que é fino como um biscoito e pode ser espalhado sobre qualquer coisa. Para encontrar o melhor de ambos, vá para Oaxaca, a capital culinária do México. O mercado 20 de Noviembre vende dúzias de marcas e você pode ver o chocolate sendo mexido em enormes barris (e sentir o cheiro). Compre alguns pacotes, uma *molina* (um batedor de madeira) e faça uma pausa para comer em uma barraquinha.

- Muitos viciados em chocolate se curvam perante a Bélgica. Em Bruxelas, a Mary Chocolatier, na rue Royal, nº 73, apresenta seus magníficos chocolates como a Tiffany apresenta suas pérolas. Mas os verdadeiros devotos devem ir direto para Bruges, que não apenas abriga o Museu Choco-Story, na Wijnzakstraat, nº 2, mas também conta com mais de 40 lojas que só vendem doces.

- Holandeses adoram bombons *puccini*, à venda na Staalstraat, nº 17, em Amsterdã. Alguns são recheados com bebidas alcoólicas (gim, Cointreau, conhaque, vinho do Porto, rum), outros com especiarias (anis, capim-limão, noz-moscada, tomilho). Há bombons de fruta, como ameixa, amora, framboesa e figo com marzipã, e também os velhos preferidos, como baunilha e caramelo. Um paraíso.

- Criadora de muitas delícias para o paladar, a Itália também faz sua parte quando o assunto é chocolate. Perugia, uma cidade nas montanhas da Umbria, é sede do Eurochocolate, um evento que dura dez dias e acontece todos os meses de outubro; oferece *tours* pela fábrica de chocolate Perugina; e é a cidade natal dos lendários Bacci, ou "beijos" de chocolate com recheio de avelã e embrulhados com bilhetinhos de amor. Os chocólatras também devem visitar o Museo del Cioccalata Antica Norba, na Via Capo Dell'Acqua I, na cidade de Norma, que inclui uma visita à fábrica da Antica Norba e um golinho de uma fonte de chocolate.

- Os doces da londrina Divine não vivem apenas da fama, eles são muito generosos. Feitos com cacau orgânico, originário de plantações na sombra (que ajudam a manter a fauna e a flora da região onde estão plantadas) e de comércio justo, esses doces garantem que fazendeiros e colhedores recebam pagamentos condizentes com seu trabalho pesado. Entre os produtos oferecidos estão barras de chocolate, chocolate para beber, cacau em pó, frutas e nozes de comércio justo cobertas de chocolate e delícias da estação.

LEITURAS SUGERIDAS

Essence of Chocolate: Recipes for Baking and Cooking with Fine Chocolate, de John Scharffenberger e Robert Steinberg.

The True History of Chocolate, de Sophie Coe e Michael Coe.

PASSEIOS E VIAGENS

A inTrend International oferece o Travel's Chocolate Lovers' Paradise Tour pela Bélgica, que pode incluir chocolate e aulas de confeitaria. Acesse: www.intrend.com

DICA

O Chocosphere é um site para comprar chocolate *online*. Acesse: www.chocosphere.com

Sites recomendados

www.puccinibomboni.com
www.divinechocolate.com

Český Krumlov, República Tcheca

Uma cidade de contos de fada à beira de um rio a 180 quilômetros ao sul de Praga, Český Krumlov é o lugar dos sonhos de poetas e pintores. As construções medievais ao longo das ruelas de pedra misturam elementos dos estilos renascentista, barroco, gótico e rococó; torres de igreja e telhados vermelhos moldam o horizonte. As lojas de artesanato exibem tesouros feitos à mão, como joias com âmbar, cristal tcheco e a especialidade da região: cristal da Boêmia, usado em tudo, desde miçangas até garrafas de perfume e jarras. E elevado acima de tudo isso está o Krumlov Hrad, o segundo maior castelo do país, que abriga um teatro em estilo barroco tão histórico que só há uma apresentação por ano ali: uma ópera à luz de velas. Quando estiver lá, não se esqueça:

- Tudo o que você ouviu sobre a *pivo*, ou cerveja tcheca, é um exagero que não chega perto da verdade: ela é muito melhor e os tchecos a bebem em grandes quantidades (segundo as estatísticas, 160 litros *per capita* por ano. Só para se ter uma ideia, o brasileiro consome cerca de 50 litros *per capita* no mesmo período). A fabricação da cerveja em Český Krumlov data do século 14. Durante dois séculos, uma em cada oito casas da cidade era uma taverna e, em 1630, a cervejaria Eggenberg começou a funcionar na rua Latrán, nº 27. E ela continua a fazer cerveja até hoje. Visitar a cervejaria é o *must*, assim como experimentar os cinco tipos de bebidas que ela produz: chopes com gradação oito e dez, três tipos de cerveja clara e uma cerveja com baixa quantidade de açúcar (para os diabéticos). Como diz um provérbio tcheco: "Em qualquer lugar que uma cerveja seja produzida, tudo está bem. Em qualquer lugar que uma cerveja seja bebida, a vida é boa".

- Você tem uma queda pelo macabro? Então precisa conhecer o Museu da Tortura. Localizado no subsolo da prefeitura, espremida na praça principal da cidade, esse museu documenta as punições corporais da Idade Média nos mínimos detalhes. A aristocracia gananciosa achava que torturar uma pessoa — chicoteando-a até fazê-la perder os sentidos, ou marcando-a com um ferro quente — e depois libertá-la era mais barato e eficiente do que colocá-la em uma cela por semanas a fio, onde ela teria de ser alimentada e limpa. Então, os carcereiros começaram a ser criativos — costurando os prisioneiros na parede para que só pudessem mover a cabeça, esticando-os até que suas juntas arrebentassem ou amarrando-osem cadeiras cheias de pregos. Solteironas e outras mulheres que desafiavam as convenções eram agarradas e examinadas para ver se tinham "marcas do demônio" como marcas de nascença fora do comum ou outras marcas com formas esquisitas. Se algo fosse encontrado, elas eram submetidas ao teste da água: se o corpo flutuasse, eram bruxas; se afundasse, eram inocentes.

- Os tchecos são um povo festeiro e Český Krumlov tem grandes festas. Vale a pena planejar seu verão de acordo com o Festival da Rosa de Cinco Pétalas, que acontece com o solstício de verão. Durante três dias, o centro é fechado para os carros, enquanto moradores e turistas fantasiados de personagens medievais, como reis, rainhas, princesas, cavaleiros, lavradores e bobos da corte, enchem as ruas alegremente bêbados. Torneio de cavaleiros, duelos de espada, bailes e peças de teatro acontecem por toda a cidade, e fogos de artifícios são queimados sobre o castelo tarde da noite. Reserve um quarto com várias semanas de antecedência (quanto mais perto do rio, melhor) e traga uma fantasia.

LEITURA SUGERIDA

Travelers' Tales Prague and the Czech Republic, editado por David Farley e Jessie Sholl.

PASSEIOS E VIAGENS

A Krumlov Tours, no coração de Český Krumlov, oferece aos viajantes independentes uma série de passeios guiados pela cidade e pelos arredores. Acesse: www.krumlovtours.com

As Melhores Sorveterias

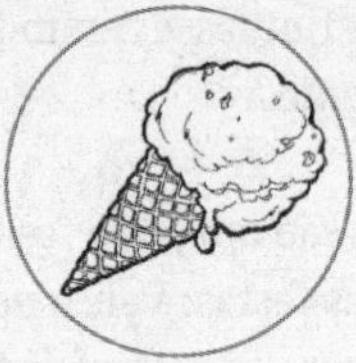

Todo mundo ama sorvete e por isso afirma ser seu inventor. Os persas defendem a ideia de que sua realeza já tomava água de rosas gelada com macarrão nos dias quentes de verão, em 400 a.C. Os árabes dizem que não só foram os primeiros a colocar açúcar em preparados gelados como também já tinham fábricas de sorvete no século 10. Já os chineses insistem que já vendiam suco de fruta congelado durante a dinastia Song (960-1279). A verdade é que os historiadores ainda não conseguiram localizar sua origem exata, mas os apreciadores concordam que as seguintes sorveterias estão entre as melhores fabricantes:

- Com 23 litros por pessoa ao ano, os norte-americanos estão na liderança entre os maiores consumidores de sorvete do mundo — talvez porque haja tantas opções de sorveteria. Em Princenton, Nova Jersey, o sorvete é levado tão a sério quanto sua universidade e ali há duas lojas famosas. A Thomas Sweet, na rua Nassau, nº 179, é uma sorveteria à moda antiga, especializada em misturas: você pode escolher sorvetes com até três tipos de frutas frescas, biscoitos ou nozes (ela tem filiais em New Brunswick, Nova Jersey e em Washington). Já a Bent Spoon, na Palmer Square West, nº 35, é “uma sorveteria artesanal que só usa os melhores ingredientes” em seus doces gelados, como laticínios sem hormônio e produtos orgânicos. O estranho menu muda todos os dias, mas os sabores mais comuns incluem gengibre, chocolate branco com lavanda, abacate com suco de laranja e variedades de café feitas com café fresquinho que vem direto da cafeteria preferida de Princenton, a Small World, na Witherspoon Street, nº 14.

- Qualquer americano do meio-oeste vai afirmar com toda a convicção que a Greater's é a melhor sorveteria. Há mais de um século, essa rede que ainda continua de propriedade da família vem servindo seus famosos potinhos, sempre cheios até boca com uma mistura secreta de pudim de ovos e creme fresco, sem que sobre nenhuma bolha de ar (enquanto um potinho normal de sorvete pesa cerca de 200 gramas, o da Greater's pesa mais de 400). O sabor preferido de todos os tempos é o *black raspberry chip*, feito com framboesas negras do Oregon e grandes pedaços de chocolate. Experimente-o nos estados de Ohio, Indiana e Kentucky.

Já os texanos devoram os sorvetes da Amy's Ice Cream, fundada por uma candidata à faculdade de medicina que assinou um cheque sem fundos para abrir sua primeira sorveteria, em meados da década de 1980. Os funcionários usam chapéus malucos e cantam enquanto servem os mais de 300 sabores, que incluem torta de abóbora, uísque de chocolate com nozes, licor melado e — para ser bem texano — cerveja Shiner bock. A sorveteria tem dez lojas em Austin, duas em Houston e uma em San Antonio.

- Seria preciso mais de um ano para provar todas as sorveterias da Itália, mas seria divertido tentar. A maioria oferece sorvetes *frutta* (sorvetes à base de fruta) e *crema* (à base de creme), além de *sorbetto* (um *gelato* feito de leite congelado), *granita* (parecida com uma raspadinha) e *grattachecca* (gelo picado com xarope de frutas e pedaços de coco ou limão). Os romanos dizem que o II Gelato di San Crispino não apenas é o melhor da cidade mas do mundo todo. A loja perto da Fontana de Trevi na Via della Panetteria, nº 42, é a mais popular, mas os puristas preferem ir até as lojas originais no subúrbio, na Via Acaia, nº 56, e na Via Bevagna, nº 90. Em Florença, dizem que as melhores sorveterias são a Vivoli, na Via dell'Isola delle Stinche, e a Perche' No!, na Via dei Tavolini.

- Os mexicanos também são loucos por sorvete (que chamam de *helado*). Os melhores do país vêm de uma vila nas montanhas perto da Cidade do México, chamada Tepoztlán. Conhecidos como *tepoznieves*, eles têm desde sabores de frutas tropicais, como *guanabana*, sapoti e *tuna* (o fruto do cactos), até misturas como a Dama da Noite (três tipos de chocolate, pedaços de fruta e gergelim) e as Pétalas de Rosa (flores tostadas com mel e manteiga). Praticamente toda cidade mexicana tem uma Paleteria La Michoacana, que vende *paletas* de fruta (picolés) que podem tanto conter leite (*paletas de leche*) ou água e açúcar (*paletas de agua*). Os sabores mais tradicionais são melão, morango, limão e chocolate, mas eles também têm sabores inovadores, como *pepino con chilli*, feito com pepino, melancia, suco de limão e *chilli* moído. Algumas Paleterias La Michoacana acabaram de abrir em cidades norte-americanas com altas concentrações de latinos, como San Antonio, no Texas, e Brooklyn, em Nova York.

- A sorveteria mais querida do mundo, sem dúvidas, é Coppelia, cuja construção parece uma nave espacial em um parque perto do Hotel Habana Libre, no bairro de Vedado, em Havana, Cuba. Inaugurada em 1966 como a primeira sorveteria democrática do país (o que significava que negros e pobres eram bem-vindos), a Coppelia, rotineiramente, atende 30 mil fregueses por dia. Antes do chamado "período especial" (ou época de racionamento ocasionado pelo colapso da União Soviética em 1991), a Coppelia oferecia sundaes e mais de 24 sabores. Atualmente, ela só vende dois sabores por vez e você pode esperar até mais de uma hora na fila. Ainda assim, ele é delicioso e você provavelmente vai fazer novos amigos enquanto espera.

"Sorvete é delicioso — pena que não seja ilegal."
Voltaire

PASSEIOS E VIAGENS

A Ice Cream University oferece seminários e um "sorvete tour" todos os anos. Acesse: www.icecreamuniversity.org

SITES RECOMENDADOS

www.graeters.com
www.amysicecreams.com

Alta Cozinha

Levante o garfo quem gosta de viajar atrás de comida! E o melhor de explorar uma nação por meio de suas tradições culinárias é que você pode — com uma ou duas aulas — levar a experiência para casa e compartilhá-la com a família e os amigos.

- Autora de diversos livros, a chef Aglaia Kremezi oferece cursos de cinco dias de duração na sua cozinha e no seu jardim em Kea, na Grécia. Um dia típico pode incluir oficinas sobre folhas de uva (desde como escolher até como enrolar e assar), sobre como cortar e marinar filés de anchova e os truques para fazer os *savori biscotti*, que são assados duas vezes. Aglaia também leva as alunas para passeios em antigos sítios arqueológicos e praias desertas, assim como para degustações de vinhos e queijos em vinhedos e fazendas que criam cabras. Grandes jantares sempre acontecem em lugares diferentes, como casas no alto dos montes, com vista para o Mar Egeu. Ela avisa às possíveis candidatas que é preciso gostar de alho, frutos do mar (incluindo polvo) e cachorros (que vão ficar debaixo da mesa).

- Você pode passar uma vida inteira estudando os detalhes da cozinha francesa. A oferta de cursos é enorme e alguns são especializados em confeitaria, outros em cozinha regional, e outros ainda em frutos do mar ou queijos. Um curso divertido (e caro) para despertar o seu apetite fica na cozinha da chef Françoise Meunier. Em apenas três horas, as alunas preparam, degustam e limpam a cozinha depois de uma refeição de três pratos regada a muito vinho. Um menu degustação pode incluir panquecas com queijo de cabra, cordeiro cozido com vegetais e pedaços de abacaxi com cobertura caramelada de baunilha e bourbon. Dê um pulo na Rue Paul-Lelong, nº 7, perto do metrô Bourse ou Les Halles.

- Você não pode dizer que experimentou a verdadeira comida mexicana enquanto não jantar em Oaxaca. Esse Estado ao sul do México é o lar de especialidades como as *tlayuda* (*tortillas* gigantes com mais cobertura do que uma *pizza*, dobradas ao meio e grelhadas até ficar crocantes) e as *tamales oazaqueños* (pamonhas de frango ao molho de *mole negro* e cozidas a vapor, em folhas de banana). Muitos restaurantes oferecem aulas, incluindo o famoso El Naranjo, que fica em um pátio interno, uma quadra a oeste da *zocalo*, na Trujano, nº 203. Apesar de os habitantes locais considerarem uma heresia o fato de a dona, Iliana de la Vega, se recusar a usar banha de porco em seus pratos, ela é muito querida pelas alunas, que ainda aproveitam a oportunidade para apreciar seus poemas inspirados em pimentas. Nos cursos de seis horas de duração, você preparå uma refeição completa, incluindo entrada, sopa, sobremesa, drinques à base de frutas, dois molhos e, claro, um dos sete tipos de *mole* de Oaxaca. A aula termina com uma visita guiada ao Mercado Benito Juarez. Reserve com antecedência, porque as vagas acabam rapidamente.

LEITURAS SUGERIDAS

The World Is a Kitchen: Cooking Your Way Through Culture, editado por Michele Anna Jordan e Susan Brady.

Cooking in Paradise: Culinary Vacations Around the World, de Joel e Lee Naftali.

PASSEIOS E VIAGENS

O www.worldisakitchen.com é um ótimo site com informações sobre escolas, viagens e cursos culinários.

SITES RECOMENDADOS

www.keartisanal.com
www.fmeunier.com
www.elnaranjo.com.mx

Zanzibar, Tanzânia

Zanzibar. O próprio nome já nos remete a praias de areias brancas cercadas por águas azul-turquesa, um paraíso tropical coberto de coqueiros e mangueiras. Mas o "Havaí da África" é um lugar surpreendentemente complexo, com influências de persas, portugueses, árabes, indianos e ingleses, além da cultura *swahili* local, que podem ser percebidas claramente em toda parte, na arquitetura, na música, na culinária e até nas festas.

O jeito mais fácil de chegar às ilhas desse Estado autônomo é de *ferry*, a partir da Tanzânia. Você saberá que está chegando lá quando as velas brancas dos *dhows*, embarcações tipicamente árabes, começarem a despontar no horizonte. Provavelmente a primeira parada será na capital, Stone Town, uma cidade com jeito de Oriente Médio cheia de bazares e mercados, antigos palácios em estilo otomano e mansões. Passeie pelo labirinto de ruelas até que o sol fique muito forte, então relaxe em uma sombrinha no Jardim de Forodhani à beira-mar. Atravesse a ponte que fica no canto sul do jardim e vá até o orfanato de Zanzibar para doar livros, brinquedos ou jogos (para ser voluntário, entre primeiro em contato com o Departamento de Bem-Estar Social; o diretor do orfanato pode dar informações de como fazer isso). Volte ao jardim à noite para encontrar a comida mais fresca (e barata) da ilha.

Os habitantes montam churrasqueiras e lamparinas e assam frutos do mar ou carne de bode, ambos mergulhados em molhos apimentados. Não deixe de experimentar o *mantabali*, ou a *pizza* de Zanzibar — um *chapati* cheio com tudo o que estiver à mão do cozinheiro, mais queijo derretido e um ovo frito. Para ajudar a digerir a comida, tome um suco de tamarindo e finalize com algumas bananas grelhadas mergulhadas em chocolate.

Stone Town é um paraíso para fazer compras, mas se prepare para barganhar. O mercado de Darajani no lado oeste da Creek Road, já fora da cidade, é repleto de peixeiros, vendedores de especiarias, barracas com frutas organizadas por tamanho e ambulantes que vendem de bicicletas e lanternas a brinquedos. Atrás do forte de Omani e da Casa das Maravilhas fica a Rua Gizenga, que tem uma variedade de lojas de antiguidades árabes, baús, joias de segunda mão e cestas feitas de folhas de palmeira. Dê um pulo na Duka la Uwazi na Estrada Mizingani para encontrar o artesanato feito por grupos de mulheres locais, ou para tatuar suas mãos (ou pés, ou barriga) com hena.

Apreciadoras de culinária e de jardinagem vão adorar os “passeios de especiarias”, que duram meio dia e são oferecidos por muitas agências. Nessas visitas guiadas a plantações, você não vai apenas cheirar e provar ervas e especiarias frescas, mas também receberá informações detalhadas sobre como usá-las — como tempero ou como remédio. Dizem que chupar cravo-da-índia, por exemplo, ajuda alcoólatras a se livrar das recaídas. Já essência de jasmin e ramos de baunilha são afrodisíacos. Vá devagar com a noz-moscada — tomar uma xícara de chá com uma infusão feita com meia noz vai fazer com que tenha alucinações durante dias!

Para mergulhar, vá até a ilha de Pemba. A visibilidade ali é espetacular — até 70 metros durante a maré cheia — e é possível você ver barracudas, golfinhos, tartarugas marinhas, arraias, tubarões e a encantadora bailarina espanhola, uma lesma-do-mar com uma "saia" vermelha e ondulante. Em setembro, as baleias podem ser ouvidas, mas dificilmente vistas. A Swahili Divers, no resort de Kervan Saray Beach, oferece cursos para tirar a PADI e acampamentos em ilhas desertas.

Zanzibar fica debaixo de chuva entre março e maio e entre outubro e dezembro; o resto do ano é apenas quente e úmido. Evite visitar a região na época do Ramadan, porque muitas lojas e restaurantes estarão fechados. Malária pode ser um problema, então informe-se bem sobre as maneiras de prevenção antes de viajar e traga bastante repelente.

LEITURA SUGERIDA

Tanzania & Zanzibar, de Annabel Skinner.

PASSEIOS E VIAGENS

A Tanzania Adventure oferece passeios sobre especiarias por Zanzibar, com um dia de duração. Acesse: www.tanzania-adventure.com

A Zanzibar Excursions oferece passeios de especiarias, observação de golfinhos e *tours* pela cidade e pela floresta, entre outros. Acesse: www.zanzibarexcursions.com

SITE RECOMENDADO

www.swahilidivers.com

As Mais Sensuais Lojas de Lingerie

Toda mulher deveria ter pelo menos uma maravilhosa peça de lingerie escondida em alguma gaveta — mesmo que ela não tenha por perto ninguém a quem mostrar (porque, apesar de tudo, vestir um *baby-doll* de *chiffon* e diminuir as luzes é o melhor jeito de transformar uma noite solitária diante da TV em um romântico jantar para uma). Abaixo segue a lista dos melhores lugares onde comprá-lo.

- Em Londres, o nome da Agent Provocateurs já diz tudo. Seu corselete Diva é feito com uma estrutura tradicional e fecha nas costas para proporcionar mais acesso (... ou controle); já a atrevida coleção de sugestivos sutiãs tem orifícios bordados (não incluem adesivos para o seio). Quer ser mais atrevida? Então pergunte pela edição limitada das calcinhas Viv, feitas com tule translúcido e com detalhes em lã angorá e corrente dourada, anel e alfinete de segurança. Visite a loja principal na Broadwick Street, nº 6, no Soho.

- Não há maneira melhor de incorporar o ditado "Quando em Roma, faça como os romanos".

Comece pela Demoiselle, na Via Frattina, nº 93 (na esquina com a Via Belsiana), onde você pode procurar, à luz de velas, pelos luxuriosos pijamas da La Perla e a sensual roupa de banho da Missoni. Já a Brighenti, que fica ali perto, na Via Frattina, nº 7, oferece várias opções em seda-e-laço selecionadas por grandes estilistas, como Dior e Nina Ricci, todas expostas em uma tradicional butique romana com luminárias *art nouveau*.

- Não está a fim de fitinhas e lacinhos? Nem a Jean Yu. Para ver uma amostra do seu estilo minimalista, visite a 37=1 na Crosby Street, nº 37, na cidade de Nova York (EUA), onde os sutiãs não passam de dois triângulos e uma fita. Ali nada de cores extravagantes, apenas um grande espectro de tons da pele. Ela foi eleita pela *New York Magazine* como o melhor lugar para comprar lingerie em Nova York, no ano de 2005.

- Mas, se você quer mesmo apimentar sua gaveta de lingerie, pegue um avião até Paris, onde dizem que ela foi inventada. Herminie Cadolle entrou para a história da moda ao "libertar" as mulheres cortando um *corselete* ao meio em 1889 e criando, assim, o primeiro sutiã. Até hoje, sua loja em Paris — atualmente dirigida por sua tataraneta — é um dos lugares mais chiques para comprar um. As especialidades da Cadolle incluem *corseletes* vitorianos, *bodies* e uma grande coleção de sutiãs bordados a mão, mas para se mimar de verdade, marque uma hora para encomendar uma peça em seda sob medida na rue Saint-Honoré, nº 255 (metrô Concorde ou Tuilleries). Para ver a coleção *prêt-à-porter*, visite a loja da rue Cambon, nº 4.

Você sabe que está em boas mãos quando o lema de um estilista é: "A principal função da roupa de baixo que escolhemos todas as manhãs é a de levantar o nosso astral". De fato, há anos Fifi Chachnil agrada às parisienses (e parece que os homens também) com suas camisolas em *chiffon* de seda e suas calcinhas Chéri com fru-frus, na rue Cambon, nº 26 (metrô Concorde). Compre um pacote de calcinhas com os dias da semana.

SITES RECOMENDADOS

www.agentprovocateur.com
www.cadolle.com
www.fifichachnil.com

V. Lugares de Celebração e Afirmação Feminina

Dança do Ventre

A origem da dança do ventre remonta aos tempos antes da Bíblia, quando era feita como culto à fertilidade. Nas antigas tribos árabes, parteiras ajudavam mulheres em trabalho de parto dançando ao redor delas e contraindo seus estômagos para imitar os movimentos de contração do útero. Por todo o Oriente Médio, mulheres também dançavam e assistiam a outras mulheres dançando, como entretenimento enquanto ficavam em casa, na ausência dos maridos. Além de ser um grande exercício, a dança do ventre moderna é um modo de se conectar a outras mulheres e entrar em contato consigo mesma.

Grupos de dança do ventre podem ser encontrados em todos os cantos dos Estados Unidos. Normalmente as apresentações são eventos interativos: quando uma dançarina faz um movimento sensual, une-se à multidão fazendo um som sibilante: *ssssss*. Um movimento complicado deve ser comemorado com um caloroso "opa!". Quando ela tira seu último véu, solte um *zaghareet* — pressionando a mão sobre o lábio superior, grite *yalalalalalalah!*. A maioria dos shows termina com uma dança aberta. Se você se sentir inibida, vire um copo de vinho (o melhor lubrificante que há!) antes de tirar os sapatos e se juntar ao grupo.

Destaco os seguintes grupos:

- A capital sudoeste da dança do ventre — Austin, Texas (EUA) — tem shows quase todas as noites da semana; confira a agenda na Austin Belly Dance Association (lembre-se: não perca uma apresentação de Z-Helene). Se estiver na cidade em uma noite de lua cheia, ligue para a Lucila Dance Productions e pergunte se ela está promovendo um Hafla aquela noite. Esse evento acontece do lado de fora do estúdio, no coração do Texas Hill Country, e é um eclético encontro de dançarinas e percussionistas que petiscam *hummus* e folhas de uva enquanto dançam descalços sob a lua e as estrelas.

- São Francisco, Califórnia (EUA), é o lar do Fat Chance Belly Dance, uma das mais renomadas companhias de dança tribal do país. Faça uma aula e se encha de vídeos, livretos, CDs, fantasias e acessórios no estúdio e centro de estudos, na South Van Ness Avenue, nº 670.

- Com suas vibrantes comunidades artísticas e de dança do meio leste, a cidade de Nova York oferece uma enorme variedade de apresentações, seminários e eventos. Faça uma aula com a lendária professora e acadêmica Morocco, no Casbah Dance Experience, ou com a especialista em danças tribais, Sarah Johansson Locke, no Alchemy Performance. Depois, assista a um show de Kaeshi e Amar Gamal, da Belly Queen.

- Por motivos sociais e econômicos, hoje é difícil achar bons shows e professoras na terra natal da dança do ventre, o Oriente Médio. Em Istambul, Turquia, a Orient House na Tiyatro Caddesi, nº 27, perto do Grande Bazar, oferece um bom show, mas voltado para os turistas. Sua melhor opção é acompanhar Morocco em uma de suas excursões pelo Oriente Médio.

LEITURA SUGERIDA

Belly Dancing: The Sensual Art of Energy and Spirit, de Pina Colucia,
Anette Paffratha e Jean Pütz.

SITES RECOMENDADOS

www.fcbd.com

www.casbahdance.org

www.alchemyperformance.com

www.bellyqueen.com

43

Museu da Menstruação

O primeiro e o único museu dedicado à menstruação não tem mais um endereço físico — e não por falta de tentativa. Seu diretor, um americano chamado Harry Finley, teve essa ideia quando trabalhava como diretor de arte na Alemanha. Intrigado com as diferentes maneiras com que diversas culturas promovem a higiene menstrual em suas revistas, ele começou a colecionar anúncios. Depois de retornar aos Estados Unidos, alguns departamentos de relações públicas começaram a mandar anúncios para ele, com amostras que estavam juntando poeira em seus arquivos. Em 1994, Harry já tinha acumulado tanto material que resolveu abrir um museu no porão de sua casa, em Maryland (EUA). Ao longo dos quatro anos seguintes, ele recebeu cerca de 1.500 visitantes, dos quais 95% eram mulheres.

"Estranhas sentavam juntas no sofá e trocavam histórias por horas", lembra Harry. "Mais de uma comentou comigo depois que nunca tinha falado com ninguém sobre o assunto antes."

Infelizmente, os rigores da manutenção de um museu se tornaram um peso. Como o museu só ficava aberto aos fins de semana, Harry nunca podia tirar férias e perdeu um campeonato de futebol inteiro. O fato de ele ser homem também era um problema: muitas das possíveis visitantes davam meia-volta ao perceber que o museu ficava em seu porão. Com pesar, ele foi obrigado a fechar as portas e se concentrou na construção de um website que oferece uma exaustiva retrospectiva da história menstrual. Entre outros tesouros, Harry escaneou os livretos que as empresas mandavam para as escolas nos idos de 1920, a fim de educar as adolescentes (enquanto promoviam seus produtos, é claro). Há fotos e críticas sobre o surgimento de produtos menstruais, desde as toalhinhas aos absorventes descartáveis, tampões, absorventes e "copos menstruais" reutilizáveis; remédios caseiros para aliviar o desconforto (ioga; chá de camomila, gengibre ou de folhas de framboesa; bolsas de água quente); e a possibilidade de fazer perguntas a médicos sobre assuntos como duchas vaginais (resposta: não use). Ele também divulga arte inspirada na menstruação, poesia, histórias em quadrinhos, contos e respostas acaloradas para pesquisas *online*, como: "Você deixaria de menstruar se pudesse?".

Enquanto o site está fazendo muito sucesso, Harry ainda sonha em um dia reabrir o museu em um espaço público maior. "Eu só queria que alguma mulher resolvesse investir dinheiro para montar algo para todas as mulheres, em vez de comprar uma pintura impressionista para sua coleção particular."

Harry imagina o museu com um local em que as visitantes poderiam se reunir; uma exibição permanente sobre a história dos produtos menstruais; e vitrines circulares sobre saúde feminina, como reposição de estrógeno e câncer de mama. Ele também gostaria que houvesse uma pequena livraria, uma loja de suvenires, um jardim e um café com muitas poltronas para as mulheres se sentarem e conversar. Fale com ele pelo e-mail hfinley@mum.org.

LEITURA SUGERIDA

Our Bodies, Ourselves, de Boston Women's Health Book Collective.

SITE RECOMENDADO

www.mum.org

Brasil
Candomblé e a Irmandade da Boa Morte

Assim como a *santería* em Cuba e o vodu no Haiti, o candomblé é uma religião vibrante que surgiu a partir da tragédia da escravidão. Durante três séculos de domínio colonial, os portugueses escravizaram 5 milhões de africanos para trabalhar nos canaviais brasileiros e, durante o processo, os converteram à força ao catolicismo. Os escravos perceberam muitas semelhanças entre essa nova fé e suas religiões nativas, inclusive a adoração de seres supremos que haviam criado e mantinham o mundo, e o uso de intermediários para falar com eles. Ao longo do tempo, os escravos misturaram tudo, cada santo católico foi relacionado com um orixá africano e assim eles criaram uma nova religião sincrética chamada candomblé. É uma fé fervorosa e viajantes respeitosos sempre são bem-vindos para participar dos rituais.

Um orixá especialmente reverenciado é Iemanjá, a deusa do mar, frequentemente associada à Virgem Maria. Se você tiver sorte de passar o Ano-novo no Rio de Janeiro, pare na Praia de Copacabana durante a noite da virada, a fim de assistir aos praticantes vestidos de branco colocando para ela barcos no mar cheios de presentes e flores, espelhos, velas e seus pedidos para o novo ano. Se ela aceitar o presente, vai afundar o barco; caso contrário, ela o devolverá. Na verdade, o dia de Iemanjá é 2 de fevereiro, marcado por muita música e oferendas pelo país, mas os maiores festejos acontecem na Praia do Rio Vermelho, em Salvador, na Bahia.

A cidade colonial de Cachoeira, na Bahia, é considerada o centro espiritual do candomblé. Pergunte a um morador local ou a alguém do escritório de turismo na Praça da Aclamação para saber os horários das cerimônias semanais. A maioria começa à noitinha e termina por volta de meia-noite: vista-se toda de branco e deixe a câmera no hotel. Normalmente, as mulheres ficam de um lado da sala e os homens do outro. Depois de várias horas de batuque, as mães de santo pedem aos orixás que venham e as possuam. E é o que eles fazem, uma a uma — muitas vezes de maneira dramática. Normalmente é possível dizer quem possuiu quem, já que assistentes entregam às mães de santo a parafernália correspondente, tais como imagens e coroas. A essa altura, o batuque se intensifica e a energia fica frenética. Quando os orixás finalmente vão embora, todos se juntam para um banquete. "É hipnotizador, desde o incessante ritmo do batuque à intensidade física da chegada de cada orixá", diz a estudiosa da história da América Latina Victoria Langland. "Quando acaba, você sabe que teve uma experiência profunda."

Uma grande celebração da diáspora africana para o Novo Mundo é o festival da Boa Morte, em Cachoeira. Ele acontece em meados de agosto e é organizado pela Irmandade da Boa Morte, uma sociedade de mulheres que tem sua origem nos dias em que a abolição e as rotas de fuga eram sussurradas nas senzalas. Durante três dias, seus descendentes vestem roupas tradicionais baianas — saias rodadas até os tornozelos, turbantes, xales e metros de colares de contas — e desfilam pelas ruas com uma virgem ricamente vestida. Elas também se animam e oferecem um ótimo samba. As festas arrastam multidões, especialmente negros usando camisetas onde se lê "Orgulho Negro!" Na verdade, a Boa Morte representa o crescente movimento negro no Brasil.

LEITURA SUGERIDA

Sacred Leaves of Candomblé: African Magic, Medicine, and Religion in Brazil, de
Robert A. Vocks.

PASSEIOS E VIAGENS

A Sankofa Tours oferece um pacote para o Festival da Boa Morte todos os anos, em agosto. (www.sankofatours.net).

Havana, Cuba

Poucos países são tão complicados quanto essa linda nação insular. Para dizer a verdade, a política impiedosa de Fidel Castro causou sofrimento em grande escala, mas a revolução de 1959 também levou a significativos progressos em muitas áreas, inclusive a das relações raciais. O racismo ainda dá as caras de vez em quando, mas em geral Cuba atingiu uma harmonia racial que parece estar milhões de anos luz à frente de outros países das Américas.

"Assim que entro no espaço aéreo cubano, começo a me sentir mais confortável com a cor da minha pele", diz o jornalista americano Lori Robinson. "O respeito pelos negros, por sua cultura e suas origens que experimento aqui não encontro em nenhum outro lugar."

Apesar das dificuldades, em Cuba os sorrisos são largos. O caminhar é relaxado. Os movimentos são ritmados. Há uma sensualidade que vai além da aparência física. É um jeito de ser contagioso e que pode ser experimentado de maneira mais visceral nos clubes de rumba.

Nascida entre os escravos e criada nas ruas dos bairros pobres por músicos que não tinham mais que uma caixa de papelão, uma garrafa e uma vara, a rumba vem do verbo *rumbear*, que significa festejar e se divertir. Nos clubes de toda a ilha, você vai encontrar músicos tocando *bata*, bongô e conga, enquanto os frequentadores se sacodem na pista de dança. Nas noites de segunda-feira, dê um pulo na casa de Dulce Maria Baralt, no terceiro andar da Calle San Ignacio, nº 78, entre O'Reilly e Callejon del Chorro, em Habana Vieja. Em seus encontros, uma banda toca antigas músicas de rumba, enquanto o rum e a cerveja rolam soltos. Outro grupo que não se pode perder é o Las Mulatas del Caribe, uma banda só de mulheres que se apresenta na Calle Obispo, nº 213A.

Você saberá que chegou ao Callejon de Hamel quando um turbilhão de cores vermelha, amarela, verde e preta de repente surgir entre os prédios da vizinhança como um cometa, e explodir em um embaçado mural de olhos, raízes e penas. O artista Salvador Gonzales Escalona organiza rumbas todos os domingos à tarde em sua galeria, entre a Rua Aramburu e a Rua do Hospital, perto do Hospital Hermanos Almeijeiras, no centro de Havana. Venha dançar, conhecer cubanos e mochileiros e apreciar obras de arte inspiradas na santería.

Depois vá até o Cementerio Colon para visitar La Milagrosa. Segundo a lenda, uma jovem chamada Amelia Goyri de Hoz morreu durante o parto em 1901 e foi enterrada com o bebê acomodado aos seus pés. Quando, alguns anos depois, abriram seu túmulo, Amelia foi encontrada com a filha no colo. Desde então, os cubanos a chamam de mulher milagrosa e dizem que ela é a protetora das grávidas. Se você bater três vezes na sua lápide e fizer um desejo, ela realizará — desde que você não vire as costas para ela na hora de ir embora. Centenas de romeiros agradecidos deixaram pequenas placas ao redor de onde ela está enterrada, agradecendo pelos milagres. Visite-a na esquina das Calles 3 e F.

LEITURAS SUGERIDAS

Dreaming in Cuba, de Cristina Garcia.

Traveler's Tales Cuba, editado por Tom Miller.

Lugares para Dançar

Você está em busca de uma noite de paquera e contato corporal? Duas sugestões: vá dançar tango ou *texas two-step.* Não tem problema se você não tem um parceiro, é só se aproximar da pista de dança e sorrir.

- Nascido nos bairros pobres de Buenos Aires no fim do século 19, o tango logo se espalhou pela cidade graças aos tocadores de acordeão que ficavam nas ruas, antes de chegar a Paris, Londres, Berlim e Nova York. Sua música é uma mistura de ritmos africanos e melodias europeias com um toque sul-americano, e sua dança é ao mesmo tempo ardente e elegante. "Não sou nem um pouco graciosa no meu dia a dia — estou sempre esbarrando em coisas e me cortando —, mas o tango me obriga a manter a postura e a ser graciosa", diz Sylvia Smullin, uma médica que estuda dança em Nova Jersey (EUA). "E também é incrível ter alguém me dando tanta atenção, e por outro lado ter de ficar focada em uma comunicação física tão gentil e intensa com ele." Buenos Aires respira tango, desde seus shows brilhantes nos hotéis mais chiques até seus lotados clubes noturnos, conhecidos como *milongas*. O Café Tortoni tem apresentações no salão superior quase todas as noites da semana, na Avenida de Mayo, nº 829. Para aprender alguns movimentos, vá até o Centro Cultural Torquato Tasso, na Defensa, nº 1.575 (perto do parque Lezama), ou até a Confiteria Ideal, na Suipacha, nº 384. Alguns 175 mil aficionados se reúnem toda primavera para assistir aos profissionais no Buenos Aires Tango Festival, e você também pode aprender com eles. Há aulas gratuitas para iniciantes e seminários para quem já está mais adiantado. Não se preocupe se estiver viajando sozinha — há uma base de dados para achar o parceiro perfeito. Você também pode saciar qualquer desejo consumista na Feira do Tango, que vende de tudo: de roupas de dança e sapatos a fotografias, CDs e livros.

- Quem disser que não há mais cavalheirismo neste mundo nunca dançou *texas two-step*! Conhecida no Texas como "a dança do chute", ela é composta de dois passos rápidos seguidos por dois mais lentos, em que você só tira levemente o pé do chão. Assim que pegar os passos, vista seu jeans mais apertado, encha sua franja de laquê ou esconda o cabelo debaixo de um chapéu Stetson e arranje um *cowboy*. As melhores casas oferecem música ao vivo de bandas como os Derailers, os Mad Cowboys e Kelly Spinks, mas a melhor dica para saber se o lugar é quente é ter certeza de que o estacionamento está cheio de caminhões. Em Austin, vá ao Broken

Spoke, na South Lamar Boulevard, nº 3.201, ou ao Dallas Night Club (também conhecido como o bar mais barato da cidade), na Burnet Road, nº 7.113. Em Forth Worth, experimente o Pearl's Dancehall & Saloon, na West Exchange, nº 302, que oferece mesas de pôquer, *long necks* a US$1,50 e chope a US$ 1,00. Em Dallas, o Cowboys Red River, na Technology Boulevard, nº 10.310, é imbatível. Se você foi agraciada pela natureza, participe do concurso de sósia da Dolly Parton; se não, tente a sorte no campeonato de touro mecânico. *Ee-haa!*

SITE RECOMENDADO

www.tangofestivals.net

47

Florença, Itália

A cidade de Florença, na Itália, celebra o feminino tanto na suntuosidade de seus museus e lojas quanto em seus homens adoráveis que sussurram a cada esquina. Coloque os óculos de grife, amarre um lenço de seda no pescoço e vamos nessa!

Florença é repleta de pinturas e esculturas que homenageiam a voluptuosidade das mulheres. "Depois de algumas horas rodando por esses museus, você se dá conta de que tudo bem ter uns quilinhos a mais", diz Natasha Lycia Ora Bannan, uma latina do Bronx. "Você acaba se sentindo linda!"

Comece pela galeria Uffizi, onde está o luminoso *Nascimento de Vênus*, de Sandro Botticelli. Pintada no fim do século 15, essa obra de arte apresenta a deusa Vênus emergindo do mar como uma mulher bem-dotada sobre uma concha do mar (que, na antiguidade clássica, era a metáfora para a vulva). Alguns estudiosos dizem que Vênus e as outras figuras femininas no quadro representam a trindade da Mãe, da Filha e do Espírito Santo. Depois, visite a *Vênus de Urbino*, de Tiziano. Essa obra polêmica mostra uma jovem nua reclinada em uma cama enquanto olha diretamente para você e sua mão direita cobre delicadamente a região púbica. Um cão, simbolizando a fidelidade, está quase dormindo aos seus pés, enquanto uma serviçal procura algo em um baú ao fundo, provavelmente alguma roupa para Vênus vestir. Mark Twain pode ter dito que esse era "o quadro mais tolo, desagradável e obsceno do mundo", em seus relatos de viagem, *A Tramp Abroad*, mas a Vênus continua e continuará atraindo multidões. A galeria Uffizi fica na Pizzale degli Uffizi, nº 6. É aconselhável reservar as entradas com antecedência.

Depois de beber na fonte das formas femininas, siga para a Galleria dell' Accademia, na Via Ricasoli, nº 60, para observar as formas masculinas. Aqui está uma das obras mais famosas de Michelangelo: *David*. Esculpida em um bloco de mármore de 19 toneladas, essa belíssima escultura dá voz à crença do autor de que o corpo "é uma criação divina; uma beleza sem igual". Mas, durante anos, foi o *pisello de David*, ou a falta dele, que atraiu mais atenção — apenas 15 centímetros para um homem de mais de quatro metros! Em 2005, no entanto, o Instituto Holandês de História da Arte concluiu que esse tamanho era "normal" para quem estava se preparando para enfrentar Golias.

As viciadas em sapatos devem seguir para o recém-reformado Museo Salvatore Ferragamo, cuja entrada fica na Piazza Santa Trinitá, nº 5. Décimo primeiro entre catorze filhos, dizem que Ferragamo fez seu primeiro par de sapatos quando tinha 9 anos, depois de descobrir que seus pais não tinham condições de comprar um par para sua irmã usar na primeira comunhão. Ele continuou criando obras de arte para princesas e estrelas de cinema, incluindo Audrey Hepburn, Rita Hayworth, Sophia Loren e Bette Davis. Caminhe pelo tapete vermelho até o segundo andar, onde é possível ver a grandiosa coleção de Ferragamo desde 1927.

Nessa altura, você deve estar pronta para comprar sua própria obra de arte. Florença tem muito bom gosto, com butiques especializadas em tudo, de luvas feitas com pele de *cashmere* a joias de vidro — e muitos dos itens são feitos à mão, em ateliês próximos. Se quiser comprar papel feito artesanalmente, dê um pulo na empresa de encadernação dirigida por mãe e filha, a II Torchio, que fica na Via dei Bardi, nº 17. A Farmacia Santa Maria Novella, na Via della Scala, nº 16, vende colônias e outras poções feitas com receitas criadas por monges dominicanos no século 17. Se você preferir que seu perfume seja feito exclusivamente para você, vá até ao laboratório da Lorenzo Villoresi, na Via dei Bardi, nº 14. Quem consegue ler italiano deve visitar a Libreria delle Donne, uma ótima livraria para mulheres, na Via Fiesolana, nº 2/B. No quadro de avisos da livraria você pode arranjar um emprego, um professor ou um companheiro de quarto.

SITE RECOMENDADO

www.uffizi.com

Andaluzia, Espanha

O flamenco é a expressão perfeita da feminilidade: gracioso e elegante, mas ao mesmo tempo ardente e impetuoso. Alguns historiadores da dança dizem que suas origens estão no grande êxodo dos ciganos, a partir de Punjabi, na Índia, há mais de 1.000 anos. Esse povo nômade migrou atravessando o norte da África até chegar ao sul da Espanha, recolhendo influências musicais e de dança ao longo do caminho (especialmente dos mouros e dos judeus), antes de ser forçados a se reunir nas *gitanerias*, ou guetos. Dizem que foi ali que floresceram a música e a dança dinâmicas, hoje conhecidas como flamenco. Apesar de ser dançada em escolas e apresentações ao redor do mundo, a melhor maneira de experimentá-la é no seu lugar de nascimento, a região da Andaluzia, na Espanha.

Já se foram os tempos em que cantores e dançarinos batiam palmas, sapateavam e giravam espontaneamente até o sol nascer, mas você ainda pode assistir a ótimos shows em Sevilha. Experimente a Sala Teatral Sol Café Cantante, na Calle Sol, nº 5, que apresenta novos talentos de quarta a sábado, às 21 h. O La Sonanta, na Calle San Jacinto, nº 3, no Barrio Triana (lar dos ciganos até a década de 1960), tem shows às quintas-feiras. O Teatro Central traz dançarinos premiados para o festival anual Flamenco Viene del Sur: fique de olho em estrelas como Adella Campallo, Manuela Carrasco, Eva Yerbabuena, Cristina Hoyos e Sara Baras. As agências de turismo empurram os *tablaos*, que incluem apresentações ao vivo, jantar e drinques, mas eles são pouco autênticos. Mas, se estiver na cidade por apenas uma noite, vale tentar o Los Gallos na Plaza de Santa Cruz II, que tem shows às 21 h e às 23h30.

Se estiver inspirada a aprender alguns passos, Sevilha oferece ótimas aulas e oficinas. A Fundación Cristina Heeren de Arte Flamenco, na Calle Fabiola, nº 1, tem cursos de canto, guitarra e dança que duram três meses, além de um curso intensivo de quatro semanas em julho, que é composto de 106 horas de aula. Há três bolsas de estudo por ano para alunas dos Estados Unidos. A Taller Flamenco tem aulas de guitarra, técnica de dança, *compás y palmas* (ritmo e palmas), além de aulas de espanhol na Calle Peral, nº 49. Antes de você ir para os bares de *tapas* para mostrar o que aprendeu, dê um pulo nas lojas. Desde 1940, a Calzados Mayo faz sapatos de flamenco, botas, castanholas e aquelas maravilhosas saias à mão. Visite a loja na Plaza de la Alfafa, nº 2. Já a Mantilla Feliciano Foronda vende xales andaluzes na Calle Alvarez Quinteiro, nº 52, e a Casa Rubio vende os tradicionais leques na Calle Sierpes, nº 56. Se estiver atrás de CDs, tente a Compás Sur, na Calle Cuesta de Rosario, nº 7-F.

Os aficionados planejam suas viagens em torno da Bienal de Flamenco, que acontece em Sevilha no mês de setembro de todos os anos pares. As performances são apresentadas em um lugar como Alcázar, toda noite, durante o mês inteiro. As Férias de Abril são tão incríveis quanto e acontecem depois da Páscoa, em uma cidade temporária feita de tendas às margens do Rio Guadalquivir. Durante seis noites regadas a xerez, dançarinos e seus músicos se reúnem em tendas e se apresentam do nascer ao pôr do sol. Entre outros festivais na Andaluzia estão o Festival Torre del Cante (uma noite inteira no mês de junho, na Alhaurín de la Torre, perto de Málaga), o Festival de Jerez (duas semanas entre fevereiro e março) e o Gazpacho Andaluz (em agosto, na arena de touradas de Morón de la Frontera). *Olé!*

LEITURA SUGERIDA

Traveler's Tales Spain, editado por Lucy McCauley.

SITES RECOMENDADOS

www.flamencoheeren.com

www.tallerflamenco.com

www.calzadosmayo.com

www.bienal-flamenco.org

Associações Femininas nos Estados Unidos

Talvez você tenha acabado de se divorciar ou de terminar um relacionamento de forma dolorosa e precise do tipo de apoio que só as mulheres podem dar. Ou trabalhe em um escritório cheio de homens e esteja precisando de companhia feminina. Ou apenas precise recarregar sua força feminina. Seja qual for o caso, uma reunião apenas para mulheres é a solução.

- Um dia, Sue Ellen Cooper comprou um chapéu vermelho em uma loja baratinha, sem nenhum motivo especial, só porque o achou "um tanto nostálgico". Mais tarde, quando se deparou com o poema "Cuidado", de Jenny Joseph, ficou impressionada com o verso: *"Quando eu for uma senhora usarei lilás / Com um chapéu vermelho que não combina nem com a roupa nem comigo"*. Naquele ano, como lembrança do seu aniversário, ela distribuiu chapéus antigos e cópias do poema, e eles foram tão bem recebidos que se tornaram seu cartão de visita. Em pouco tempo, tantas amigas já tinham chapéus vermelhos que ela organizou um chá e as convidou para exibi-los. O encontro fez tanto sucesso que elas fundaram a Red Hat Society (ou o Clube do Chapéu Vermelho). O resto, dizem, é história. Hoje, essa "des-organização" tem mais de 1 milhão de membros registrados em 40 mil filiais nos Estados Unidos e outros 25 países (no Brasil, ainda não há membros). Sua missão: "Dar visibilidade às mulheres da nossa idade (50 ou mais) e mudar a maneira como somos vistas pela cultura atual". Sua máxima: você realmente deve vestir lilás e um grande chapéu vermelho (a menos que tenha menos de 50, então deverá usar roupas lilás e chapéus cor-de-rosa). Os encontros regionais, chamados "Funventions", acontecem várias vezes ao ano, e o dia oficial da Red Hat Society é 25 de abril.

- O Las Comadres para Las Americas foi fundado em Austin, Texas (EUA), no ano 2000, por duas latinas que queriam construir uma comunidade de comadres. Elas convidaram algumas mulheres para um *comadrazo*, reunião em que cada uma deve contribuir com um prato ou uma bebida. O sucesso foi tão grande que as reuniões se tornaram mensais. Atualmente, a comunidade de Austin conta com mais de 1.000 membros e o movimento se alastrou por cerca de 50 cidades pelo país. Qualquer mulher que se identifique com as latinas ou que seja casada com um latino pode participar. Além dos *comadrazos*, o Las Comadres organiza uma convenção nacional a cada dois anos e mantém uma lista de discussões na qual os membros podem anunciar empregos, bolsas de estudos e coisas do gênero. Não há obrigações, regras ou escritórios, mas Nora de Hoyos Comstockcuida de tudo.

- Em 1976, três mulheres amantes da música decidiram que era hora de acabar com o menosprezo pelas musicistas no palco e fora dele. Então criaram um espaço seguro onde artistas, como Tracy Chapman, estrearam: o Michigan Womyn's Music Festival. Todo mês de agosto, cerca de 4 mil mulheres se reúnem para montar uma mini cidade de barracas, palcos e centros comunitários, em um espaço de 2,5 km2, no meio da floresta. Todo mundo deve contribuir com oito horas de trabalho e em troca recebe três refeições vegetarianas, além de acesso livre à creche, ao posto médico, aos chuveiros e a todas as atividades do festival, incluindo 40 shows, centenas de oficinas, dúzias de filmes e uma efervescente feira de artesanato. A política de "feito apenas por e para mulheres" tem criado polêmica nos últimos anos, apesar de agora algumas mulheres transexuais e seus defensores morarem em "acampamentos trans" do lado de fora, onde debatem desigualdade sexual ao distante som de música *folk*.

- Em quase todo outono, desde 2002, cerca de 500 mulheres se reúnem no Omega Institute, no Hudson Valley de Nova York, "para olhar de perto os obstáculos que emudecem as vozes femininas" e para discutir as necessidades do poder feminino. Ao longo de três dias, elas participam de oficinas, cantam, dançam e ouvem palestras de pessoas influentes, como as atrizes Jane Fonda, Susan Sarandon e Sally Field; as autoras Maya Angelou e Alice Walker; e as ativistas Gloria Steinem e Eve Ensler. O Omega Institute oferece cabines e refeições vegetarianas, além de aulas de ioga pela manhã; a designer Eileen Fisher oferece bolsa de estudos a jovens negras. Fique atenta, pois essa "Conferência sobre o Poder e as Mulheres" enche rápido. Se não houver mais vagas, escolha os outros cursos oferecidos pelo Omega's Women's Institute, que incluem o "Poder Esclarecido: Como as Mulheres Estão Mudando Suas Vidas" com ativistas como Yolanda King (filha do Dr. Martin Luther King, Jr.) e Loung Ung, da campanha Um Mundo Sem Minas Terrestres.

- Perto do Dia do Trabalho (que nos Estados Unidos é comemorado na primeira segunda-feira do mês de setembro), o Deserto Black Rock, em Nevada (EUA), é o palco de uma comunidade experimental que reúne 35 mil pessoas à procura de algo radicalmente diferente em sua vida. Usando fantasias extravagantes (se estão vestindo algo), elas constroem elaborados acampamentos temáticos e instalações de arte psicodélica no leito de um antigo lago; depois ficam zanzando por ali, apresentando peças de teatro de guerrilha de rua e trocando presentes por coisas necessárias (o estatuto não permite o uso de dinheiro, a não ser para comprar café e sorvete). No auge das festividades, um homem gigante de madeira é queimado — daí o nome do encontro: Burning Man.

"Esse é o lugar onde você vai encontrar seja lá o que estiver procurando", diz Jenni Peskin, de Bend (Oregon), que já esteve quatro vezes no encontro. "Há um respeito, uma honestidade e uma abertura aqui que você não encontra em nenhum outro lugar do planeta. E é muito divertido."

Apesar de o Burning Man ser aberto a todos, seu maior evento é exclusivo para mulheres: o passeio ciclístico Critical Tits. Às 16 h do terceiro dia do evento, milhares de mulheres montam em bicicletas, tiram as camisetas e atravessam a cidade temporária, exibindo os seios para o respeitoso público masculino, que se enfileira ao longo do caminho para saudá-las e refrescá-las com jatos de água. Depois de passear pelos acampamentos, o enorme desfile de bicicletas termina em uma área restrita às mulheres, onde acontece uma enorme festa para celebrar seus maravilhosos corpos.

LEITURA SUGERIDA

A Woman's World, editado por Marybeth Bond.

SITES RECOMENDADOS

www.redhatsociety.com

www.lascomadres.org

www.michfest.com

www.eomega.com

www.burningman.com

VI. Lugares de Luta e Renovação

50.

Nova Orleans, Louisiana (EUA)

Não muito tempo atrás, essa cidade deveria estar primeiro nos capítulos "Permita-se" e "Lugares de Celebração e Afirmação feminina". Afinal, foi no bairro da luz vermelha dessa cidade que o *jazz* nasceu e por tabela alimentou o *delta blues* e o *zydeco*. Ela recebeu milhares de festeiros do mundo todo em seus bailes, desfiles e festas nas semanas que precediam a quaresma, e fez a alegria de outras dezenas de milhares com seus *shows* ao vivo durante o festival de jazz. Ela deixou os bons de garfo tontos com suas delícias, como o *étouffée* e a *jambalaya;* com os pratos de frutos do mar em forma de lagosta e as ostras do golfo servidas em conchas do mar; com os *po'boys* e as *muffalettas*; com o café de chicória e seus sonhos quentinhos. Nova Orleans era a cidade dos shows de sexo e onde os menores de idade bebiam; dos funerais que viravam festa; dos feijões vermelhos com arroz toda noite de segunda-feira; de uma contagiosa alegria de viver.

Então, em agosto de 2005, veio o furacão Katrina. A profunda negligência do governo e as forças da natureza se encontraram e ocasionaram um dos maiores desastres naturais da história norte-americana. Quatro dos diques que protegiam Nova Orleans cederam, deixando mais de 80% da cidade debaixo de seis metros de água poluída. Mil e quinhentas pessoas perderam a vida; e outros milhares, suas casas. As bibliotecas perderam seus livros; os músicos, seus instrumentos; os artistas, suas telas. E, no primeiro aniversário do Katrina, bairros como Ninth Ward, Lakeview e New Orleans East ainda pareciam como se tivessem acabado de sumir do mapa. Agora, emocionantes excursões de ônibus, oferecidas por grupos como o Tours by Isabelle, atravessam esses bairros destruídos, além dos lugares que tiveram destaque na época, como a rachadura no canal da London Avenue e o Superdome.

Ainda assim, a "cidade que ama e perdoa" se recusa a reconhecer a derrota. Cerca de 200 mil pessoas se reuniram para o Jazz Festival de 2006, e, enquanto Bruce Springsten e Bob Dylan davam o ar da graça no palco, os shows mais aclamados eram os dos cantores de gospel, blues e folks da cidade. Apesar de apenas um terço dos restaurantes ter reaberto as portas, entre eles estão os queridos Napoleon House, na Chartres, nº 500; o Clancy's, na Annunciation Street, nº 6.100; o Parkway Bakery & Tavern (o melhor *po'boy* de rosbife da cidade!), na Hagan Avenue, nº 538; e o Café du Monde, no French Market a indústria hoteleira se recuperou, assim como as lendárias casas de show, como o Preservation Hall e o House of Blues. E Pat O'Briens ainda está servindo seus famosos drinques na Bourbon Street.

"Entendo como as pessoas devem se sentir ao insistirmos no assunto do furacão quando boa parte da cidade continua destruída, mas a vida segue em Nova Orleans", diz a escritora Stacy Aab, que fez mais de 100 entrevistas com sobreviventes do Katrina como parte do projeto de um livro de história oral. "Os habitantes vão jantar fora, encontram os amigos no bar e se casam. Eles sempre souberam como comemorar, mesmo nos piores momentos, então, por que não fazer parte disso?"

Stacy sugere aos turistas que reservem parte do seu tempo de férias para participar de projetos voluntários — e são muitos. Desde dezembro de 2005, por exemplo, o Emergency Communities serve 1.300 refeições diárias no Made with Love Café and Grill, no estacionamento perto da paróquia de St. Bernard, no bairro residencial de Chalmette. Eles também oferecem primeiros socorros e remédios à base de ervas, chuveiros, um serviço de lavanderia, ligações a longa distância e internet gratuitos aos habitantes que estão retornando. O café se tornou um centro de encontro da comunidade e eles aceitam com carinho qualquer tipo de ajuda.

"[Nova Orleans] é a única cidade nos Estados Unidos onde vale a pena se refugiar — e não fugir."
Andrei Codrescu

LEITURA SUGERIDA

Frommer's Portable New Orleans: A Full Post-Katrina Update, por Mary Herczog.

51.

Vieques, Porto Rico

Para os habitantes locais, ela é a ilha Nena, ou a ilha da Menininha: a filha de Borinquen e do mar. Para os turistas, ela é o paraíso: mais de 30 quilômetros de praias tranquilas e baías luminosas. Para os ativistas, ela é a resistência: uma homenagem viva ao poder das pessoas.

Localizada a apenas alguns minutos de distância de balsa do sudoeste de Porto Rico, Vieques era só tranquilidade até o dia em que a Marinha americana tomou 70% da ilha para construir bases militares durante a II Guerra Mundial. Nos 50 anos que se seguiram, os torpedos e a artilharia da Marinha atingiram sistematicamente os atóis e recifes que cercam a ilha. Mas, quando um torpedo errante matou um guarda civil em abril de 1999, protestos contra a ocupação surgiram em todo o mundo, chamando tanta atenção da mídia que a Marinha americana finalmente retirou as tropas em 2003 — mas não de graça.

"Vieques foi completamente esquecida pela Marinha americana. Eles a conquistaram e depois a abandonaram, sem limpar o lixo radioativo e a sujeira que deixaram para trás", diz Natasha Lycia Ora Bannan, uma latina do Bronx. "Ainda bem que isso não alterou a energia ou o espírito *jibaro* das pessoas. Você ainda vê *Vieques Libre* escrito em todos os lugares."

Ironicamente, a ocupação da Marinha deixou um legado compensador: intimidados pelos explosivos, os investidores internacionais ficaram longe da ilha, o que quer dizer que lá não há montes de lojas ou cadeias de hotéis para disputar sua atenção (nem mesmo faróis de trânsito). Mas o número de restaurantes, pousadas, lojas de mergulho e agências de ecoturismo, tanto de propriedade de nativos quanto de estrangeiros, é enorme. Além disso, o serviço americano de proteção à fauna tomou posse da antiga base militar, o que significa que agora grande parte da ilha se tornou área de proteção ambiental — que vale a pena descobrir.

A maioria dos turistas vai a Vieques por causa das praias, que nunca desapontam. A baía em forma de meia-lua conhecida como Balneario Sombe, ou Balneário do Sol, é a de acesso mais fácil, a apenas 800 metros da cidade de Esperanza. Famílias e campistas costumam se reunir lá. Depois vem Media Luna, calma e quieta, ideal para levar as crianças. A Praia de Navio, perto dali, tem mariscos petrificados e corais que dizem ter 50 milhões de anos, além de ondas grandes o suficiente para surfar. A versão de 1961 do filme *O Senhor das Moscas* foi filmada nessa região. A Lagoa de Kiani, no extremo oeste da área de proteção ambiental, é ótima para caminhadas e para andar de bicicleta; estrelas do mar se enfileiram ao longo da costa da praia de mesmo nome. Mas sem dúvida o melhor lugar é a Baía de Mosquito, com águas rasas e repletas de centenas de milhares de fitoplânctones unicelulares, que — quando estimulados — emitem uma luz azul-esverdeada no escuro, como se fossem vaga-lumes marinhos. Uma remada de caiaque e até um simples peixinho podem dar início ao espetáculo, e você também pode, pulando e mergulhando na água. À noite, é especialmente impressionante, parece que o universo inteiro está a sua volta. Para chegar lá, alugue um 4x4 e siga até a estrada da Baía do Sol. A melhor época para fazer uma visita é o segundo dia após a lua cheia, quando tudo fica completamente escuro por duas horas antes que a lua nasça. Não faça os passeios de barco pela costa, eles são prejudiciais aos plânctones.

Outra atividade que está em ascensão por ali são os passeios a cavalo. Há cerca de 500 anos, os espanhóis trouxeram uma tropa da raça Paso Finos, fáceis de domar e de estrutura pequena, para ajudar os conquistadores em suas expedições, e desde então eles se multiplicaram. Agora, milhares deles andam soltos pelas dunas de Vieques. Penny Miller, da cidade de Isabella Segunda, oferece passeios guiados pelas montanhas e ao longo do oceano, que têm duas horas de duração e custam em média 45 dólares por pessoa. Ela também trabalha em parceria com uma pousada chamada Sea Gate. Pergunte sobre o pacote de passeios a cavalo, que inclui duas noites de estada e o passeio de duas horas, por 100 dólares. Os amantes de cachorros vão adorar a Penny; ela é a fundadora da Sociedade Protetora local e está sempre falando sobre animais.

Benin

Justamente por ser tão difícil, viajar pela África Ocidental pode ser uma experiência fortalecedora para as mulheres. Você tem de usar todos os seus recursos para sobreviver a cada dia. Quando finalmente acha aquele mercado ou aquela vila que estava procurando, é como encontrar esmeraldas. "O verdadeiro segredo é aprender quando dizer sim, e não ter medo", diz Suzanne Kratzig, que morou ali como voluntária das Forças de Paz. "Você pode acabar dormindo com uma família no meio do nada, sob as estrelas, mas é isso que é incrível." O calor e a hospitalidade de seu povo fazem de Benin um destino especialmente bem-vindo para mulheres. Os pontos altos são os seguintes:

- Tantos milhares de homens, mulheres e crianças foram capturados e vendidos como escravos para o Novo Mundo no século 16 que essa parte da África Ocidental ficou conhecida como "Costa dos Escravos". Em Ouidah, pergunte por Martine de Souza, que guia passeios sobre os últimos dias deles em sua terra natal. Depois de serem vendidos nos mercados, os futuros escravos eram conduzidos ao redor da Árvore do Esquecimento (assim não sentiriam tanta saudade do Benin) e da Árvore do Retorno (assim seus espíritos voltariam para lá quando eles morressem) e, finalmente, para a costa, onde eram empurrados para dentro dos navios. La Porte du Non Retour, ou o Portão do Não Retorno, se tornou um emocionante memorial aos filhos e filhas perdidos da África.

- Em média, 65% dos beninenses praticam o vodu, a crença de que existem forças espirituais por trás de forças naturais, como a chuva e o vento. Os praticantes constroem santuários em pequenos montes de terra e oferecem aos deuses álcool, flores, comida e sangue de animais sacrificados em seu nome. O dia nacional do vodu é 10 de janeiro, quando acontece um animado festival em Ouidah, onde você pode festejar e dançar abastecida por uma enorme quantidade de *sodabe*, bebida alcoólica à base de palmeiras, que vai cegá-la se você não tomar cuidado (pelo menos é o que habitantes locais dizem). Procure pelos seguidores de Mami Wata, que se vestem de branco e se enfeitam com colares e contas. São, em sua maioria, mulheres consideradas muito poderosas.

- Para relaxar um pouco, vá para Grand Popo, uma praia cercada de vilas de pescadores e que fica a duas horas de Cotonou. A área da Awalé Plage é um pouco mais sofisticada, com cafés em estilo europeu e bares em quiosques; para acampar com rastafáris, vá para Coco Beach.

- Assim que chegar a qualquer cidade do Benin, vá até a prefeitura e pergunte pelos grupos locais de mulheres. Com sorte, um guia vai levá-la até uma cooperativa têxtil ou de artesanato, onde poderá comprar direto das artesãs. Outra ótima maneira de interagir com mulheres beninenses é sentar-se com elas nos mercados, ajudá-las a buscar água do poço, ajudá-las na tarefa diária de moer batatas-doces com um pilão. "Fique lá até perder o medo, até você se sentir confortável, até perceber que não há diferença entre lá e aqui — que quando qualquer grupo de mulheres se reúne, elas fofocam sobre os vizinhos, as crianças, os homens e a vida", diz Suzanne. "Provavelmente elas vão dar risada de você, porque beninenses riem de tudo, mas vão gostar de ver que você está tentando entender a cultura delas."

Camboja

O Camboja já foi sinônimo de tragédia. Colonizado pelos franceses, ocupado pelos japoneses e bombardeado pelos Estados Unidos, o país foi depois aterrorizado por uma revolução comunista que tentou voltar os ponteiros dos relógios para o "Ano Zero". Estima-se que entre 1 milhão e 3 milhões de cambojanos (de um total de 8 milhões) tenham sucumbido durante a loucura do regime brutal do Khmer Vermelho, que terminou oficialmente em 1979, mas que manteve sua guerrilha ativa até 1996. Mesmo assim, bastarão poucos dias nesse país em reconstrução para você descobrir por que ele se tornou o destino favorito dos viajantes mais corajosos: antigos sítios históricos, paisagens impressionantes, uma culinária à base de ingredientes que vêm direto das árvores e do mar e um povo que irradia beleza.

- Antes de partir, amplie seu conhecimento sobre a história do Khmer Vermelho e assista ao filme *Os Gritos do Silêncio*, de 1984. Então respire fundo e visite o Museu do Genocídio Tuol Sleng, que fica na capital do país,Phnom Penh. Entre 1975 e 1979, o Khmer Vermelho usou essa antiga escola como prisão e centro de interrogatórios. Ali, milhares de pessoas foram sacrificadas com facões e picaretas (já que as balas eram muito difíceis de conseguir para ser desperdiçadas). Fotos dos prisioneiros enchem as paredes. Depois, visite Choeung Ek, aproximadamente 15 quilômetros ao sul da cidade. Aqui, cerca de 8 mil corpos foram atirados em valas comuns e partes dos ossos ainda despontam em meio à lama. Milhares de crânios humanos enchem um templo budista próximo e toda a região exala uma tristeza profunda.

- Se você ainda conseguir comer depois disso, vá para o Lotus Blanc para ter algum consolo. Fundado pela organização francesa Pour un Sourire d'Enfant (Pelo Sorriso de uma Criança), esse restaurante recruta os empregados no aterro sanitário de Stung Meanchey, que fica ali perto, onde milhares de famílias tiram seu sustento do lixo. Desde 1996, a organização já encaminhou cerca de 5 mil dessas crianças à escola, deu-lhes treinamento profissional e tratamento médico, e muitas delas agora trabalham no Lotus Blanc como cozinheiros, padeiros e garçons. A cozinha é internacional/asiática/francesa (bolos cremosos de manga!) e a atmosfera é "pra cima". O Le Rit's, entre a Phlauv, nº 51 e a Norodom Boulevard, onde só trabalham mulheres, e o Friends, no Museu Nacional, que ajuda crianças de rua, são outras opções na mesma linha.

- Nada supera a majestade do templo de Angkor Wat, mas o de Banteay Srei chega perto. A 40 minutos de Siem Reap, esse templo hindu dedicado a Shiva é coberto de entalhes tão complexos que muitos dizem que foi construído com os rápidos movimentos das mãos de uma mulher (e por isso também é chamado de Cidadela das Mulheres). Águias e macacos ficam de guarda na entrada, enquanto ninfas sagradas dançam descontraídas. Em alguns momentos do dia, o templo inteiro reflete um brilho cor-de-rosa por causa do arenito avermelhado de que é feito.

- Para aventuras ao ar livre, vá para Rattanakiri, ou a Montanha das Pedras Preciosas, uma província com densas florestas perto da fronteira com o Vietnã. A capital, Ban Lung, oferece passeios de elefante até cidades próximas, plantações de seringueiras e cachoeiras, como a Ka Tieng, onde é possível nadar. Ali perto fica o Parque Nacional Virachay, a maior área protegida do Camboja e lar de elefantes, leopardos e tigres, entre outros animais selvagens.

- Na virada do século 20, os colonizadores franceses viviam em Kampot de maneira extravagante, apostando, bebendo e praticando esportes aquáticos. Mas então o Khmer Vermelho foi desmantelado e os vietnamitas se apropriaram de seus *resorts*, deixando para trás cidades-fantasmas que são estranhamente fascinantes (se as paredes dos cassinos em Kep falassem...). À noite, dê um pulo na Escola de Música Tradicional de Kampot, onde órfãos e crianças com deficiência fazem apresentações de música e dança. Depois, jante caranguejo fresco em um dos restaurantes à beira-mar e relaxe com um *shiatsu*, no Seeing Hands, onde todos os massagistas são cegos.

PASSEIOS E VIAGENS

A Three Land Travel oferece dez diferentes opções para visitar o Camboja, com duração entre seis e treze dias, com tudo incluído.

Acesse: www.threeland.com

Etiópia

Sinônimo de fome nos anos de 1980, aos poucos a Etiópia está sendo reconhecida pelo que ela sempre foi — uma grande nação. No cruzamento entre a África e o Oriente Médio, o país oferece maravilhas históricas e arqueológicas, um povo muito bonito e uma respeitável produção de café.

- Os etíopes chamam seu país de "O País da Rainha de Sabá" e muitas são as lendas a seu respeito. Durante um longo reinado, ela deixou o país apenas uma vez para visitar o rei Salomão, em Jerusalém. Ele ficou tão impressionado com sua beleza que a seduziu. A rainha (conhecida pelos descendentes como Makeda) deu à luz um filho chamado Menelik, que depois se tornou o primeiro imperador da Etiópia. Os etíopes contam que, em um determinado momento, Menelik roubou do pai a sagrada Arca da Aliança (uma arca feita de ouro e madeira de acácia que Moisés construiu para guardar os Dez Mandamentos) e que ela continua escondida com os tesouros da Igreja Ortodoxa Etíope, em Axum. Mas, apesar de você poder visitar as ruínas do palácio da rainha Makeda localizado nos campos de Axum, apenas o sacerdote supremo pode ver a arca.

- No Museu Nacional de Adis-Abeba, preste homenagem a Lucy, o mais antigo e completo esqueleto de um hominídeo (a ligação entre os homens e os macacos) já descoberto. Ela recebeu esse nome por causa da música dos Beatles *Lucy in the Sky with Diamonds*, que os antropólogos tocaram para comemorar essa importante descoberta perto do Rio Awash. Depois siga para o campus da Universidade de Adis-Abeba, onde o Museu Etnológico oferece um panorama das tradições culturais, religiosas e musicais dos mais de 60 grupos étnicos do país. Possivelmente você vai querer alguns tecidos típicos — largas peças de algodão branco com bordas coloridas —, então dê um pulo no mercado de Sheromeda e comece a pechinchar.

- Dizem que as onze igrejas de Lalibela foram escavadas no século 13, a partir de um único monólito e em tempo recorde, graças aos anjos que cobriram o turno da noite. Todo cristão da Etiópia faz pelo menos uma peregrinação até lá antes de morrer. O festival de Timket é um memorável evento que acontece no mês de janeiro e celebra o batismo de Jesus. Também vale a pena visitar os mosteiros que ficam nas ilhas do Lago Tana, fonte do Rio Nilo Azul.

- Em sintonia com o movimento ecológico que está invadindo toda a África, várias pousadas ecológicas feitas a partir de recursos naturais e com técnicas tradicionais estão sendo construídas na Etiópia. Experimente o agradável Bishangari Lodge à beira do Lago Langano, que funciona com energia solar e oferece várias atividades, de passeios a cavalo a observação de hipopótamos.

- Segundo a lenda, um pastor descobriu o café quando suas cabras ficaram mais atrevidas, depois de mastigar algumas folhas e frutas silvestres. Um monge aperfeiçoou a arte de torrar e preparar o café, e a bebida rapidamente se espalhou pelo Oriente Médio, e depois pelo mundo. Os etíopes servem o café com a mesma reverência que os japoneses servem o chá em suas cerimônias. Enquanto o incenso queima, o anfitrião torra os grãos e os gira diante dos convidados, para que eles possam sentir os ricos aromas. Depois de uma oração, cada um dos convidados recebe três xícaras ao longo de uma hora (ou duas); se você derramar um pouco, significa que os espíritos estão com você.

PASSEIOS E VIAGENS

A Journeys International oferece um pacote de dezenove dias chamado Ethiopia Cultural Explorer, que inclui o festival de Timkat.

Acesse: www.journeys-intl.com

SITE RECOMENDADO

www.bishangari.com

Cartagena, Colômbia

Cartagena é considerada um paraíso seguro em meio a um país infestado de guerrilhas, paramilitares e narcotraficantes, um oásis em meio à violência. Isso é um pouco irônico, se levarmos em conta seu início precário. Ponto de parada para os tesouros saqueados dos índios, essa cidade à beira-mar já abrigou um movimentado mercado de escravos, foi centro da inquisição e assistiu a centenas de "bruxas" e outros hereges serem torturados e executados. No século 16, piratas a atacaram meia dúzia de vezes e os espanhóis se defenderam construindo fortalezas e muralhas ao redor de toda a cidade, e a maior parte continua de pé.

A Cartagena de hoje é um monumento à arquitetura colonial espanhola, com ruas estreitas que atravessam *plazas*, mosteiros e palácios. As casas são pintadas com cores vivas — vermelhas com detalhes em laranja; azuis decoradas em verde — e estão cercadas por buganvílias e vasos de planta pendurados. Violeiros errantes fazem serenata durante o jantar nos cafés ao ar livre no Parque de San Diego, já a Plaza Santo Domingo abriga exposições de arte. Se quiser comprar artesanato indígena, como redes e réplicas de joias pré-colombianas, experimente a Galeria Cano, na Plaza de Bolívar.

Os sucos de fruta e os *smoothies* de Cartagena são os mais deliciosos do Caribe. Qualquer barraquinha de rua que se preze vai misturar maracujá, graviola, *lulo* e *zapote* com leite, iogurte ou caldo de cana. Também procure pelos vendedores de *arepa*: esses bolinhos de farinha de milho podem ser recheados com o que você quiser (queijo, ovos ou frango) e são quentes, baratos e muito saborosos. Depois, vá aos restaurantes para comer alguma das especialidades afro-latino-caribenhas, como os frutos do mar cozidos em *sancocho* e acompanhados de mandioca frita.

Agora, os passeios diurnos. No mercado Bazurto, pegue um ônibus para Cienaga del Totumo, que parece com um vulcão ativo, mas que expele lama em vez de lava. Suba as escadas até o topo e pule na cratera: é como nadar em chocolate quente (e *las viejitas* fazem propaganda de suas propriedades terapêuticas). Enxague-se na lagoa, seque ao sol e comece tudo de novo (só custa 1 dólar!). Para atingir um estado realmente vegetativo, siga para as ilhas Rosario, a duas horas de barco de Cartagena. Essas pequenas ilhas de coral são tranquilas e as crianças vão adorar o oceanário em mar aberto, onde os golfinhos dançarinos roubam o show.

56

Beirute, Líbano

Durante décadas, Beirute foi conhecida como a "Paris do Oriente Médio". Turistas do mundo todo se amontoavam ali para jogar em seus cassinos, descansar em suas praias ensolaradas e fazer compras em suas butiques da moda, até que em 1975 teve início uma guerra civil que duraria 15 anos. Bombas e granadas quase acabaram com a cidade, mas, na virada do milênio, libaneses cristãos e muçulmanos já estavam vivendo novamente em harmonia, enquanto hotéis cinco estrelas nasciam em meio aos destroços. Infelizmente, em julho de 2006, a guerra começou novamente, quando as guerrilhas do Hezbollah sequestraram dois soldados israelenses no sul do Líbano, e Israel respondeu dez vezes pior. Quando a versão original deste livro foi impressa, em 2007, esse assustador conflito estava sem solução e parecia pouco provável que os turistas pudessem voltar com segurança tão cedo. Mas devemos voltar, já que Beirute é, sem dúvida, uma das cidades mais espetaculares da região.

Qualquer manhã libanesa começa melhor com uma xícara de café árabe — peça um *sadah* se não quiser açúcar, um *wassat* se quiser só um pouquinho ou um *hilweh* se quiser muito — e um docinho, os mais frescos podem ser encontrados na Rua Bliss. Explore então o centro da cidade, onde fica a infame Linha Verde, que já separou Beirute Ocidental da Beirute Oriental (e assim, cristãos e muçulmanos). Muitos dos prédios em estilo otomano ou francês, mesquitas e igrejas foram destruídos durante a guerra, mas um comércio ativo tem ocupado a região, incluindo a maior loja de doces de Beirute, a Rafaat Hallab, na Rua al Maarad (você não pode dizer que comeu um *borma* até experimentá-lo aqui!). Depois visite os museus e as galerias. Artistas locais expõem na galeria de arte Agial, na Rua Omar Abdel Aziz, nº 63. Para comprar vestidos, xales e lenços feitos por refugiadas palestinas que vivem no Líbano, dê um pulo na Al-Badia, na Rua Makdissi, nº 78.

Dê uma volta no Corniche, o calçadão à beira do Mediterrâneo. Você vai encontrar famílias pescando, andando de patins, jogando gamão ou apenas dando uma voltinha. Belisque nozes quentes nos carrinhos e, quando o sol se puser no horizonte, dê alguns tragos em um narguilé. O fumo de cereja é especialmente saboroso, mas, como dizem os árabes: o que importa não é o que está no cachimbo e sim com quem você o divide. O cenário mais bonito para fumar um narguilé é o terraço do Bay Rock Café, que tem vista para as Pedras dos Pombos surgindo no mar, perto dos rochedos de Rouché.

Os libaneses jantam tarde. Para algo especial, você pode escolher o Al Mijana, na Rua Abdel Wahab El-Inglizi, que fica em uma casa em estilo otomano com mesas dentro e ao ar livre. O Chez Andre, na Rua Hamra, tem um ar mais boêmio. Depois, cheque as listas do *Daily Star* e passe a noite se espremendo nos bares lotados ou dançando nas boates que ficam na Rua Monot. Se ele ainda existir depois dos conflitos, dê uma olhada no bar 1975, que é decorado com uma temática de guerra e onde garçons vestindo uniformes de combate servem narguilés feitos de velhas cápsulas de munição, enquanto os frequentadores se sentam em sacos de areia. Se isso for surreal demais para você, vá ao Gemmayzeh Café, na Rua Gouraud, e ouça um pouco de música ao vivo (normalmente um cantor acompanhado de um músico). No mês de outubro acontece o Festival Internacional de Cinema de Beirute, que inclui exibições ao ar livre, na Praça da Liberdade.

A antiga Cidade do Sol de Baalbek fica a 80 quilômetros ao noroeste de Beirute e abriga as grandiosas ruínas romanas do Oriente Médio (incluindo um templo para Vênus). Ali também acontece, no fim do verão, um grande festival de artes que traz figuras de nível internacional. Deep Purple, Dizzy Gillespie All-Star Band e o Ballet Boris Eifman de São Petersburgo estão entre os que cancelaram sua participação em 2006 por causa da guerra; tomara que eles possam voltar algum dia.

SITE RECOMENDADO

www.baalbeck.org.lb

Lugares que Não Podem Ser Esquecidos

O massacre armênio. O holocausto. Chernobyl. O furacão Mitch. O terremoto na Caxemira. Todos esses foram atos de extrema violência cometidos contra populações inocentes pelas mãos dos homens ou pelos caprichos da natureza. Como cidadãs do mundo, é essencial que visitemos esses lugares, apesar de devastados, para que eles não sejam esquecidos — ou para que as histórias não se repitam.

- No começo da manhã de 6 de agosto de 1945, um bombardeiro norte-americano B-29 chamado *Enola Gay* (em homenagem à mãe do piloto) sobrevoou a cidade de Hiroshima, no Japão. Àquela altura, a Segunda Guerra Mundial já estava sendo travada havia alguns anos, mas, às 8h15, seus rumos mudaram radicalmente quando aquele avião soltou sobre a cidade uma bomba atômica carregada com 13 toneladas de TNT. Cerca de 75 mil pessoas morreram instantaneamente e outras 65 mil morreram logo em seguida. Três dias depois, os Estados Unidos lançaram uma segunda bomba sobre Nagasaki, matando cerca de 74 mil pessoas. O Japão se rendeu prontamente (e logo depois a guerra acabou), mas os bombardeios ainda assombram seus habitantes — especialmente os mais de 260 mil sobreviventes, ou *hibakusha* (pessoas afetadas pela explosão), muitos dos quais enfrentam grande discriminação por conta da ignorância a respeito da radiação.

- Em Hiroshima, você pode testemunhar o poder assustador da bomba na Cúpula da Bomba Atômica, uma antiga fábrica que ficava muito próxima do lugar da explosão. Agora ela é um esqueleto do que foi um dia, suas ruínas foram preservadas e são iluminadas à noite. Do outro lado do rio, o Parque Memorial da Paz abriga santuários e a eterna chama que ficará acesa até que a última arma atômica do mundo seja destruída. Uma estátua é baseada em Sadako Sasaki, uma menina que acreditava que sua doença causada pela radiação seria curada se ela fizesse 1.000 garças de papel. Desde então, milhares de garças foram dobradas em sua homenagem e são mandadas por escolas de todo o mundo para cá. Em Nagasaki, visite o Museu da Bomba Atômica, que exibe filmes sobre a explosão e testemunhos dos sobreviventes. A exibição termina com um sóbrio placar das armas nucleares existentes no mundo e previsões sobre a destruição em massa que elas poderiam causar. Junte-se aos habitantes locais em seu protesto antinuclear anual, que acontece em 9 de agosto.

- As relações entre os *hutu* e os *tutsi* em Ruanda, África, sempre foram tempestuosas, mas no começo de 1994 pioraram muito. Durante os horríveis 100 Dias de Loucura, esquadrões da morte *hutu*, milícias e cidadãos comuns participaram da bandalheira, massacrando qualquer *tutsi* (ou *hutu* mais moderado) que vissem pela frente, depois saqueando e queimando suas casas e seus negócios. Os corpos — cortados em pedaços com facões — rapidamente se amontoaram sob os atentos olhares da mídia, mas vergonhosamente a comunidade internacional pouco fez para impedir a violência (assim como em Darfur, em 2006). Quando os rebeldes *tutsi* finalmente depuseram o regime *hutu*, em meados de julho, 1 milhão de pessoas foram assassinadas. Dois milhões de *hutus* fugiram do país temendo represálias.

Kigali, a capital, é uma cidade que está funcionando bem, considerando que faz pouco tempo que tudo aconteceu. Quem assistiu ao filme *Hotel Ruanda* (de 2004) gostará de visitar (ou de se hospedar) o quatro estrelas Hotel des Mille Collines, onde um gerente *hutu* solidário protegeu mais de 1.000 refugiados subornando os oficiais das milícias. Passe uma tarde no Memorial de Kigali, que exibe vídeos com testemunhos das famílias das vítimas. O segundo andar do museu documenta sobreviventes de outros genocídios, incluindo armênios, judeus e cambojanos. Do lado de fora, preste homenagem às filas e filas de túmulos comuns, onde as famílias deixam flores e outras lembranças. “É impossível descrever”, diz Neda Farzan, estudante de medicina de São Francisco. “Desde a sala repleta de fotos de família e de casamento das vítimas aos objetos pessoais nos túmulos comuns, como roupas de cama do Super-Homem e camisetas de bebês — dá um nó na garganta."

- Um dos desastres mais devastadores da história moderna aconteceu um dia depois do Natal de 2004. Pouco antes das 8 horas da manhã, a terra começou a tremer no fundo do mar perto de Sumatra, dando origem a *tsunamis* que destruíram comunidades costeiras por todo o sudoeste da Ásia, incluindo Indonésia, Sri Lanka, Índia e Tailândia. Milhares de lares e centenas de hotéis foram engolidos pelo mar e cerca de 230 mil pessoas desapareceram — das quais, 10 mil ainda não foram localizadas. Por terem menos força para se agarrar às árvores e outras estruturas, morreram quatro vezes mais mulheres do que homens, e cerca de um terço das vítimas era criança. Como a maioria das regiões era muito pobre, a recuperação tem sido muito lenta: em algumas regiões rurais do Sri Lanka parece que as ondas acabaram de passar.

  Algumas heroínas emergiram dessa calamidade, incluindo uma britânica de 10 anos de idade que estava de férias com os pais na Praia de Mikhao, na Tailândia, quando o *tsunami* aconteceu. Graças a uma recente aula de geografia, ela percebeu que a repentina baixa da maré era um sinal de morte iminente, e sua família ajudou a evacuar cerca de 100 pessoas da praia. Também dizem que o *tsunami* inspirou os acordos de paz entre os separatistas e os militares em Aceh, na Indonésia, uma região muito instável.

O melhor jeito de ajudar na reconstrução é ter a região como destino das suas próximas férias. Traga roupas, brinquedos e ferramentas extras em sua bagagem e entre em contato com escolas, hospitais e organizações não governamentais locais para saber quem está precisando do quê. No recanto turístico de Khao Lak, onde 60 hotéis foram engolidos pelas águas, tente o Centro de Voluntários do Tsunami. Criado com o objetivo de "restaurar capacitando", o centro precisa de ajuda para creches, desenvolvimento de pequenos negócios e recuperação do meio ambiente.

"Para nós, o genocídio foi a câmara de gás — o que aconteceu na Alemanha.
Não éramos capazes de perceber que se pode fazer um genocídio com facões."
Boutros Boutros-Galli

VII. Lugares de Inspiração e Iluminação

Monte Kailash, Tibete

Shangri-la. O teto do mundo. A morada dos deuses. Muitos consideram o Tibete como uma espiral de energia, um centro espiritual. É difícil encontrar povo mais pacífico que os tibetanos, apesar da violência que enfrentam desde que foram invadidos pela China. Seu líder espiritual, o Dalai Lama, foi obrigado a ir para o exílio em 1959, e por volta de 1970 cerca de 100 mil tibetanos haviam seguido o mesmo caminho. Milhares dos que ficaram no Tibete pereceram sob o severo governo chinês. Os mais esperançosos continuam a acender velas feitas de gordura de iaque e a meditar com seus rosários, certos de que essa era também vai passar; e pelo menos uma vez na vida eles fazem uma peregrinação até sua Preciosa Joia de Neve: o Monte Kailash, a montanha mais sagrada da Ásia.

Com 6.638 metros de altura, o Monte Kailash é o centro do cosmos para budistas, hinduístas e bons (seguidores da religião do Tibete). Há mais de 1.000 anos, devotos viajam até lá para percorrer o *kora* (ou *parikrama*, para os hinduístas), um caminho de mais de 51 quilômetros ao redor da montanha, seguindo os passos do Buda Sakyamuni. Fazer parte dessa experiência sagrada pode ser um desafio logístico. A melhor maneira é se juntar a uma excursão organizada por uma boa agência de turismo, como a World Expeditions. Se não, voe para a capital do Tibete, Lhasa, compre um passe e contrate um motorista/guia de confiança e um jipe. A viagem de carro ao longo do norte da Cordilheira do Himalaia dura quatro dias e custa cerca de 750 dólares por pessoa. Como pode ser difícil achar hospedagem, traga uma boa barraca e um bom saco de dormir. Quando chegar ao Monte Kailash, passe a noite na Vila de Darchen e fique a postos na manhã seguinte. A maioria dos estrangeiros completa a caminhada em três dias, começando pela trilha de 20 quilômetros de extensão que vai de Darchen até o Mosteiro de Dirapuk. No caminho, você vai passar pelo Mosteiro de Chuku, que foi construído no século 13 e demolido durante a Revolução Cultural Chinesa, mas que vem sendo restaurado desde então. Entre as *thangkas*, ou flâmulas de oração, e as rodas de oração há uma estátua de mármore que dizem que fala quando quer. Se houver um quarto, uma cabana ou uma barraca disponível, passe a noite na pensão do Mosteiro de Dirapuk. Se seus pés ainda estiverem inteiros, considere a possibilidade de fazer uma trilha até a Geleira de Kangkyam, se não, relaxe na casa de chá. Na manhã seguinte, siga a trilha até o Mosteiro de Zutulpuk, a 18 quilômetros de distância, passando ao largo das rochas de Shiva-tsal. Dizem que os peregrinos têm uma morte simbólica quando passam por ali e deixam para trás roupas, cabelo e outros objetos pessoais que representem sua vida anterior. Os mais devotos fazem oferendas com o próprio sangue retirado com agulhas. Passe a noite em Zutulpuk e no dia seguinte termine a caminhada de 13,5 quilômetros de volta para Darchen.

Esse itinerário é feito em sentido horário ao redor do Monte Kailash, direção escolhida por hindus e tibetanos. Os que viajam no sentido contrário provavelmente são bons. Tibetanos extremamente devotos curvam-se o caminho inteiro, que leva cerca de três semanas — e muitos fazem isso mais de uma vez. Uma volta ao redor da montanha só limpa os pecados desta vida; é preciso dar 108 voltas para passar uma esponja em todas as suas vidas passadas. Treze é considerado um número razoável de voltas, já que isso permite que você passe por atalhos que não são acessíveis a outros viajantes.

Se possível, tente fazer com que sua viagem coincida com o festival Saga Dawa, que acontece na lua cheia, no fim de maio ou começo de junho. Nessa cerimônia, os lamas abaixam os mastros, chamados Tarboche, que ficam na base da montanha, e retiram as centenas de flâmulas de oração. Então os peregrinos caminham rezando ao redor dos mastros e prendem novas flâmulas que trouxeram de casa; tudo ao som de trombetas e címbalos. Horas mais tarde, todos se unem para ajudar os monges a erguer os mastros novamente. Assim que eles ficam perfeitamente eretos, os peregrinos laçam ao ar "cavalos de vento", ou pequenos pedaços de papel colorido com escrituras rascunhadas, e comemoram. Você quase sente as orações explodirem no universo.

PASSEIOS E VIAGENS

A World Expeditions oferece várias excursões para o Himalaia.

Acesse: www.worldexpeditions.com, assim como a Himalayan Kingdoms.

Acesse: www.himalayankingdoms.com

Locais Indígenas Sagrados

Esse é um dos maiores mistérios da pré-história norte-americana. Entre o século 1 e o século 15, a civilização *anasazi* floresceu no sudoeste dos Estados Unidos, construindo maravilhosas casas de arenito, desenvolvendo sofisticados sistemas de irrigação e criando observatórios solares e lunares que espantam os astrônomos modernos. Mas então, por nenhuma razão aparente, eles abandonaram essas comunidades de uma hora para outra e desapareceram da história. Tudo o que resta são suas impressionantes ruínas, consideradas sagradas pelas comunidades indígenas atuais. Visitá-las é uma experiência que vai abrir a sua cabeça.

- Os *anasazi* se superaram no Cânion de Chaco, no Novo México. Entre 850 e 1250 d.C., criaram ali um centro urbano com ruas, rampas e barragens, além de estruturas com mais de 100 salas com câmaras cerimoniais subterrâneas, chamadas *kivas*. Ainda mais impressionante é a meticulosidade com que eles alinharam suas construções com os pontos cardeais. A luz do sol atravessa a janela principal de uma das maiores *kivas* apenas uma vez por ano: no solstício do verão. Já nos equinócios da primavera e do outono, o sol nasce e se põe em alinhamento perfeito com a muralha leste-oeste de Pueblo Bonito. E há o morro da Fajada, que se ergue 115 metros acima do chão do cânion em Chacra Mesa. Atrás de três lajes de pedra, no extremo leste do morro, há duas inscrições em forma de espiral. Às 11h15 do solstício de verão, a luz do sol passa por entre as lajes, criando um traço de luz que corta a maior espiral ao meio. A luz corta a espiral menor durante os equinócios. Infelizmente, esse morro mágico foi fechado ao público por algum tempo. Alguns dizem que é por causa "Daquela que te Seca", o espírito de uma mulher que vive no alto do morro (na lua cheia, ela gosta de atrair homens sozinhos para a sua casa). Os *anasazi* abandonaram o Cânion de Chaco de forma tão abrupta que deixaram contas e vasos para trás. É possível que você ache alguns pedaços enquanto explora a região, mas os nativos dizem que sua mão vai inchar se você tocá-los. Os guardas-florestais sempre recebem pacotes pelo correio com vasos devolvidos junto com cartas contando a má sorte que trouxeram.

- O Cânion de Chelly, no Arizona, um dos lugares há mais tempo desabitados da América do Norte, abrigou os *anasazi* entre o século 8 e meados do século 13. Eles deixaram para trás casas escavadas nas pedras, feitas de argila seca pelo sol e pedra, junto com as peças mais finas de arte feitas em pedra dos Estados Unidos. Os *navajos* se mudaram para lá alguns séculos depois e lhe deram o nome de Tsegi, ou Cânion Pedregoso. Centenas deles continuam por ali, trabalhando como fazendeiros e guias nos sacolejantes passeios ao sol, pelos mais de 330 quilômetros quadrados de pedras em tons de ocre e salmão, bosques de oliveiras russas, riachos e pastagens cheias de cavalos. O cânion não só oferece vistas de tirar o fôlego, mas é repleto de mitos e lendas. Dizem que a Spider Rock, uma espiral de mais de 240 metros de altura, era o antigo lar da Mulher Aranha, que ensinou os *navajos* a tecer. Já a Massacre Cave lembra um ataque surpresa feito pelos espanhóis, durante o qual uma *navajo* lutou tão bravamente contra os soldados que dois deles despencaram do rochedo e morreram. Para saber mais, planeje sua viagem para setembro, quando acontece a Feira da Nação Navajo, em que milhares de índios americanos e visitantes se reúnem na Window Rock para uma semana de danças, competições de percussão, mercados de artesanato, shows de gado e rodeios. Encontre o pessoal das antigas e saboreie suas histórias.

Butão

Apenas em 1974 os turistas tiveram a entrada garantida para a “Terra do Dragão”, escondida nas profundezas do Himalaia. Antes disso, o Butão era sinônimo de isolamento: um reino hermético, sem estradas, aeroportos, televisão ou telefone, acessível apenas por meio de um mês de caminhada pelas montanhas, saindo da Índia. Até que seu pragmático rei, Jigme Singye Wangchuck, achou que o ecoturismo de alto padrão poderia trazer parte do capital de que estavam desesperadamente precisando e abriu as portas a um seleto número de turistas por ano (entre 5 mil e 9 mil). Desde então, o Butão se tornou o destino preferido dos ricos e famosos e de corajosos turistas que estejam dispostos a pagar caro por uma oportunidade única.

Primeiro, as regras: raramente os turistas têm permissão para se aventurar sozinhos pelo país. Você precisa reservar a viagem por meio de uma agência. O governo cobra uma tarifa diária de 200 dólares, durante a alta temporada, e 165 dólares na baixa. Quando alta, essa tarifa inclui tudo, de transporte e guias a acomodações básicas e alimentação (claro que você pode gastar mais: alguns *resorts* cobram 900 dólares a noite). É proibido fumar em espaços públicos desde 2005 e vender tabaco. A maconha cresce por todo canto, mas os butaneses a usam principalmente para alimentar os porcos (que são visivelmente gordos e felizes). Também é proibido nadar em lagos ou escalar montanhas, em respeito às entidades que ali habitam.

Os habitantes locais também têm regras próprias que devem ser obedecidas, incluindo um rigoroso código de vestimenta em escolas e repartições públicas. As mulheres vestem *kira*, ou vestidos brilhantes e coloridos, e jaquetas curtas enfeitadas com broches; os homens vestem *ghos*, ou robes até a altura dos joelhos, com mangas de seda branca. Mesmo que sem querer, essas leis permitiram que o Butão preservasse sua riqueza étnica e sua identidade cultural. Noventa por cento da população é formada por agricultores subsistentes que vivem da mesma maneira há gerações, e o rei controla de perto a "Felicidade Interna Bruta".

As paisagens no Butão são de tirar o fôlego: rios cheios de trutas fruta-cor, terraços de plantações de arroz, densas florestas, montanhas que chegam até as nuvens. Na maioria dos templos e dos mosteiros só dá para chegar a pé, mas sempre vale a pena. Um dos favoritos é o Taktshang Goemba, ou o Ninho do Tigre, um mosteiro aninhado em um rochedo, 1.200 metros acima do vale lá embaixo. A lenda conta que o guru Rinpoche voou do Tibete até lá nas costas de uma tigresa e passou três meses meditando em uma caverna perto dali, antes de converter o vale todo ao budismo. Caminhe entre alguns campos de arroz até o antigo templo de Chimi Lakhang, que dizem dar sorte às mulheres que querem engravidar e peça uma bênção se você está pensando em virar mãe. Quem gosta de animais também deve visitar o Santuário de Vida Selvagem Jigme Dorji, lar de espécies em extinção, como o leopardo-das-neves, o panda-vermelho, o carneiro-azul e o takin.

Assim como a maioria dos budistas, os butaneses são alegres e festivos; e é capaz de você esbarrar em algum com histórias de mais de 1.000 anos. Vá também a um campeonato de arco e flecha. Apesar de proibidas de competir, as mulheres desempenham um papel importante ao fazer piadas em voz alta sobre a masculinidade do time adversário, e, assim, distraí-lo. Os butaneses não são acanhados quando o assunto é sexo. Até mesmo o rei tem quatro esposas (todas irmãs), e muitas famílias pintam pênis na lateral de suas casas para afastar os espíritos ruins. Essa tradição, segundo eles, remonta a um santo do século 15, conhecido como o Louco Divino, que amarrava tiras sagradas ao redor do pênis com o objetivo de atrair as mulheres.

Com um clima caracterizado pelas monções, o Butão fica debaixo de água durante metade do ano, por isso, preste atenção na previsão do tempo antes de programar a sua viagem. Quando chegar, reserve um bom tempo para se aclimatar, pois a altitude pode derrubá-la. Os serviços de saúde são completamente gratuitos no Butão — inclusive para os turistas —, mas é possível que eles não tenham o remédio de que você precisa, então prepare um bom kit de primeiros socorros.

LEITURA SUGERIDA

Beyond the Sky and the Earth, de Jamie Zeppa.

PASSEIOS E VIAGENS

A Adventure Women oferece, exclusivamente para mulheres, excursões ao Butão chamadas “100.000 Dakinis”. Acesse: www.adventurewomen.com

DICA

Calendário de Festivais do Butão

Acesse: http://www.tibet-travels.com/tibet/tibet-festival-calendar.php

Onde Observar Baleias

Não há nada mais impressionante do que ver a cauda de uma baleia surgindo no oceano. Ainda bem que há excursões para observar baleias em vários lugares ao redor do mundo.

- Nada de SeaWorld: se você quer ver uma orca, vá para a ilha de Vancouver, na Colúmbia Britânica (Canadá), que é o lar de cerca de 200 orcas — ou baleias assassinas — entre o fim de junho e começo do inverno no Hemisfério Norte. Maior membro da família *Delphinidae*, essa magnífica criatura pode atingir até nove metros de comprimento e pesar até 9 toneladas. A Stubbs Island Whale Watching oferece passeios de três horas de duração pelo Estreito de Johnstone e pelo Arquipélago de Blackfish em barcos equipados com microfones subaquáticos, que permitem que os passageiros fiquem sabendo das últimas fofocas na comunidade orca (75 dólares por pessoa). Em cerca de 90% das saídas é possível ver orcas, mas, se seu passeio falhar, a infinidade de golfinhos, botos, leões-marinhos, baleias-anãs, baleias-cinzentas e jubartes com certeza vai compensar o passeio.

Observadores de pássaros podem ter a sorte de ver uma águia-americana.

- Todos os anos, cerca de 18 mil baleias-cinzentas saem em fila das ricas e geladas águas do norte do Alasca e vão até as calmas e mornas águas da Baixa Califórnia no México e voltam, em um percurso de mais de 17 mil quilômetros no total. Existem vários cruzeiros e voos disponíveis ao longo da rota, mas também é possível, e até preferível, assistir à migração das baleias durante um piquenique na costa. Uma organização chamada Whale Watching Spoken Here tem voluntários espalhados em 30 pontos ao longo da costa do estado do Oregon, durante a temporada de observação de baleias, para ajudar a localizá-las. O serviço dos Parques Nacionais também oferece apoio gratuito na Península de Point Reyes, na Califórnia. A ponta da península avança 15 quilômetros no Oceano Pacífico e permite ver as baleias a apenas algumas centenas de metros de distância. A melhor época para avistar as mães e seus filhotes é entre o fim de abril e o começo de maio. Traga um casaco quente e um bom par de binóculos (7x35, 7x42 ou 8x40 são os mais aconselháveis).

- As baleias beluga — carinhosamente chamadas pelos fãs de "cabeças de *marshmallow*" — também podem ser vistas no Pontal de Cunningham, na Ilha de Somerset, em Nunavut (Canadá). Entre meados de julho e agosto, elas nadam até a foz do

Rio Cunningham para cuidar de seus filhotes e alimentá-los nas águas mornas do rio. Você pode encontrar acomodações — e aventuras, como andar de caiaque no mar e observar ursos polares — ali perto no Arctic Watch Lodge.

SITES RECOMENDADOS

www.stubbs-island.com

www.whalespoken.org

www.nps.gov/pore

http://arctiwatch.ca

Retiros Budistas

Quando a vida e seus dissabores puserem você para baixo, pare e medite. Os centros budistas oferecem retiros rejuvenescedores para homens e mulheres de qualquer origem religiosa (incluindo aqueles que não seguem nenhuma religião). Centros poderosos "pipocam" nos lugares mais improváveis:

- O retiro budista de Dzogchen Beara fica na Península de Beara, sudoeste da Irlanda, de frente para o Oceano Atlântico. Todos os dias há aulas de meditação para os hóspedes, e nas noites de sábado é possível assistir a vídeos com aulas do diretor do centro espiritual, Sogyal Rinpoche, autor do *Livro Tibetano do Viver e do Morrer*. A pousada instalada em uma casa de fazenda está aberta o ano todo e oferece dois dormitórios coletivos, um quarto familiar e uma cozinha totalmente equipada. Mas o Dzogchen fica afastado: o mercado mais próximo está em média a oito quilômetros e não há ônibus para levá-la até lá (mas a maioria dos retiros inclui almoço e jantar). Ainda assim, muitos visitantes conseguem tirar proveito desse isolamento.

- "Aqui é muito antigo e bonito e você tem a profunda sensação de fazer parte da natureza", diz Lila Rose Kaplan, uma autora de teatro que se hospedou no centro durante um retiro para escritores. "É o lugar ideal para buscar a sabedoria."

- Escondido nas profundezas do Vale de Wood, distrito de Ka'u, no Havaí (EUA), fica um lugar mágico chamado Nechung Dorje Drayang Ling, ou A Ilha Imutável do Som Melodioso. Construído por plantadores de cana de açúcar no começo do século 20, esse centro fica em meio a 25 acres de eucaliptos, bambus e palmeiras. O cheiro de jasmim e de gengibre se espalha pelo ar e pavões selvagens passeiam entre as flores tropicais. Nechung é o lugar ideal para estudar os princípios do budismo. O Lama tibetano Nechung Rinpoche dá aulas aqui desde 1975 e entre os palestrantes que já passaram por aqui está o Dalai Lama. Pratique os ensinamentos ou crie os seus na sala de meditação dedicada a Tara, a Buda da Compaixão. A pensão pode acomodar até 15 pessoas, por 50 dólares a noite. Se ficar três semanas, a quarta é de graça.

- Nos recantos do sudoeste do estado do Colorado (EUA) se localiza um centro budista com uma ligação feminina: a Mandala de Tara. Sua fundadora é a monja budista americana Tsultrim Allione, que recebeu seu primeiro livro sobre budismo da avó, quando tinha apenas 15 anos. Depois de trabalhar com Madre Teresa, ela foi estudar no Himalaia, onde aprendeu tibetano e várias práticas de meditação. Mãe e feminista, ela escreveu o livro *Women of Wisdom* como um modo de introduzir a atuação de mulheres esclarecidas no budismo tibetano. Sua Mandala de Tara fica em 600 acres de plantas medicinais e vida selvagem, nas montanhas de San Juan. Além dos ensinamentos budistas, o centro oferece seminários sobre ecologia profunda, medicina natural, resolução de conflitos e como explorar a feminilidade sagrada. As acomodações são bastante simples (nem mesmo o escritório tem luz elétrica) e todas as refeições são vegetarianas. Os visitantes precisam trazer suas próprias barracas e equipamentos de *camping* e são convidados a praticar *karma yoga* (cantos) diariamente. Os preços variam de acordo com as condições financeiras do visitante e é possível pedir uma bolsa de estudos.

"A mente, o Buda, as criaturas vivas —
não são três coisas diferentes."
Avatamasaka Sutra

LEITURA SUGERIDA

Women of Wisdom: The Mandala of the Enlightened Feminine, de Tsultrim Allione.

SITES RECOMENDADOS

www.dzogchenbeara.org
www.nechung.org
www.taramandala.org

Austrália

"O Coração Morto". "O Nada Assustador". "O Fim do Mundo". Todos esses apelidos caem bem para o Outback, o implacável deserto australiano, apesar de eles não fazerem jus à vasta beleza da paisagem ou à majestade do Parque Nacional de Uluru-Kata Tjuta. Ali fica o maior monólito da Terra, uma pedra tão grande (3,5 quilômetros de comprimento e 350 metros de altura) que já pensaram que ela fosse um meteorito (depois geólogos descobriram que se trata de um pedaço único de arenito, com 700 milhões de anos). Sua cor muda com o sol, passando pelo ocre, marrom-avermelhado, laranja, vermelho intenso, até finalmente chegar a um roxo profundo, no pôr do sol, o que faz os turistas correrem como loucos para o estacionamento e subirem nos carros para tirar fotos. Quando a noite cai, o monólito se torna um enorme mamute que bloqueia a lua nascente e as estrelas. Alguns juram que ele desperta durante a noite.

O monólito também tem seus apelidos — "A Rocha", "Ayers" e "Uluru" — e, como o próprio Outback, o termo que você usar diz algo sobre você. Aqueles que vêm escalar o chamam de Rocha Ayers, por causa de um governador da Austrália do Sul no século 19, que, na verdade, nunca visitou o lugar. Já as tribos aborígines o chamam de "Uluru", um nome sagrado. Conhecidos como Anangu, ou "o povo", acredita-se que esses aborígenes vivam junto ao "Uluru" há 20 mil anos, mas é a um explorador britânico que se atribui a sua "descoberta", em 1872. Depois de anos de tensão, o controle do monólito voltou para os Anangu, em 1985. Entre outras decisões, agora são eles que determinam o horário de funcionamento do local, o que garante que ele esteja aberto antes de saírem, e qualquer coisa, de ventos fortes a cerimônias especiais, pode ser motivo para fechamento repentino. Os Anangu também pedem que os visitantes não escalem o "Uluru", por causa de seu significado espiritual.

Uma ótima maneira de visitar os tesouros escondidos do parque, como as pinturas em cavernas e as fontes sagradas, é com a Anangu Tours, uma empresa das próprias tribos locais, operada por elas mesmas. Os guias fazem demonstrações de habilidades ancestrais, como acender uma fogueira sem fósforos e esculpir machados em pedra, e contam lendas tradicionais sobre personagens como o Homem Lagarto da Língua Azul. Você pode até saborear um pedaço de arbusto. Depois, dê um pulo no Maruku Arts & Craft Center, onde se vendem instrumentos musicais, vasos, bumerangues, dardos e animais do deserto esculpidos em argila vermelha retirada dos rios. Durante o verão australiano, de novembro a março, as temperaturas no "Uluru" passam facilmente dos 37 ºC; para escapar do calor, vá entre junho e setembro (mas traga uma blusa, porque à noite faz um friozinho).

Alice Springs fica a 450 quilômetros de "Uluru" e é o lar do National Pioneer Women's Hall of Fame. Além dos objetos e da biblioteca, o museu coleta histórias e fotografias sobre as pioneiras australianas para seu "Herstory Archive". Acrescente informações sobre sua heroína australiana preferida.

PASSEIOS E VIAGENS

A Anangu Tours oferece diversos tipos de passeio guiado em "Uluru".

Acesse: www.ananguwaai.com.au/anangu_tours/

SITE RECOMENDADO

www.pioneerwomen.com.au

O Ganges Sagrado

Se é verdade que alguns lugares são praticamente indescritíveis, o Ganges é o primeiro dessa lista.

Todos os dias, cerca de 60 mil pessoas atravessam as antigas ruas de Varanasi (também conhecida como Benares) até chegar às escadarias que levam ao rio, onde participam de todo tipo de experiência humana. Comem, cortam os cabelos uns dos outros, defecam, lavam suas roupas, seus corpos e seus búfalos. Cospem o suco vermelho dos frutos de palmeira de betel e cantam. Os *sadhus*, ou andarilhos sagrados, sacodem seus *dreadlocks* e contam histórias. Os pedintes pedem e os que estão em busca do *karma* dão. Os peregrinos levantam as mãos aos céus em reverentes *pujas*. E intocáveis colocam corpos sobre estruturas de bambu, constroem tochas funerais de madeira ao redor deles e ateiam fogo.

"Em Varanasi, você realmente tem de deixar de lado seus conceitos de organização ocidental, porque eles são completamente subvertidos aqui", diz Kavitha Rao, que passou dois anos viajando pelo mundo como correspondente para o *The Odyssey: World Trek*. "Você acaba rindo de si mesmo ao perceber que há uma ordem no caos que você não é capaz de entender."

No hinduísmo, o Rio Ganges é descrito como uma deusa segurando um vaso transbordante, que simboliza a fertilidade sustentando o universo. Os hindus acreditam que, ao se banhar nele, todos os pecados de uma vida serão limpos, e que morrer em sua cidade natal, Varanasi, permitirá que ultrapassem o cansativo ciclo de nascimento, morte e renascimento e sigam direto para a *moksha*, ou iluminação. Infelizmente, o rio sofre com uma profunda degradação. Nada menos que 30 tubos descarregam esgoto no Ganges, assim como um grande número de fábricas de couro e tapetes. Juntam-se a isso as cinzas humanas que são jogadas diariamente no rio e, às vezes, corpos inteiros (normalmente pedras são amarradas nos corpos das pessoas que morreram de lepra, sarampo ou picadas por cobras, para que elas afundem no rio). Isso é particularmente preocupante, pelo fato de os mais de 2.500 quilômetros de extensão do Ganges abastecerem uma em cada doze pessoas do planeta.

A melhor maneira de ver o Ganges é levantar antes do sol, alugar um barco perto dos degraus da escadaria de Dasawamedha e seguir para a escadaria de Harishchandra para ver os peregrinos fazerem o *surya pranam* ao nascer do sol. Fique dhe olho também na água, porque é possível avistar de tudo: golfinhos de água doce, uma procissão de jangadas de bambu repletas de velas e crisântemos, um corpo inchado etc. A escadaria de Manikarnika, considerada o melhor lugar para ser cremado, e a de Ahilyabai, cujo nome homenageia a lendária rainha Ahilyabai de Indore, são particularmente interessantes.

O hinduísmo não é a única religião que reverencia Varanasi. Acredita-se que Gautama Buddha tenha feito seu primeiro sermão sobre as Quatro Nobres Verdades perto de Sarnath, um pouco antes de atingir a iluminação. Hoje, esse lugar sagrado é um dos maiores centros de peregrinação budista e contém uma *stupa* construída no ano 500 d.C. Ali também nasceram dois líderes espirituais do Jainismo e é o lar de uma considerável população muçulmana. A grande mesquita de Gyanvyapi Masjid tem minaretes que se erguem a mais de 70 metros sobre o Ganges e são partes integrantes da silhueta da cidade. Varanasi também é considerada um grande centro de mochileiros, o que significa que é possível encontrar albergues baratos, internet, cafés e todo tipo de tramoia. Use apenas guias oficiais da Secretaria de Turismo da Índia e lembre-se de que os homens locais podem ser agressivos com estrangeiras. Viajar acompanhada de um homem ou em grupo pode ser uma boa ideia, não só aqui, como em qualquer lugar mais ao norte da Índia.

Alguns estrangeiros ficam tão fascinados com Varanasi que resolvem passar um tempo lá. Milhares deles estudam a cultura indiana, filosofia e sânscrito na Benares Hindu University; outros fazem aula de cítara ou tabla no International Music Centre Ashram, perto da escadaria de Dasawamedh. A International Yoga Clinic e o Meditation Center, perto da escadaria de Man Mandir, sempre recebem críticas elogiosas e oferecem aulas de *hatha* ioga, *pranayama* e *kriya* ioga.

LEITURA SUGERIDA

Travelers' Tales India, editado por James O'Reilly e Larry Habegger.

PASSEIOS E VIAGENS

A PanTours of Australasia oferece quatro pacotes para a Índia, incluindo o Northern India Spiritual Tour. Acesse: www.pantoursindia.com

Jerusalém e Belém, Israel

O grande poeta israelense Yehuda Amihai não podia ter resumido melhor: “O ar sobre Jerusalém é saturado de orações e sonhos... É difícil respirar”. Ali fica o verdadeiro solo sagrado para judeus, cristãos e muçulmanos. Exatamente por isso, há muito tempo Jerusalém é um campo de batalhas, mas sua riqueza garante que nenhuma viagem para lá seja em vão.

Para os judeus, não há lugar mais sagrado do que o Kotel ha-Ma’aravi, ou o Muro Oeste. É a única parte que sobrou depois que os romanos destruíram o Segundo Templo, em 70 d.C., e leva muitos dos peregrinos às lágrimas (por isso recebe o nome de Muro das Lamentações). É tradição escrever uma oração em um pedaço de papel e colocar em uma fenda. O muro tem criado controvérsias nos últimos anos por causa de uma lei ultraortodoxa que proíbe mulheres de organizar serviços de oração ali. Um grupo chamado Mulheres do Muro está atualmente lutando contra essa lei arcaica, e no primeiro *Shabbat* de cada mês (conhecido como Rosh Chodesh) se reúne ali para rezar, apesar dos olhares tortos e das vaias.

Já os cristãos vão até lá para percorrer a Via Dolorosa, que refaz a última caminhada de Jesus para a crucificação. Cada um dos 14 acontecimentos que ocorreram ao longo do caminho (conhecidos como Estações da Cruz) é marcado por uma capela, um lugar para oração. A sexta estação celebra o momento em que Verônica limpou o sangue e o suor do rosto de Jesus e a imagem dele ficou marcada em seu lenço. A oitava estação — agora um mosteiro ortodoxo grego — é o lugar em que Jesus consolou as mulheres da cidade. Outros lugares muito importantes para os cristãos são a Igreja da Dormição, onde se acredita que Maria morreu, e o Túmulo da Virgem Maria, onde ela foi enterrada (junto com a rainha Melisende e Santa Ana).

Os muçulmanos vão a Jerusalém para rezar na Mesquita de Al-Aqsa, que pode receber até 5 mil seguidores. Se vier durante o *Ramadã*, venha para o Lailat Il-Qadr, ou a Noite da Lua, quando as muçulmanas chegam em ônibus lotados para rezar (mas apenas as muçulmanas podem entrar na mesquita).

Depois de visitar os tesouros ancestrais de Jerusalém, curta também alguns atuais. Considerada a melhor padaria de Israel, a La Cuisine, na Yad Harutzim, nº 4 (ou Rua de Gaza, nº 32), faz pães doces recheados com tâmaras ou pedaços de chocolate, tortas de chocolate e uma deliciosa torta de limão coberta com 15 centímetros de merengue. A Cinemateque é outro dos lugares favoritos, perto da antiga estação de trem, e exibe documentários, instalações de arte, apresentações de teatro e filmes de temática homossexual. Não perca o Festival Internacional de Cinema de Jerusalém, que durante dez dias exibe 200 filmes sobre direitos humanos e temas judaicos. Ele começa com uma exibição ao ar livre no anfiteatro da Piscina do Sultão, perto dos muros da Cidade Antiga.

A cidade de Belém fica ali perto e é mais conhecida como o lugar onde Maria deu à luz Jesus (hoje, a Basílica da Natividade). Os devotos da Virgem Maria vão gostar de visitar a Igreja da Gruta do Leite, onde a Sagrada Família se escondeu durante a fuga para o Egito. Acredita-se que um pouco do leite de Maria tenha espirrado nas pedras da gruta, deixando--as brancas para sempre (daí o nome da igreja). Mulheres com problemas de fertilidade vão até lá para rezar e receber pacotinhos cheios de um pó branco, que simboliza o leite da Virgem, e várias gerações de mães agradecidas voltaram ao local para pendurar fotos de seus bebês nas paredes. Os judeus vão querer visitar o Túmulo de Raquel, considerado o terceiro lugar mais sagrado do judaísmo. Descrita no Gênesis como "bonita de forma e bonita de aparência", ela era a esposa favorita de Jacó e morreu ao dar à luz o décimo segundo filho, Benjamin. Dizem que ela chorou pelos judeus, de dentro do seu túmulo, quando eles foram para o exílio. O túmulo fica perto do cruzamento da Rua Manger e da Estrada Hebron e é considerado um lugar de peregrinação para mulheres que não conseguem engravidar.

A maioria das pessoas quando está em Jerusalém faz um passeio de apenas um dia a Belém, mas tente passar mais tempo aqui para aprender um pouco mais sobre a cultura palestina. Pelo menos visite o Heritage Center, perto do Túmulo de Raquel, na Rua Manger, que vende artesanato típico, como tapetes e bules feitos por mulheres da cidade e de campos de refugiados próximos. Toalhas de mesa e jogos americanos feitos à mão podem ser comprados na União das Mulheres Árabes, no Museu de Belém, na Estrada da Estrela.

Os 88 Templos Sagrados

Há cerca de 1.000 anos, o grande budista Kobo Daishi atingiu a iluminação atravessando a pé a Ilha de Shikoku, no Japão. Desde então, seus descendentes seguem seus passos em uma peregrinação de 1.400 quilômetros pelos 88 templos sagrados. Alguns japoneses fazem a trilha para homenagear os antepassados e afirmar sua identidade cultural; outros a percorrem como ato de fé. Para todos, a peregrinação é uma oportunidade rara de refletir sobre a beleza do mundo, já que a trilha passa por florestas, montanhas e vales ao longo do mar.

A primeira decisão que qualquer *henro*, ou peregrino deve tomar é sobre o meio de transporte. Ônibus, carro, moto e bicicleta estão entre as opções, mas a verdadeira maneira é fazer como Daishi fez: andar. Isso pode levar de um a dois meses, dependendo da sua velocidade e de você seguir ou não o exemplo japonês de viajar do primeiro ao 88º templo e voltar novamente ao primeiro, para completar o circuito.

Então faça os preparativos. Comece fazendo longas caminhadas morro acima com todo o seu equipamento, com vários meses de antecedência. Coloque pouca coisa na mochila, mas não se esqueça de levar produtos para cuidar dos pés, remédios contra a dor, capa de chuva e um bom mapa. Equipamentos especiais para *henros* podem ser adquiridos no Ryozen-ji, o primeiro templo da rota. Entre eles, um robe branco que vai identificá-la como *henro* para as outras pessoas; cartões com seu nome; um *nokyocho*, ou um caderno para carimbos; um chapéu de palha; e um cajado com a inscrição: "Homenagem a Kobo Daishi. Nós Dois Peregrinos — Unidos". Como representa Daishi, esse cajado deve ser tratado com respeito. Lave a sua base todas as noites.

A lenda diz que, uma vez que uma *henro* atravessa os portões do Ryozen-ji, ela está comprometida a completar a peregrinação — até mesmo com risco de morte. Assim que chegar a cada templo, diga o Hannya Shingyo, ou o Sutra do Coração, um dos cantos mais antigos do budismo japonês. Então acenda algumas velas e faça suas orações. Depois, escreva o seu nome ou o de alguém que você goste em um cartão e coloque na urna (mais tarde, esses cartões serão queimados em uma cerimônia especial, assim as divindades podem ficar sabendo de suas intenções). Na saída, peça a um funcionário para escrever o nome da divindade do templo em seu *nokyocho*. Dizem que essa marca contém o espírito da divindade, então você poderá levá-lo até o próximo templo.

Quando escurece, há várias opções para passar a noite. A maioria dos templos oferece acomodações, mas dezenas de peregrinos japoneses espremidos em barracas fazem suas reservas com uma antecedência enorme. As pousadas e pensões tradicionais são as melhores opções, assim como acampar. Os habitantes da região reconhecem o sacrifício de ser uma *henro* e a tratarão de acordo. Sinta-se à vontade para pedir ajuda a qualquer um: provavelmente eles terão prazer em ajudar. Algumas pessoas podem até oferecer um *o-settai*, ou um pequeno presente.

Os peregrinos passam por quatro distritos da Ilha de Shikoku: Tokushima, Kochi, Ehime e Kagawa. Dois pontos altos:

- Antes de dar à luz, as mulheres visitam o templo de Gokuraku-ji, que fica a 800 metros de Ryozen-ji. Dizem que o enorme cedro que fica ali foi plantado pelo próprio Daishi. Faça uma oração com a mão apoiada no tronco.

- Acredita-se que Yakuo-ji, o 23º templo, afasta a má sorte nos anos de azar. Para as mulheres, isso significa o 33º ano de vida (para os homens, é o 42º). Quando você subir as escadarias do templo, perceba como ela se divide: 33 degraus no lado das mulheres e 42 no dos homens. Para ter boa sorte, deixe uma moeda em cada degrau.

LEITURA SUGERIDA

The Japanese Pilgrimage, de Oliver Statler

SITE RECOMENDADO

A Brief Shikoku Pilgrimage English Guide. Acesse: www.mandala.co.jp/echoes/jhguide.html

---

Os Maori

Conta a lenda que há 1.000 anos os *maori* partiram do seu paradisíaco lar na Polinésia em *wakas*, ou canoas, e descobriram uma sedutora ilha habitada quase exclusivamente por pássaros. Ali eles ficaram no mais completo isolamento por séculos, até a chegada dos europeus. Apesar de terem lutado bravamente, não tiveram nenhuma chance contra as armas de fogo e as doenças. Logo depois de a rainha Vitória ter anexado a Nova Zelândia, em 1840, os *maori* entraram em decadência e, por volta do fim do século, muitos previam que eles acabariam desaparecendo. Mas então vieram os anos de 1960 e com eles, um renascimento em massa da cultura de várias comunidades indígenas em todo o mundo. Os *maoris* rejuvenesceram e, desde então, o romance *The Bone People* e o filme *Encantadora de Baleias* têm inspirado gerações inteiras de viajantes a saber mais sobre eles.

"O que mais me fascina é o conceito que eles têm de reciprocidade entre a terra e os homens", diz Claire Alpern, americana que se mudou para a Nova Zelândia em 2005, depois de se apaixonar pela cultura *maori* em uma viagem anterior. "Suas ações aqui na Terra não são apenas reflexo de você mesmo, mas dos seus parentes mais próximos e, ainda mais importante, do *mana* — o respeito, a autoridade, o prestígio e o poder — de todos os seus ancestrais."

Estes lugares são os ideais para você explorar a cultura *maori*:

- Na costa leste da Ilha Norte, Claire recomenda a cidade litorânea de Te Araroa, que abriga a maior e a mais antiga árvore *pohutukawa* do país, chamada Te Waha-O-Rerekohu. Segundo a mitologia *maori*, suas flores vermelhas representam o sangue de Tawhaki, um espírito ancestral que morreu quando mostrava ao seu povo o caminho para o paraíso. Os *maori* mais tradicionais enterram a placenta dos recém-nascidos perto da raiz dessas árvores, criando literalmente árvores genealógicas ao longo das gerações. Acredita-se que essa, em especial, tenha cerca de 600 anos de idade e 22 troncos. Na cidade de Te Kaha, ali perto, o *maori* Paul O'Brien e sua família possuem e administram uma pousada chamada Te Kaha Lodge. Os fins de tarde lá incluem uma canção de boas-vindas e uma cerimônia — assistir ao pôr do sol em uma banheira de água quente ao ar livre com vista para a White Island —, jantar e músicas que vão noite adentro. No final, todos se tornam *chay*, ou amigos, e muitos hóspedes prolongam a estada para trabalhar na plantação de kiwi, feita por Paul. Enquanto estiver por ali, aproveite também para visitar o Millennium Waka, a canoa de guerra que a Nova Zelândia construiu para celebrar a virada do milênio, em 2000. Construída pelos melhores artesãos *maori*, ela nunca foi terminada e fica na praia, exposta às intempéries. "É de tirar o fôlego", diz Claire.

- O New Zealand Maori Arts and Crafts Institute, em Te Puia, Rotorua, recebe bem quem quer conhecer suas instalações, onde estudantes de diversas tribos do país estudam técnicas tradicionais de gravura e tecelagem. Shows *maori* acontecem na hora do almoço e uma Mai Ora (celebração com música e dança) é realizada todas as noites. Você também pode fazer uma visita guiada pela região, o que inclui o habitat do pássaro símbolo nacional — kiwi —, que está ameaçado de extinção, e o vizinho vale termal de Whakarewarewa.

- Se estiver viajando com crianças interessadas, você pode visitar a vila *maori* de Tamaki, em Rotorua. Antes que vocês entrem, o chefe da vila mandará um mensageiro lhes dar um "desafio" para determinar se vocês vieram em paz ou não. Então, atores vestidos e pintados de maneira típica farão um grande *powhiri*, ou dança das boas-vindas, e lhes acompanharão até a casa principal para os discursos de boas-vindas. Depois, vocês podem passear livremente e assistir a demonstrações de malabares, jogos e cantos. Juntem-se aos outros visitantes em uma tradicional celebração *hangi*, em que cestos com carne, vegetais e sobremesas são defumados e cozidos no vapor sobre pedras quentes debaixo da terra. A noite termina com um *poroporoaki*, ou cerimônia de encerramento, com músicas e discursos.

- Uma conhecida lenda *maori* conta a história de Pania, uma adorável jovem que vivia no mar na costa leste da Ilha Norte e à noite descansava em um riacho. Como seu riacho tinha a água mais doce, um rapaz *maori* chamado Karitoki matava sua sede todas as noites ali. Depois de semanas observando-o a distância, ela finalmente saiu da água. Foi amor à primeira vista, eles se casaram ali mesmo e ele a arrastou para sua *whare*, ou casa. Mas, quando o sol nasceu, as amigas sereias de Pania a chamaram de volta. Depois de uma briga, Karitoki concordou relutante que a mulher passasse os dias com as amigas e as noites com ele. Mais tarde, um ancião da vila avisou que se Pania comesse comida cozida, ela seria banida para sempre do mar. Naquela noite, Karitoki colocou um pouco de comida na boca da amada, mas ela a cuspiu prontamente e voltou correndo para o mar. Ele a seguiu até a beira da água, mas ela escapou dos seus dedos e ele nunca mais a viu. Em 1954, o porto Art Deco, da cidade de Napier, inaugurou uma estátua em bronze de mais de 60 quilos chamada *Pania nos Recifes* em homenagem a essa triste história. Desde então ela se tornou um símbolo querido da Nova Zelândia, apesar de ter desaparecido por uns dias em 2005. Mas a polícia a encontrou e ela voltou para o seu pedestal.

LEITURA SUGERIDA

The Bone People, de Keri Hulme.

SITE RECOMENDADO

www.nzmaori.co.nz

www.maoriculture.co.nz

---

68. Istambul, Turquia

Os Dervixes Rodopiantes

O nome deles significa “aqueles que escolheram o caminho do sofrimento” e sua dança extasiante nasceu na tarde em que um filósofo *sufi* chamado Rumi passeava por um mercado de cobre em Konya, Turquia, no século 13. Hipnotizado pelo ritmo do som dos martelos no metal, ele começou a girar — assim, no meio da rua — e, um a um, os ferreiros se juntaram a ele. A ordem *mevlevi* foi fundada logo a seguir e hoje é mais conhecida como a ordem dos Dervixes Rodopiantes.

Quando se apresentam, os *mevlevis* normalmente entram no palco usando robes pretos (que simbolizam seus caixões) e chapéus cônicos (suas lápides). Depois de irem para seus lugares, eles tiram os robes e revelam brilhantes túnicas brancas e saias em forma de sino (suas mortalhas). Então a música começa: um batuque lento acompanhado por uma flauta, uma cítara e outros instrumentos sutis. Os *mevlevis* dão várias voltas no palco, prostrando-se, antes de começarem a girar em sentido anti-horário com as mãos direitas levantadas para receberem as bênçãos do céu e as mãos esquerdas levando-as para a terra. Essa cerimônia, chamada *sema*, representa a jornada do *sufi* em direção à união com Deus e sua tentativa de vê-Lo em todas as direções. “Dançar”, como Rumi bem descreveu, “não é erguer os pés sem dor, como poeira soprada pelo vento.

Dançar é erguer-se sobre os dois mundos, despedaçando seu coração e entregando a sua alma".

Em Istambul há várias *sema* e a melhor acontece no Mosteiro Mevlevi de Galata, no Túnel Galip Dede Cadesi, nº 15. Pelo menos um domingo por mês (normalmente o último), por volta das 3 horas da tarde, os *sufis* giram ao som de música ao vivo, em reverência a Alá. Outra boa opção é entrar em contato com o Les Arts Turcs, na Incili Çavus Sok, nº 37, Kat 3, perto da Aya Sophia. Às segundas à noite eles dão palestras sobre sufismo em sua galeria e depois levam pequenos grupos para assistir a uma apresentação em um pequeno mosteiro em Istambul-Fatih. Turistas e muçulmanos gostam do Café Mesale, que conta com um jardim para tomar chá e um restaurante na Arasta Carsisi, nº 45, perto da Mesquita Azul. Além da comida saborosa, do chá quente e dos jogos (entre eles o gamão), à noite o Mesale oferece música ao vivo, o que várias vezes inclui *dervixes*. Mais uma apresentação do que uma cerimônia, isso será suficiente caso não haja nenhum outro show acontecendo enquanto você estiver na cidade. Para um espetáculo menos usual, vá até a estação de trem de Sirkeci, que foi construída no século 19 e era antigo ponto de parada do *Expresso do Oriente*. Várias noites por semana (normalmente às quartas, sextas e domingos), *dervixes* giram na sala de apresentações da plataforma I.

Os turcos dizem que não há como apreciar os *mevlevis* sem compreender Rumi, e que você não pode entender Rumi sem visitar a cidade onde ele morreu, Konya. A quase 500 quilômetros a sudeste de Istambul, essa cidade da Anatólia é um importante centro de peregrinação para os muçulmanos. Durante o festival Mevlana, que acontece em meados de dezembro, *mevlevis* rodopiam no Mosteiro de Mevlana Tekke.

Muitos *dervixes* moravam aqui desde a época de Rumi até 1925, quando o governo o fechou devido a sua imensa popularidade entre os turistas estrangeiros (eles achavam que os *dervixes* simbolizavam o retrocesso do império turco). Os *mevlevis* foram banidos por cerca de 25 anos, até que o governo reconheceu sua importância cultural. Felizmente, vários antigos *dervixes* ainda puderam passar as técnicas para a geração seguinte.

Alguns dizem que Rumi também ensinou mulheres a rodopiar (incluindo sua nora Fatima), mas elas foram excluídas das *semas* nas gerações posteriores. Durante as celebrações dos 700 anos da morte de Rumi, algumas mulheres retomaram a tradição e, às vezes, é possível vê-las girando em uma *sema* (mas elas usam túnicas vermelhas ou azuis, em vez de brancas).

Lembre-se de que, apesar de a Turquia parecer um país cosmopolita, ela é conservadora. O assédio pode ser grande se você não se vestir com discrição e é melhor viajar em grupos ou acompanhada de um homem.

LEITURA SUGERIDA

Women Called to the Path of Rumi, de Shakina Reinhertz.

SITE RECOMENDADO

www.lesartsturcs.org

69. Havaí

As Deusas da Ilha

As deusas reinam supremas na ilha tropical do Havaí: Laka (deusa da hula), Hina (deusa da lua), Namakaokahai (deusa das ondas) e Poliahu (deusa da neve), mas a maior delas é Pele, que governa os vulcões. A lenda conta que ela sempre invejou sua linda irmã Poliahu e que as brigas entre as duas por deuses e mortais eram comuns. Normalmente era Poliahu quem ganhava, o que fazia com que Pele entrasse em erupção, de tão brava que ficava, e a irmã acabava tendo de limpar a bagunça com neve e gelo (geólogos dão crédito à história: traços de lava foram encontrados entre placas de geleiras em vários períodos da história). Mesmo quando Pele triunfava, ela logo se cansava dos amantes e os mandava descer correndo a montanha, fugindo de sua lava fervente. Os que não conseguiram escapar podem ser vistos em forma de estranhos pilares de pedra espetados nas áreas vulcânicas. Apesar de seus defeitos, os havaianos reverenciam Pele e, em seus antigos cantos, a chamam de "Aquela que Deu Forma à Terra Sagrada". Realmente, desde 1983 ela vem criando novas terras no extremo sudoeste da costa — mais de 70 acres segundo a última contagem (mas, verdade seja dita, ela também destruiu mais de 100 construções). Para ver Pele em ação, vá para a Big Island.

Dirigindo por algumas horas pela Big Island, você verá as mais diferentes paisagens, de negros desertos de lava à florestas tropicais e picos de montanhas subárticas. Reserve bastante tempo para curtir as praias de areias brancas da costa de Kona e as praias de areias negras do distrito de Puna. Mergulhe em uma piscina termal a 32 °C em uma rocha vulcânica no Ahalanui Beach Park. Depois, siga para o Hawai'i Vulcanoes National Park, onde fica o vulcão mais ativo do planeta: o Kilauea. Em vez de expelir lava para cima, o Kilauea escorre pelo solo. Às vezes a montanha tem um brilho vermelho durante a noite. O parque também oferece 225 quilômetros de trilhas entre montanhas cobertas de pedras-pomes e crateras. Use bons calçados para caminhada, calça comprida, e fique atenta à fumaça vulcânica, ao desmoronamento de encostas e às explosões de gás metano. Dizem que Pele mora na cratera de Halema'uma'u, onde trilhas levam até o lugar de onde a lava brota desde 1982. Devotos deixam flores, gin e *ohelo* (uma frutinha típica do Havaí) como oferenda. Em 1824, uma chefe de tribo chamada Kapiolani desafiou a deusa, comeu as frutas, escalou a montanha e desceu em sua cratera, dizendo: "Eu não temo Pele". Esse foi um ato de coragem para convencer os havaianos a se tornar cristãos e ela foi bem-sucedida: mesmo não havaianos fazem peregrinações ao lugar atualmente.

"Coloquei uma concha que estava comigo fazia muito tempo em uma fenda e fiz uma oração", conta a artista Rachel DayStar Payne, de Corpus Christi, Texas (EUA). "Acho que mulheres têm a ver com vulcões porque eles são como vulvas quentes e úmidas, e as pessoas se prostram diante deles em homenagem a sua força. Eles são uma ligação direta com o centro da terra e o cospem para fora para que o mundo possa ver."

No caminho para o parque, pare no Volcano Art Center, uma organização artística sem fins lucrativos, que vende quadros, esculturas em madeira, joias, kits e poesias feitas por mais de 300 artistas. Também há uma programação especial com, por exemplo, shows de música e dança havaiana, aulas de língua e oficinas de *hula*. Depois, preste homenagem a Poliahu, que cobre de gelo e neve o pico da montanha mais alta da Terra (contando a partir do fundo do oceano) — a Mauna Kea — quase o ano inteiro. Esse vulcão é considerado um antigo cemitério e houve muito protesto quando decidiram construir lá o maior observatório astronômico do planeta. Faça oferendas a Poliahu ou a sua deusa preferida no altar e ache um bom lugar para assistir ao pôr do sol. Você logo vai entender por que os havaianos consideram a sua terra como um ponto de ligação entre a Terra e o universo.

LEITURA SUGERIDA

Hawaiian Goddesses,'Alua — Second Generation, de Linda Ching.

SITE RECOMENDADO

www.nps.gov/havo

VIII. Apenas Vá

Esfahan, Irã

Um antigo provérbio persa dá a melhor definição: *ESFAHÃN NESF-E JAHÃN AST*, ou "Esfahan é a metade do mundo". Cheia de jardins e casas de chá, de palácios e pontes cobertas, essa cidade feita de azulejos azuis é um paradigma. Passe algumas semanas ali e é bem capaz que você componha uma música em sua homenagem, assim como fez Duke Ellington.

As maravilhas arquitetônicas de Esfahan datam do século 11. A belíssima Ponte de Sioseh Pol sobre o Rio Zayandeh merece destaque. Os moradores da cidade se reúnem ali para cantar (os 33 arcos têm uma ótima acústica), fazer piqueniques e tomar chá em uma loja minúscula que fica dentro de um dos pilares. Também há a Mesquita do Xeque Lotfollah, uma construção do século 17 coberta de mosaicos que mudam de cor de acordo com a posição do sol, de marrom a rosa. Ela já foi conhecida como a Mesquita das Mulheres, por causa do túnel subterrâneo que a liga com o Palácio de Ali Qapu e que permitia às mulheres participar das orações de forma incógnita. Outro lugar imperdível é o Grande Bazar, localizado na parte norte da Naghsh-I Jahan, ou Praça Imam. Um dos mais antigos e maiores bazares do Oriente Médio, ele é uma explosão de cores, especiarias e música. As opções de suvenires vão desde antigas joias em prata até ossos de camelos pintados, mas a maioria dos turistas vai até lá por causa dos tapetes: turcomanos, *gabbehs*, *quashqais* e, claro, os luxuosos *esfahans*.

É divertido tentar experimentar todos os *ghahvek khaneh*, ou cafés, de Esfahan. A maioria dos iranianos prefere chá ao café, e a cor e o aroma das folhas são tão importantes quanto o sabor. Os *shakes* também fazem sucesso, com sabores como banana, laranja e melão. E não esqueça dos doces: *gaz*, uma barra de torrone cheia de pistaches; *pashmak*, fios de açúcar; e qualquer coisa com açafrão, incluindo sorvete, *halva* (bolinhos) e pudim de arroz com amêndoas.

Sendo mulher, você terá de se cobrir no Irã — incluindo o cabelo —, mas encare isso como seu bilhete de entrada para um mundo completamente desconhecido para os homens. Shirin Shokouhi, uma psicoterapeuta iraniana-americana da cidade de Nova York, gosta especialmente da tradição do *rozeh* para receber suas visitas em casa. Sempre que uma mulher sente necessidade de ajuda espiritual, ela convida todas as parentes, vizinhas, amigas e uma sacerdotisa. Usando túnicas, elas sentam juntas em almofadas para rezar e lamentar enquanto a sacerdotisa entoa hinos. Depois de uma boa hora de catarse coletiva, a anfitriã traz a comida, que normalmente inclui um prato de sopa quentinho chamado *ash-e reshteh* (no qual os macarrões representam os diferentes caminhos da vida).

"É quando a diversão começa", diz Shirin. "As mulheres sentam sobre esteiras e conversam sobre o casamento, os filhos, os vizinhos... Então a anfitriã prepara potes com sopa para cada uma delas levar para casa; assim o espírito do evento seguirá com elas."

LEITURA SUGERIDA

Persepolis I e Embroideries, de Marjan Satrapi.

Onde Acariciar Animais

Admita. Animais pequenos e fofos fazem você suspirar. Dê vazão aos seus sentimentos nos seguintes lugares:

- O panda-gigante é um dos animais que mais sofrem com a ameaça de extinção, com apenas 1.600 deles vivendo na natureza e menos de 200 em cativeiro. A caça ainda é um problema — embora fosse punida com morte na China até dez anos atrás —, mas a reprodução também não é fácil. Quando nascem, os filhotes de panda pesam de 90 a 130 gramas e são tão indefesos que as mães só conseguem cuidar de um por vez. Se houver mais de um filhote, eles normalmente são abandonados e morrem dias depois. Os pandas também não se reproduzem bem em cativeiro e têm de ser inseminados artificialmente. “O Sr. Panda não gosta de fazer amor”, é a explicação normalmente dada aos visitantes de zoológicos e centros de pesquisa na Ásia, mas alguns cientistas acreditam que pandas em cativeiro simplesmente não sabem o que fazer. Alguns criadores conseguiram resolver o problema mostrando filmes pornôs para os machos (que parecem se sentir mais estimulados pelos sons do que pelas imagens). Um dos melhores lugares para visitar os pandas é a província de Sichuan, na China, onde fica a Base de Pesquisas de Inseminação de Pandas-gigantes, 10 quilômetros ao norte de Chengdu. Dependendo da época do ano, entre 30 e 50 pandas moram ali. Vá no outono para ver os recém-nascidos dormindo na maternidade e sendo amamentados às 9h30. Por uma taxa extra, você pode segurar um bebê panda no colo, dar maçã para ele comer e ainda tirar uma foto. Na base de pesquisas também há alguns pandas-vermelhos, que se parecem com guaxinins.

- É possível ver coalas mastigando folhas de eucalipto nos galhos das árvores ao longo de toda a costa leste da Austrália — de Adelaide até a península do Cabo York — e também país adentro. Assim como os bichos-preguiça, eles têm um metabolismo muito lento e normalmente passam 20 horas do dia dormindo ou completamente imóveis. Os filhotes nascem do tamanho de uma jujuba e não têm pelos, orelhas nem visão. Eles passam os primeiros seis meses de vida agarrados à mama das mães, dentro do saco marsupial, e outros seis meses montados em suas costas. Depois disso, as filhas se aventuram sozinhas pelo mundo, enquanto os filhos — como todo bom filhinho de mamãe — ficam por ali por mais um ou dois anos. O Billabong Koala Park, na Billabong Drive, nº 61, em Port Macquarie, New South Wales, oferece três sessões diárias de acariciamento de coalas, às 10h30, 13h30 e 15h30. O Hospital Koala, que fica ali perto, na London Street, trata entre 150 e 200 coalas doentes ou feridos por ano e aceita voluntários (ou doações). Janet Jackson e o papa João Paulo II estão entre as celebridades que já pegaram no colo algum dos mais de 130 coalas do Lone Pine Koala Sanctuary. A 13 quilômetros de Brisbane, o santuário também é lar de vários *wombats,* dingos, cangurus e diabos-da-tasmânia. Vale lembrar que a maior parte dos estados australianos proibiu o ato de pegar animais no colo (mas não de fazer carinho), porque dizem que isso estressa os animais.

- Em meados dos anos de 1990, incêndios terríveis e o desmatamento das florestas virgens da região central de Bornéu fizeram com que orangotangos invadissem vilas atrás de comida. Muitas fêmeas foram capturadas e serviram de alimento para os igualmente famintos habitantes das vilas. Os filhotes eram colocados em jaulas e postos à venda. A polícia florestal conseguiu recuperar centenas desses filhotes, mas imagina-se que outras centenas ainda sejam mantidas como bichos de estimação (ou coisa pior) em outras partes do país (ou do mundo). Os que são confiscados durante batidas (ou entregues voluntariamente pelos donos) são enviados para o projeto de reintrodução Nyaru Menteng Orangutan, a 30 quilômetros de Palangka Raya, capital da província indonésia de Kalimantan Central. Fundado por uma dinamarquesa, o projeto devolve os orangotangos a florestas protegidas, depois de um período de transição acompanhado de perto, e que inclui exames de saúde e a instalação de microchips para futura identificação. Voluntários e doações são bem-vindos, mas uma das melhores maneiras de ajudar os orangotangos é simplesmente parando de comprar móveis, porta-retratos e outras quinquilharias feitas com madeira de árvores tropicais, que na maioria das vezes é cortada ilegalmente.

SITES RECOMENDADOS

www.orangutan.com
www.panda.org

Luang Prabang, Laos

Logo depois da Guerra do Vietnã, o Laos ganhou o título de o país mais bombardeado da história — e minas terrestres continuam sob a terra. Mesmo assim, é impressionante ver como seu povo é relaxado e tranquilo; os asiáticos dizem que eles não cultivam arroz, mas que sentam e o ouvem crescer.

"O Laos é tão bonito quanto a Tailândia, mas bem menos desenvolvido", diz Lisa Bosler, americana de Chicago que passou um ano no sul da Ásia. "Viajar ali é como caminhar em outra época — outra maneira de viver ao longo do tempo."

A cerca de 190 quilômetros da capital, escondida no meio da floresta, fica uma cidade sagrada que há anos é o destino favorito dos mochileiros: Luang Prabang. Acorde cedinho para assistir aos jovens monges em suas túnicas cor de açafrão encherem as ruas chacoalhando suas tigelas da alma. Você pode saber em qual fase da lua estamos só de olhar para a cabeça deles: eles as raspam na lua cheia. Vale a pena visitar todos os 66 templos de Luang Prabang, mas, se você só tiver tempo para um, escolha o Wat Xieng Thong. Construído em 1560, seu teto tem três camadas que vão até o chão antes de seguir em direção ao céu, e é coroado com uma estupa delicadamente esculpida, que milagrosamente escapou ilesa do exército das Bandeiras Negras, nos anos de 1880 (dizem que um dos invasores estudou no mosteiro em seus velhos tempos de monge). As paredes são cobertas com mosaicos que contam histórias de deuses e reis. Explore os arredores, onde monges em formação jogam xadrez e contam piadas sob a sombra das árvores.

No almoço, vá para um dos cafés à beira do encontro dos rios Mekong e Nam Khan. A cozinha do país é ricamente temperada com manjericão fresco, capim-limão, hortelã, coentro e limão, além dos sabores agridoces dos molhos para peixe, da pasta de camarão e das aparições ocasionais de lama seca do rio. A picante salada de papaia verde é deliciosa. Para acompanhar, beba Beerlao, a bebida nacional, ou vinho de arroz fermentado, tirado de uma jarra de barro com uma concha de palha. Os colonizadores franceses deixaram sua herança nas sobremesas: deliciosos croissants frescos, docinhos e café forte ao longo da Estrada Sisavangvong (experimente o Joma Bakery Café).

Você pode causar um estrago em seu bolso fazendo compras em Luang Prabang. A casa de antiguidades Pathana Boupha, na Ban Visoun, nº 29/4, vende joias, prata e tecidos. Se estiver atrás de seda e algodão tingidos naturalmente, vá à Ock Pop Tok, na Ban Wat Nong, nº 73/5, que é tanto uma galeria quanto uma oficina (eles também fazem roupas sob medida). Quase todos os dias, ao anoitecer, centenas de *hmong*, *mien* e *thais* descem de suas vilas nas montanhas para montar suas banquinhas na Estrada Sisavangvong. Pechinche à luz de lanternas por xales de seda, couro bordado à mão ou papel artesanal, e depois curta uma tigela de macarrão feito de arroz com tofu, carne ou vegetais em uma das várias barraquinhas.

Luang Prabang tem festivais vibrantes. Em abril, o Festival da Água Songkan dura três dias e dá boas-vindas ao novo ano em Laos. Apesar de não ser tão tumultuado quanto na Tailândia ou em Burma, você vai ser encharcada por crianças armadas com poderosas pistolas de água. Assista ao desfile no segundo dia das festividades e escale o Phu Si no quarto. No fim de outubro, os laoasianos celebram o encerramento da temporada de chuvas durante o Bun Awk Phansa. Assista aos moradores locais fazer milhares de velas flutuarem rio abaixo e depois pegue um tambor ou uma tocha e vá celebrar pelas ruas.

Jardins Exuberantes

Afinal, o que é viajar se você não parar para cheirar as rosas? Os jardins a seguir têm as mais perfumadas.

- Para a maioria dos britânicos, jardinagem é o segundo melhor assunto para jogar conversa fora, depois da previsão do tempo. Eles adoram o assunto e, por isso, se orgulham de ter os mais delicados jardins do mundo. Não há uma pétala fora do lugar em Kew, com seus 300 acres de maravilhas botânicas na margem sul do Rio Tâmisa, a sudoeste de Londres. Esse jardim foi fundado oficialmente pela princesa Augusta em 1759 e nele ficam o Kew Palace, onde o rei Jorge III ficou em quarentena durante seu ataque de loucura, no começo dos anos de 1800; a Waterlily House (Casa das Nenúfares), cheia de plantas aquáticas ornamentais tropicais e trepadeiras; o Princess of Wales Conservatory, uma estufa com dez zonas climáticas diferentes; o Rose Garden, com 54 canteiros de rosas; e árvores de ginkgo biloba com mais de 250 anos, que passaram por mudanças de sexo.

"Todas as plantas foram trazidas para Kew não só para satisfazer a curiosidade ou aumentar a coleção real mas em uma tentativa de, reunindo todas as plantas do mundo, recriar o jardim do Éden", diz Nicole Fraser, americana que adotou a jardinagem como hobby, depois de se mudar para o Reino Unido. "Adoro tomar uma xícara de chá na Orangerie nos dias inevitavelmente úmidos, apreciando os jardins. Isso é necessário para sobreviver quando se mora em Londres."

- Os ingleses também têm muito orgulho do Sissinghurst Garden, em Kent, projetado pela poetisa Vita Sackville-West. Bissexual que contava com Virginia Woolf entre seus muitos amores, Sackville-West escreveu sobre jardinagem durante anos em sua coluna no jornal *The Observer*. Seu marido (gay) fez grande parte do projeto arquitetônico desse suntuoso jardim, enquanto ela cuidou das plantas. Ele é organizado como se tivesse várias salas, cada uma com um tema ou uma cor diferente, e as cercas vivas fazem o papel das paredes.

- A cidade de Kyoto, no Japão, tem quatro tipos de jardim: *funa asobi* (criado para os prazeres aquáticos, como passeios de barco), *shuybe* (para caminhadas), *kansho* (para contemplação) e *kaiyu* (para tudo ao mesmo tempo). O Daisen-In em Kita-ku, Murasakino, Daitokujicho (perto da Estação de Kyoto) é considerado uma obra de arte da jardinagem budista e é muito menos lotado do que o famoso

Ryoan-ji. Suas pedras cuidadosamente dispostas em areia branca representam as maravilhas da natureza, como quedas-d'água e lagoas nas montanhas. Perto dali, visite também o Koto-In, um jardim de musgos repleto de bambus e plátanos. Depois pegue o ônibus 33 a partir da Estação de Kyoto para Nishikyo-ku, uma mansão do século 17 com casas de chá espalhadas ao redor de um grande lago e de jardins (o passeio de 40 minutos conta a história do lugar de forma detalhada). Se tiver a sorte de estar no Japão na época da floração das ameixeiras ou da cerejeiras, em março e abril, visite o maravilhoso (e gratuito) parque do Palácio Imperial de Kyoto.

- Conhecida como a Kyoto da China, a cidade de Suzhou abriga jardins de pedra e de água com nomes grandiosos, como Pavilhão das Ondas que Surgem e Jardim para Divagar. O consenso popular diz que o Jardim do Mestre das Redes, perto de Shinquan Jie, em Wangshi Youn, é o melhor de Suzhou. Criado no século 12, ele ficou abandonado até ser restaurado no começo do século 20. À noite, vá de pavilhão em pavilhão assistindo a apresentações de artistas tradicionais. Depois, siga para o Jardim dos Casais, em Ou Yoan, perto do Museu da Ópera e do Teatro, e passeie de mãos dadas com seu amor ou amigo por lagos, pontes e canais.

- Parece que todo russo nasceu com o dedo verde. A maioria das famílias mantém jardins em suas *dachas* — ou casas de campo —, onde se pode encontrar, pelo menos, tomates, pepinos, batatas, pimentões e montanhas de dill (um tipo de condimento). Já os moradores da cidade plantam mudas nas sacadas e alinham o chão com potes de geleia e picles feitos em casa. Se você ficar uma boa temporada na Rússia, será capaz de receber um convite para uma *dacha*; se não, pegue um trem para o interior, onde você poderá ver os jardins exuberantes e as *babushki* (avós), com seus lenços na cabeça, vigiando-os pela janela.

- Para descobrir como é fazer jardinagem de forma pagã, visite o Lower East Side, de Manhattan, durante uma Celebração da Terra de solstício ou de equinócio. Organizados por membros dos mais de 50 jardins da comunidade, esses festivais incluem dança do ventre, dança com fogo, cantores de ópera e bonecos gigantes que desfilam pela vizinhança pedindo às pessoas que "protejam os seus jardins" dos especuladores. Rodas de percussionistas e fogos de artifício completam as grandes festas, que acontecem nas ruas ao fim de todos os eventos.

LEITURA SUGERIDA

Great Gardens of the World, de Penelope Hobhouse.

PASSEIOS E VIAGENS

A Coopersmiths é uma das agências de turismo em jardins mais antigas, com dez ou doze opções de pacotes por ano. Acesse: www.coopersmiths.com

Cracóvia, Polônia

Segundo uma lenda hindu, certa vez Shiva atirou sete pedras no mundo e os lugares onde elas caíram se tornaram centros de energia espiritual. A cidade medieval de Cracóvia foi construída em um desses lugares durante o século 7 e até hoje é um destino mágico. Situada à beira do Rio Vistula, ela é enfeitada por castelos, igrejas feitas de pedra e vidro, palácios e uma universidade com 700 anos de idade, decorada com detalhes em estilo renascentista, gótico, romano e barroco. Você pode passar semanas atravessando as vielas de pedra da Stare Miasto (Cidade Velha) e da Rynek Glowny (Grande Praça), degustando vinhos nas adegas escuras e escrevendo cartas à meia-luz dos cafés (o café Jama Michalika, em estilo *art nouveau*, na Ulica Florianska, nº 45, tem um ambiente especialmente agradável). Não se esqueça de experimentar um pouco de Zubrowka, uma vodca feita de centeio, que já foi proibida nos Estados Unidos por suas supostas propriedades psicotrópicas.

A Cracóvia já enfrentou períodos tenebrosos, especialmente durante a Segunda Guerra Mundial, quando foi invadida por nazistas que aprisionaram a maior parte da comunidade judaica em campos de concentração perto dali (incluindo Auschwitz). A Sinagoga de Remu'h, na Ulica Szeroka, no antigo bairro judeu de Kazimierz, não deixa esse genocídio ser esquecido. O bairro vem sendo revitalizado nos últimos anos — parte graças ao filme *A Lista de Schindler*, que foi filmado ali — e hoje tem cafés, bares e boates animados por música *klezmer* ao vivo e por recitais de poesia. Se quiser experimentar a culinária judaica tradicional, vá ao Café Ariel, na Ulica Szeroka, nº 18; para ver um pouco do *kitsch* comunista, vá ao Propaganda, na Ulica Miodowa.

Entre os 2,5 milhões de obras de arte que estão em Cracóvia, é da *Dama com Arminho*, de Leonardo da Vinci, que os moradores têm mais orgulho. Um dos três únicos retratos femininos pintados por Da Vinci, ela sofreu pequenos danos nos últimos 500 anos, mas mesmo assim ainda é de tirar o fôlego. Dizem que a retratada é Cecilia Gallerani, poetisa, compositora e amante do duque de Milão, aos 17 anos de idade. O quadro foi roubado pelos nazistas em 1939, mas voltou à Polônia um ano depois e agora está no Museu Czartoryski, na Ulica Sw Jana, nº 19. Outra pintura adorada pelos poloneses é a *Madona Negra*, do Mosteiro de Jasna Góra, em Czüstochowa, 11 quilômetros a noroeste de Cracóvia. Pintada no século 14, ela viajou para a Polônia logo após chegar de Jerusalém, e em 1430 foi capturada por um bando de hussitas que cortou sua face. Quando ela começou a sangrar, os ladrões a abandonaram e fugiram. Depois que o os monges cuidaram de seus ferimentos, começou a brotar água do chão, o que continua a acontecer até os dias atuais. Alguns séculos mais tarde, a *Madona Negra* salvou o mosteiro da invasão dos suecos (e alguns dizem que isso mudou o curso da guerra) e ela foi então coroada Rainha e Protetora da Polônia. Ela ainda atrai multidões, principalmente durante os feriados religiosos, quando peregrinos de várias partes do país caminham até lá levando presentes como cigarrilhas *e kielbasa* (um tipo de linguiça).

Casas de Ópera Famosas

Verdade seja dita, as mulheres não se dão muito bem em óperas. Madame Butterfly comete suicídio quando descobre que o pai de seu filho se casa com outra mulher. Carmen é assassinada por um velho amante maluco. Tosca pode até dar uma facada em seu quase estuprador, dizendo, triunfante: "E esse é o beijo da Tosca" durante o segundo ato, mas, no final do terceiro, ela se atira para a morte do alto da torre de um castelo. Histórias misóginas à parte, é prazeroso ser uma observadora feminina desses espetáculos. Há maneira melhor de aproveitar uma noite estrelada do que usando um vestido de gala, bebericando champanhe e sendo entretida como uma rainha em alguns dos mais lindos teatros já construídos?

- Comece seu tour pelos teatros de ópera na Itália. O Teatro alla Scala em Milão é um dos mais famosos do mundo. Inaugurado em 1778 com a apresentação do balé-ópera *L'Europa Riconosciuta* (A Europa Revelada), de Salieri, ele tem uma galeria chamada *loggione* para os menos afortunados, que fornecem críticas em tempo real aos artistas por meio de palmas acaloradas ou assobios desrespeitosos (por isso o Scala tem a reputação de ser um "batismo de fogo" para que os artistas se estabeleçam no meio). Antigamente, a casa era iluminada por mais de 1.000 lâmpadas a óleo, que os administradores mantinham sob controle com centenas de baldes de água sempre por perto. O La Scala reabriu suas portas recentemente depois de uma reforma milionária, incluindo a instalação de pequenas telas que oferecem tradução simultânea em cada um dos 1.800 lugares, assim os expectadores podem acompanhar livretos em inglês, alemão, italiano ou francês.

- Siga então para Veneza, para um teatro com o apropriado nome de La Fenice, ou a Fênix, já que ele ajuda óperas a "ressurgir das cinzas" durante suas *premières* mundiais. O teatro em si já se reergueu algumas vezes, depois de ter sido completamente destruído por incêndios em 1774, 1836 e 1996. A primeira ópera a ser apresentada lá depois da grande reinauguração de 2003 foi *La Traviata* (em que a heroína é uma cortesã que sacrifica tudo por amor, para morrer doente no último ato).

- A próxima parada é Paris, que abriga o Palais Garnier, na extremidade norte da Avenue de l'Opera. Ele foi construído em uma área tão pantanosa que o terreno teve de ser drenado durante meses, antes de as fundações poderem ser feitas, e mais tarde foi preciso construir um reservatório sob o teatro (situação que posteriormente inspirou o *Fantasma da Ópera*). O Palais Garnier foi inaugurado em 1875 com *La Juive* de Fromental Halévy, ou *A Judia* (cuja heroína pula em um caldeirão de óleo fervente no final do quinto ato). O prédio tem ornamentos em estilo neobarroco e ostenta um candelabro de seis toneladas, frisos e colunas de mármore e tetos pintados por Marc Chagall.

- Um dos mais inconfundíveis teatros de ópera do mundo fica em Bennelong Point, no Porto de Sydney, Austrália. Oficialmente inaugurado pela rainha Elizabeth II em 1973, o Sydney Opera House é uma concha esférica cortada ao meio e coberta por mais de 1 milhão de azulejos de granito branco vitrificado. Dentro dele há mais de 1.000 salas, incluindo cinco teatros, dois halls centrais, cinco salas de ensaio e um monte de bares, lojas e restaurantes. O Concert Hall tem o maior órgão mecânico do mundo, com 10 mil tubos. No total, a Opera House de Sydney usa energia equivalente a uma cidade de 25 mil habitantes.

- A primeira sede do Metropolitan Opera de Nova York foi incendiada; a segunda se mostrou muito pequena. Ela reabriu suas portas em seu atual endereço, no Lincoln Center, em 1996, com *Antônio e Cleópatra* (cuja heroína se mata com o veneno de uma cobra depois de ver seu amado morrer em seus braços). Atualmente, 4 mil fãs de ópera podem assistir a sete apresentações de quatro a cinco diferentes produções por semana. O Met exibe dois murais de Chagall, a maior cortina do mundo (tecida especialmente com damasco dourado) e deliciosas tortas de frutas silvestres no bar.

- Apesar de estar eternamente sob *remont* (construção), o teatro Bolshoi, em Moscou, é de fazer tremer. Em certa ocasião ele também pegou fogo, mas a atual construção é uma obra de arte do classicismo neorrusso do século 19, com um pórtico de oito colunas coroado por Apolo, o deus das artes. Conhecido por seu balé, ali aconteceu, em 1877, a estreia de *O Lago dos Cisnes*, de Tchaikovisky, e continua a ser o lar do balé Bolshoi. Ele também foi o palco de grandes eventos políticos, incluindo o Primeiro Congresso do Sindicato dos Soviéticos, que anunciou oficialmente a criação da União Soviética em 1922. Ele continua a ser o lugar mais barato para assistir a óperas de primeira linha, incluindo clássicos russos, como *Yevgeny Onegin* (cuja heroína resolve cuidar de si mesma e rejeita Onegin no último ato, escapando com a vida e a dignidade intactas). Celebre essa vitória com uma taça de champanhe soviética no *hall*.

SITES RECOMENDADOS

www.teatrolafenice.it

www.operadeparis.fr

www.sydneyoperahouse.com

www.teatroallascala.org

www.metoperafamily.org

www.bolshoi.ru

Senegal

A mistura das culturas francesa, muçulmana e africana no Senegal fará com que você coma *croissants* no café da manhã e *kebabs* de cordeiro grelhados em brasas nas calçadas durante a tarde. À noite você provavelmente comerá, com os dedos, sopas encorpadas, e a qualquer hora do dia poderá se deliciar com frutos do mar encharcados de limão e temperados com amendoim. Localizada ao longo da ponta da rochosa Península do Cabo Verde (não confundir com o arquipélago de mesmo nome, que fica a 640 quilômetros dali), a capital Dakar oferece sol quase o ano todo e é um bom ponto de partida (apesar de caótico) para explorar o restante desse vibrante país. Só tome cuidado com os preços: aqui você precisa pechinchar por tudo.

- Graças ao pop star Youssou N'Dour, a música senegalesca ganhou fama internacional pela dinâmica combinação de tambores do oeste africano com acordes de guitarra. É o máximo poder assistir a uma apresentação ao vivo no legendário Thiossane, em Dakar, do qual N'Dour é proprietário e onde com frequência faz aparições especiais quando está na cidade. Saint Louis, no litoral norte do país, abriga um festival de jazz todo mês de maio, que reúne dezenas de milhares de expectadores, assim como a Ilha Gorée. Há aulas de percussão e dança por todos os lados e Marie Basse Wiles — uma famosa bailarina que emigrou para Nova York — organiza viagens para o Senegal, a fim de que os alunos tenham aulas com os mestres.

- Se você achar Dakar muito caótica, refugie-se em Toubab Diallo, uma vila de pescadores de frente para o Oceano Atlântico. Passe alguns dias no Sobo-Bade, um hotel construído com pedras da região e decorado com conchas colhidas na praia ali perto. Depois de uma tarde tendo aulas de percussão e *batik*, acompanhe seu *curry* com copos de *bissap*, ou chá de flor de hibiscos, no café do hotel.

- Três quilômetros a leste de Dakar fica um lago com o apropriado nome de Lac Rose, já que o plâncton presente no lago o faz ter um brilho rosado. Ele também é tão salgado que você praticamente flutua em sua superfície. No mês de janeiro, o Lac Rose é o destino final do mais perigoso evento *off-road* do mundo, o Rali Dakar. Em sua última edição, cerca de 500 veículos motorizados chegaram até aqui vindos de Portugal (atravessando o Deserto do Sahara) em apenas 16 dias. Infelizmente, em 2008 o evento foi cancelado por motivos de segurança. e até o fechamento deste livro o roteiro do ano de 2009 ainda não estava decidido.

- Nenhuma mulher deveria sair do Senegal sem pelo menos um cinto ou dois. Feitos com conchas, contas ou couro, eles são um tradicional acessório senegalês que, segundo a artesã Krista Claudene-Retto, às vezes é usado como proteção contra o mal. Os homens os usam enrolados em seus bíceps ou na cintura; os bebês, nos tornozelos; e as mulheres em torno de suas belas barrigas. Hoje, os feitos com grandes contas são usados durante celebrações sociais, enquanto os mais delicados são utilizados pelas mulheres por baixo da roupa, como uma secreta homenagem à feminilidade. "Fique atenta com os homens que tentam quebrar o seu cinto", alerta Krista. "Dizem que você vai se casar com aquele que conseguir!"

SITE RECOMENDADO

www.kclaudene.com

Ubud, Bali

Aparentemente, todo balinês é pintor, bailarino, músico ou cantor, e, depois de alguns dias mergulhada em sua arte, você vai começar a acreditar que também é. A cidade de Ubud é a porta de entrada perfeita para essa colorida cultura.

Há museus em toda parte, mas comece o passeio pelo Museu Agung Rai, na Jalan Pengosekan. Localizado em uma construção em estilo balinês cercada por quatro hectares de jardins tropicais, lagos e fontes, esse centro cultural apresenta a grande variedade de expressões artísticas da ilha. O museu tem uma exibição permanente de pinturas, tecidos, fotografias e esculturas de famosos artistas balineses ou de artistas que fizeram da ilha seu lar. Apresentações de dança acontecem todos os sábados e domingos à noite. O Agung Rai também oferece mais de uma dezena de cursos sobre quase tudo, desde "como fazer uma oferta" e astrologia hindu até escultura em madeira, culinária e *batik*. Namore os livros na livraria e relaxe tomando um suco de manga no café.

A próxima parada deveria ser a maravilhosa Galeria Seniwati, de arte da mulher, na Jalan Sriwedari, nº 2B. Fundada por uma britânica em 1991, a galeria — a primeira do tipo na Ásia — apresenta peças de mais de uma centena de artistas balinesas, indonésias e de outras partes do mundo. Você perceberá rapidamente a diferença entre as obras do Agung Rai e as que estão aqui: as mulheres nunca são retratadas como objetos sexuais e a arte é mais direta e convidativa. A Sewanti oferece cursos e bolsas de estudo para jovens cujas pinturas estão em exposição na entrada e podem ser adquiridas na loja. Os lucros vão para um fundo que ajuda a financiar a educação formal das estudantes que se destacam.

Não deixe de assistir a uma apresentação de dança tradicional. Se possível, evite os shows dos hotéis e se aventure pelo interior (o escritório de turismo fornece uma agenda das cidades próximas). Na dança Janger, uma apresentação folclórica que data dos anos de 1930, doze garotas com coroas de flores e doze rapazes com bigodes pintados misturam dança, música e canto com muita graça. As crianças vão adorar a dança *Kecak*, de apelo mais turístico. Retirada do épico hindu *Ramayana*, ela conta a história do sequestro da princesa Sita pelo terrível rei de Lanka e o seu resgate pelo princípe Rama. O coro é constituído por 100 homens sem camisa que balançam torsos e se inclinam quando lamentam "*Chak-achak-achak*". As apresentações costumam acontecer à noite, ao redor de uma fogueira.

A religião é intrínseca à cultura balinesa. Frutas frescas, flores, velas e incensos são oferecidos aos deuses todas as manhãs, e praticamente todos os dias do ano são marcados por uma cerimônia ancestral. Saraswati, a deusa do conhecimento e das artes literárias, é especialmente reverenciada. No dia dela, os balineses não escrevem ou leem nada, em vez disso fazem oferendas em frente a pilhas de livros.

Em Bali, mesmo as lojas mais turísticas vendem tesouros como as bonecas javanesas, tecidos em estilo *kalimantan* e sarongues da Ilha de Sumbawan. Um ótimo lugar para comprar suvenires é a Bali Cares Shop, na Jalan Hanoman, nº 44B, perto da Galeria Tegun. Uma cooperativa sem fins lucrativos que vende artesanato feito na região, como esculturas em osso e coco, peças em ratã e tear, a Balis Cares manda seus lucros para grupos localizados nas comunidades, como o Bali Jani (uma fundação que fornece apoio legal e microcrédito a mulheres) e o Yayasan Burmi Sehat (um centro de saúde onde os pacientes trocam peças de artesanato por assistência médica). A Bali Cares também serve como centro de informação desde o *tsunami* de dezembro de 2004, mobilizando ajuda e enviando apoio às famílias.

DICA

Bali Blog: One Stop Travel Guide to Bali. Acesse: www.baliblog.com

SITES RECOMENDADOS

www.armamuseum.com

www.seniwatigallery.com

Castelos Clássicos

O que será que nos atrai tanto nos castelos? O poder e a riqueza sem pudores, as histórias de intriga na corte e as vistas espetaculares dos inevitáveis penhascos à beira-mar? Ou os sonhos de um dia ser arrastada para um deles por um lindo príncipe em seu cavalo branco? Seja qual for a razão, aqui estão alguns clássicos.

- No alto do vulcão extinto de Castle Rock fica o impressionante Castelo de Edimburgo, na Escócia, visível de quase todos os pontos da cidade, e também audível, quando os seus canhões soam às 13 horas (antes da existência de relógios, os canhões ajudavam os marinheiros a arrumar seus cronômetros). Palco de inúmeras batalhas e cercos, o castelo tinha uma prisão na qual violentou tantos prisioneiros que os fantasmas estão em toda parte, incluindo uma fila de tocadores de tambor sem cabeça. Mas também há tesouros no castelo, como a Capela de St. Margaret (uma estrutura de pedra construída por David I em homenagem a sua mãe) e a Pedra do Destino, sobre a qual os reis escoceses eram coroados. A melhor época para visitar o castelo é durante o festival de inverno de Hogmanay, quando fogos de artifício explodem sobre as torres e ondas de mais de 100 mil pessoas enchem as ruas para comemorar o ano novo. Se estiver inteira na manhã seguinte, amarre os tênis e volte para o castelo para participar da corrida "One O'Clock Run" até o Royal Park.

- Pode-se dizer que o Castelo de Stirling, na Escócia, existe desde a pré-história, em diferentes formas, e foi testemunha de alguns dramas, nenhum tão infeliz quanto o enfrentado por Mary I, rainha da Escócia. Coroada rainha quando tinha apenas 9 meses de vida, ela passou por três péssimos casamentos e um relacionamento nada saudável com sua prima, a rainha Elizabeth I, antes de ser finalmente decapitada após três tentativas (sua cabeça só rolou pelo chão quando o carrasco a puxou pela peruca). Umas das serviçais da rainha Mary, conhecida como Green Lady, pode ser vista de vez em quando voando pelos corredores. A esplanada ao redor do castelo é utilizada para concertos a céu aberto por artistas como REM, Bob Dylan e a banda celta Runrig, e também para as comemorações de Hogmanay (o ano novo celebrado segundo a tradição escocesa) da cidade.

- Construído em cinco anos pelo rei Eduardo I, o Castelo de Conwy é a fortaleza mais extraordinária de todo o norte do País de Gales, senão da Europa. Escuro e imponente, ele tem oito torres cilíndricas de pedra maciça iluminadas individualmente depois do pôr do sol, e vista panorâmica para as montanhas da Snowdonia e para o Rio Conwy. Entre por uma das três pontes levadiças e caminhe pelos muros de proteção, que se estendem por mais de um quilômetro e são margeados por 24 torres e portões. Se visitá-lo em maio, siga 11 quilômetros para o sul, até o Bodnant Garden, para ver os laburnos amarelos florirem (também conhecidos como *golden chain trees*). Mas não coma nada: o envenenamento pelo laburno faz a pessoa espumar pela boca e causa convulsões, o que poderia ser muito desagradável quando se está realizando fantasias de contos de fada.

- Os fãs de histórias de terror ficarão boquiabertos com o castelo do Frankenstein, no centro da Alemanha, a 15 minutos de carro de Darmstadt. Construído em 1252 por Conrad van Frankenstein, esse é essencialmente um castelo assombrado, triste e assustador (por isso a Universal Pictures escolheu o lugar para filmar seu clássico de 1931). Alguns historiadores dizem que Mary Wollstonecraft Shelley (filha da feminista Mary Wollstonecraft e do anarquista William Godwin) baseou sua história no castelo após uma viagem à Alemanha no começo dos anos de 1800. Dizem que o “verdadeiro” Frankenstein foi Johann Konrad Dippel, um alquimista que fervia cabelos e ossos à luz de velas no século 17 e que inventou novos ácidos venenosos. Se for com as crianças, tente visitar durante os nove dias da Festa de Halloween do Frankenstein, que inclui shows de monstros com participações especiais do Drácula e de Mr. Hyde.

SITES RECOMENDADOS

www.edinburghcastle.biz

www.consy.com

Marrocos

Invariavelmente, os guias de viagem descrevem o Marrocos como "uma estonteante experiência para os sentidos", e realmente não há melhor maneira de descrevê-lo. Mas as mulheres que viajam para o país devem tomar cuidado. O assédio sexual pode ser grande e é melhor não passear sozinha, a menos que você fale a língua e esteja devidamente coberta.

Como dizem os marroquinos: "Todos os caminhos levam à praça". Em Marrakesh, essa praça é a Jemaa El-Fna: estação rodoviária durante o dia, exuberante mercado à noite. Em seus labirintos, você verá homens andando descalços sobre brasas, enquanto artistas sopram vidro, dentistas arrancam dentes, curandeiros prescrevem poções de ervas e acrobatas dão cambalhotas. Dance com travestis ao som de flautas de bambu e tambores de madeira, antes de pechinchar com os vendedores por cima das pilhas de braceletes, pratarias, cerâmicas e tapetes persas. Então, vá para as barraquinhas de comida, nas quais senhores cozinham delícias perfumadas em caldeirões borbulhantes, enquanto os garçons indicam as mesas perto do chão. A cozinha marroquina tem influências das tradições berbere, árabe e mediterrânea, com *tagines* (ensopado de carne e vegetais) de cervo servidos em tigelas de cerâmica com cuscuz e *kebabs* assados em espetos. As mais aventureiras podem experimentar cobra e cabeça de carneiro, já as vegetarianas podem escolher entre frutas secas, nozes, tâmaras ou suco de romã feito na hora. Depois, acenda um pouco de tabaco com aroma de maçã em um cachimbo de água e aprecie a maravilhosa confusão ao seu redor.

"A melhor maneira de curtir a Jemaa El-Fna é com um monte de amigas para poder dividir aquele grande prato de frango e azeitonas ou para elas darem palpite sobre aquela echarpe ou aqueles brincos que você não vai encontrar em nenhum outro lugar", é o que diz Monica Flores, que passou dois anos cruzando o planeta como correspondente para o *The Odissey: World Trek*. "Além disso, uma ajuda a outra a não ficar hipnotizada por um daqueles encantadores de serpentes!"

Se você achar Marrakesh agitada demais, não tenha medo: Kasbah du Toubkal fica a apenas 65 quilômetros dali. Situado aos pés da maior montanha do norte da África, esse refúgio tem vista para três grandes vales e para a Cordilheira do Atlas. Guias locais oferecem saídas diárias para vilas próximas e caminhadas de uma semana pelas montanhas, com mulas para carregar a bagagem. Quando você voltar, enfie os pés em uma *babouche* de couro, enrole-se em um *djellaba* (roupão) de lã e relaxe tomando um chá de hortelã no terraço que fica no telhado, antes de mergulhar em um *hamman* (banho de vapor). Administrado por berberes locais, o Kasbah du Toubkal recentemente ganhou um Green Globe de turismo sustentável e usa parte de seus lucros para adquirir, entre outras coisas, ambulâncias que servem comunidades mais afastadas.

A duas horas de Marrakesh fica uma cidade costeira amada por habitantes e turistas: Essaouira. Explore seus agitados mercados espremidos dentro da medina branca, onde surpresas a aguardam atrás de cada porta azul. Ao longo do porto, barcos descarregam suas cargas e pescadores lançam suas iscas, e você pode comer o seu peixe preparado do jeito que quiser, em grelhas que chiam nas barraquinhas da rua ali perto. Depois, visite o mercado de artesanato ao lado da Fortaleza de Skala, onde músicos passeiam fazendo serenata e poetas recitam suas obras ao lado das tuias. Se possível, venha durante o Festival de Gnaoua e World Music, em junho. Profundamente enraizada na África subsaariana, a música gnaoua é altamente hipnótica, com cantos de chamado e resposta, címbalos, palmas e alaúdes. Seus músicos são considerados curandeiros capazes de tratar tudo, desde picadas de escorpião a problemas psquiátricos.

Outro festival imperdível é a feira de noivas, que acontece no mês de setembro em um vale remoto na Cordilheira do Atlas, perto da cidade de Imilchil. Segundo a lenda, tudo começou quando as famílias de dois jovens amantes os proibiram de casar porque eram de tribos inimigas. Os dois ficaram tão desiludidos que choraram até morrer, dando origem a dois lagos vizinhos. As famílias ficaram tão chocadas que organizaram uma reunião entre as tribos, no aniversário da morte do casal, em que casais podiam contrair matrimônio. Hoje, centenas de berberes de Ait Hadiddou continuam a tradição. Candidatas a noivas pintam as bochechas de vermelho, passam carvão nos cílios e usam suas melhores joias de prata e âmbar. As que nunca foram casadas usam adornos arredondados na cabeça, já os adornos das viúvas e das divorciadas são pontudos. Homens ansiosos por se tornar noivos usam turbantes brancos. Então, todos ficam vagando, trocando olhares sugestivos e jogando conversa fora, antes de apresentar os potenciais candidatos à família e aos amigos. Se um candidato não tem boa reputação, quando ele oferecer um aperto de mão será interrompido ou recusado. No fim da feira acontece um casamento coletivo em que dezenas de casais se casam ao mesmo tempo e dançam ao som de músicas tradicionais tocadas em tambores e flautas. Depois, eles montam em seus burros e voltam para suas vilas, confiantes de que, se não der certo, sempre haverá a feira do ano seguinte.

SITE RECOMENDADO

www.kasbahdutoubkal.com

Dubrovnik, Croácia

Lord Byron a chamou de “Pérola do Mar Adriático”; George Bernard Shaw preferia “Paraíso na Terra”. David DeVoss a comparou com Camelot. Seja lá como a chamem, há séculos Dubrovnik encanta os viajantes. Venha ver o porquê, antes que outro cruzeiro pelo Mediterrâneo a impeça.

Entre na Stari Grad — a bem preservada Cidade Velha — pelo Portão do Pilar, uma grande muralha construída há muito tempo atrás para proteger a cidade contra ataques pelo mar. O calçadão de mármore que se estende a sua frente é chamado de Stradun, ou Placa. À esquerda da Igreja de São Salvador fica um mosteiro franciscano do século 14, que abriga uma valiosa biblioteca de manuscritos antigos e objetos litúrgicos, além da terceira mais antiga farmácia em funcionamento da Europa (agora um museu). Aprecie a Pietà sobre a porta de entrada. Depois, siga pela Placa até o centro e aproveite para dar uma espiada nas antigas igrejas e sinagogas, fortes e palácios, galerias e butiques pelo caminho. Uma parada que vale a pena é o Museu de Arte Moderna, na Frana Supilla, nº 23, que exibe obras de artistas croatas contemporâneos. Então, saboreie um prato de mexilhões frescos acompanhados de uma taça de vinho branco no café ao ar livre, enquanto aprecia a vista. Os telhados de Dubrovnik podem ser lidos como um livro de história. As ocasionais telhas vermelhas, verdes ou brancas simbolizam a outrora unida Iugoslávia — antes que cápsulas de balas e morteiros chovessem pela cidade quando croatas e sérvios entraram em uma sangrenta guerra civil por cinco assustadores meses, no começo dos anos de 1990. Você ainda pode ver os buracos de bala nas paredes de alguns prédios, e as telhas em terracota — que foram estraçalhadas — foram substituídas por telhas vermelhas, cortesia da Unesco. Para uma visão emocionante dessa e de outras guerras, dê um pulo na War Photo Limited, na Antuninska, nº 6, que se dedica exclusivamente a fotos de guerra.

Agora siga qualquer viela até que surjam varais envergados com o peso das roupas do dia. Aqui você encontrará crianças pulando corda, enquanto as mães vendem cestos de pera, figos e azeitonas colhidos nos quintais. Experimente um dos queijos e mergulhe no silêncio. Depois, volte à beira do mar e pegue um táxi-barco para um das centenas de ilhas que pontilham a costa Adriática. Lokrum é uma das mais próximas. Junte-se aos pavões selvagens que vagam pelo seu parque nacional, antes de explorar o jardim botânico e as ruínas espetaculares de um mosteiro beneditino medieval. Para o passeio de um dia mais longo, tente as Ilhas Elafiti, que nada mais são do que doze ilhas pouco povoadas. Kolocep é conhecida por suas laranjeiras perfumadas; Sipan, por suas igrejas. Na hora do almoço, peixes frescos são grelhados a bordo.

Apesar de a cidade ficar lotada, o meio de julho é uma época divertida para visitar Dubrovnik por causa do festival de verão. A festa começa com fogos de artifício e uma banda na Praça Luža e, durante as semanas que se seguem, centenas de cantores, bailarinos, atores e músicos se apresentam pela Cidade Velha, tanto em lugares fechados quanto sob a luz das estrelas. O começo de fevereiro também é uma ótima época (e bem menos cheia) para assistir às procissões da festa de Santo Blaise.

SITE RECOMENDADO

www.dubrovnik-festival.hr

Os Melhores Lugares para Ver uma Sereia

Quase todas as culturas ligadas ao mar têm histórias de lindas jovens que nadam pelos mares com rabos de peixe. A primeira lenda conhecida vem da Assíria e data de cerca do ano 1.000 a.C. Quando a deusa Atargatis matou sem querer seu amante mortal, entrou em desespero e se jogou em um lago, implorando aos deuses que transformassem seus pés em nadadeiras, para que ela não se afogasse. Mais recentemente, moradores das ilhas afetadas pelo tsunami em 2004 disseram que sereias mortas foram arrastadas pela maré até a costa (por alguma razão, as fotos que vieram a público são de um macaco cortado ao meio com um rabo costurado). Algumas culturas acreditam que as sereias ajudam a guiar os navios para longe dos perigos do mar, mas a maioria diz que elas são mulheres sedutoras que, assim como no mito grego das sereias, encantam marinheiros com seus cantos, os levam até a água e depois afundam seus barcos. As lendas europeias dizem que elas podem realizar desejos, enquanto os japoneses afirmam que quem provar de sua carne se tornará imortal (ela seria servida como *sashimi* ou como um *tempurá*?).

A Ilha de Eleuthera, nas Bahamas, é um dos lugares onde ainda se acredita que as sereias estejam vivas. Os habitantes do lugar dizem que, se você levantar bem cedo, tem chance de pegá-las lavando suas madeixas douradas nas pedras de Whale Point, uma antiga piscina natural. As crianças das Bahamas acreditam que seus pais testemunharam isso e que um dia elas também verão. Mas, se o seu passeio ao nascer do sol for em vão, não se preocupe: a arte inspirada nas sereias está por todos os lados. Você pode comprar joias com sereias, cerâmica, camisetas, capachos e estátuas feitas de tudo, de conchas a folhas de bananeira (é interessante notar como quase sempre essas representações lembram a atriz Daryl Hannah no filme *Splash — Uma Sereia em Minha Vida*, com cabelos louros, encaracolados e compridos, olhos azuis e um decotão. Elas nunca são negras, como a maioria das mulheres nas Bahamas).

Mas você também pode se tornar uma sereia. "Não há quase nada para fazer aqui além de estar na água. E você pode nadar e caminhar nua por aí porque não há absolutamente ninguém para vê-la, então é quase como ser uma sereia", diz Karla Cosgriff, americana que cresceu na ilha e volta regularmente a negócios. "Como aqui também não há placas, descobrir uma boa praia é questão de sorte."

Mas com certeza vale o esforço: as praias de Eleuthera (Harbour Island, especialmente) têm águas cristalinas repletas de corais coloridos, arraias, polvos e golfinhos. As baleias passam todos os anos por lá quando estão migrando. Depois de um longo dia se divertindo no mar, você pode passar a noite no Elbina, em Gregory Town, onde os locais se reúnem todas as terças e sextas para cantar com apresentações ao vivo de músicas do sul do Caribe. Pergunte aos mais velhos sobre seus encontros com as sereias e você ouvirá ótimas histórias.

Se você ainda não encontrou sua sereia, vá para Coney Island, em Nova York, na época do solstício de verão, e assista ao desfile anual de sereias. Os participantes passam fantasiados de sereias, Netuno, criaturas do mar e faróis ambulantes, enquanto carros antigos desfilam com barbatanas. A certa altura, a Rainha Sereia e o Rei Netuno, normalmente celebridades como Queen Latifah e Moby, cortam o cordão que separa o calçadão do mar e jogam frutas como oferendas para as deusas e os deuses do Atlântico, sinalizando o início da temporada de banhos de verão. Então, todo mundo volta correndo para casa para se arrumar para o baile que acontece à noite.

SITE RECOMENDADO

www.coneyisland.com/mermaid.shtml

Samarkand, Uzbequistão

Lendas do Oriente Médio contam que certo rei ficou tão perturbado com os casos extraconjugais da mulher que a matou. E todas as noivas seguintes tiveram o mesmo destino, cada uma delas executada ao nascer do sol após o rei ter-lhes tirado a virgindade, até que a esperta filha de um vizir interveio. De nome Sherazade, essa jovem se casou com o rei e o manteve acordado a noite inteira contando histórias fantásticas sobre um gênio que realizava desejos e morava em uma lâmpada. Quando o sol nasceu na manhã seguinte, ela interrompeu a história em um momento de suspense e o rei poupou-lhe a vida para poder ouvir o final na noite seguinte — e ela começou outra história. E assim foi, até que os dois se apaixonaram e o rei revogou o seu decreto brutal. As histórias de Sherazade, hoje conhecidas coletivamente como *O Livro das Mil e Uma Noites*, entraram para a história e você pode visitar a sua suposta terra natal em Samarkand, no Uzbequistão.

Uma das cidades mais antigas do mundo, Samarkand foi dominada várias vezes por déspotas, como Alexandre, o Grande, e Gengis Khan, até que Tamerlane a transformou em um ponto importante na grande Rota da Seda. Ela mantém esse ar da Antiguidade, com suas praças públicas cercadas por minaretes de terracota, arcos e *madrassas*, ou escolas islâmicas. Mosaicos de azulejos cobrem muitas de suas mesquitas. A Shah-I-Zinda é especialmente interessante, pois ali estão enterradas muitas mulheres da vida de Tamerlane (dizem que se você contar o mesmo número de degraus quando subir e quando descer é porque não tem nenhum pecado). Também visite a Mesquita Bibi Khanum, construída em 1399, e cujo nome homenageia a esposa favorita de Tamerlane. Segundo contam, o arquiteto da mesquita se apaixonou perdidamente por ela e ameaçou interromper a construção até que ela lhe desse um beijo. Ela deu, e os lábios dele deixaram uma marca que Tamerlane notou quando voltou para casa. Enfurecido, ele decapitou o arquiteto e ordenou que todas as mulheres usassem véus, para que apenas os maridos pudessem desfrutar do que estava por baixo. Mas as modernas uzbeques normalmente não usam o véu. Minissaias e saltos altos são quase obrigatórios na capital, Tashkent, e no interior normalmente as mulheres usam lenços apenas para bloquear o sol.

Os bazares de Samarkand são tesouros cheios de joias de prata, roupões bordados, tapetes para parede com temas celestiais e *dupalars*, ou toucas coloridas. Nos mercados, velhas senhoras vendem garrafas de iogurte feito em casa, com cestos de berinjelas, tomates-cereja e melão. Petiscos nômades podem ser encontrados em qualquer parte, desde uvas-passas e damascos secos até amendôas e pistaches. Quem gosta de culinária vai querer comprar algumas cabaças minúsculas e enchê-las com temperos frescos, como açafrão, cravo e cominho.

Mas, acima de tudo, encontre-se com os hospitaleiros descendentes de Sherazade. As altas portas de madeira dos complexos familiares levam a jardins internos que servem como sala de jantar, com suas mesas baixas sobre tapetes persas e almofadas com brocados como assento. Passe bastante tempo passeando pelos bairros residenciais e é capaz que alguém a convide para entrar e tomar uma xícara de chá e provar um pouco de *lepeshka*, ou pão sem fermento. O *lepeshka* é considerado sagrado, então não o coloque virado para baixo em lugar algum, e não deixe sobras para serem jogadas fora.

Casas de Chá Famosas

Passar uma tarde com um bule cheio de chá quente e uma amiga é uma atividade celebrada há milênios. Em alguns países, como o Japão, o próprio ato de preparar uma xícara de chá rende uma cerimônia de uma hora de duração (assim como servi-lo e bebê-lo). Conhecido por suas propriedades medicinais e terapêuticas, o chá também pode ser considerado um lubrificante social, animando qualquer conversa. China e Inglaterra são dois países de tradição quando o assunto é chá.

- A China afirma ser o berço do chá e os registros mostram que os chineses vêm bebendo a infusão há pelos menos 3 mil anos. O amor pela bebida é tão grande que eles a consideram uma das sete necessidades da vida (junto com combustível, óleo, arroz, vinagre, *shoyu* e sal). Muitas casas de chá foram fechadas durante a Revolução Cultural, mas novas abriram as portas nos últimos anos. Seus cardápios sempre são impressionantes — incluindo os básicos (verde, preto e *oolong*) e misturas como Ba Bao Cha, ou Chá dos Oito Tesouros (que contém crisântemos secos, açúcar cristal, *goji*, uvas-passas brancas, pinhas, tâmaras e *longan*, além das folhas de chá-verde). Em Pequim, visite a livraria Sanwei, na Fuxingmennei Dajie, nº 60, em frente ao Hotel Minzu. Sua casa de chá de dois andares tem uma ótima variedade e apresenta música chinesa tradicional ao vivo aos sábados à noite, o que atrai tanto o pessoal das antigas como estrangeiros. A mais famosa casa de chá de Xangai é a graciosa (apesar de turística) Huxinting, acessível pela ponte em zigue-zague sobre o Lago da Flor de Lótus, no coração da Cidade Velha. Ovos de codorna são servidos com o chá nas salas do andar superior, e mulheres em longos *qipao* de seda apresentam a cerimônia do chá quase todas as noites. Se você prefere ir aonde estão os *hippies* de Shangai (e também os estrangeiros), dê um pulo no Harn Sheh em estilo taiwanês, que serve chá borbulhante e outras preparações divertidas até as 3 horas da manhã, em vários locais da cidade.

- As origens dos rituais britânicos de chá datam de 150 anos atrás, graças a uma duquesa chamada Anna, que ficava com tanta fome no fim da tarde que às vezes até desmaiava. A prescrição de seu médico para fazer refeições leves antes do jantar se espalhou pelo país e hoje em dia os britânicos têm dois tipos de chá: *afternoon* e *high*. Além do infindável bule de chá fino, a primeira tradição inclui sanduíches sem casca; bolinhos com manteiga, geleia fresca e creme de nata; e um bolo ou docinhos (ou os dois); a segunda sempre inclui uma entrada quente, como *Welsh rarebit* (torradas com queijo derretido) ou salsichas. A mais famosa casa de chá de Londres — e também a mais cara, turística e exclusiva — é a Ritz, na Picadilly Street, nº 150. Os frenquentadores precisam fazer reservas com um mês de antecedência para gastar 45 dólares bebericando o mais fino chá chinês e provando delícias servidas em travessas de prata de três andares. Se a sua companhia for masculina, faça-o vestir um blazer e uma gravata (ou eles vão emprestar uma para ele). A hora do chá é às 15h30 e às 17h30. Se seu orçamento (e sua consciência) não permite tamanha extravagância, há excelentes alternativas, começando pelo vizinho do Ritz, o The Wolseley, na Picadilly, nº 160. Montado no antigo showroom do fabricante de automóveis Wolseley, esse café oferece dois serviços de chá: o Cream Tea com bolinhos, nata e chá; e o Afternoon Tea, que inclui um pouco de geleia e sanduíches. O serviço aqui é excelente (para os padrões londrinos) e o lugar está sempre cheio. Se quiser um chá com um toque do Oriente Médio, tente o Mo, o filhote do restaurante marroquino Momo. Com os bules quentes de chá de laranjeira, o Mo serve delícias como *harira*, *zaalouk*, panquecas *berbere* e docinhos — e tudo isso pode ser saboreado enquanto você se reclina nos sofás baixos ou nas almofadas pelo chão. Visite-os na Heddon Street, nº 25.

LEITURAS SUGERIDAS

The London Ritz Book of Afternoon Tea, de Helen Simpson.

The Way of Tea: The Sublime Art of Oriental Tea Drinking, de Kim Chuen Lam e Kai Sin Lam.

Lugares que Cumprem o que Prometem

Todo mundo já se decepcionou com lugares muitos famosos. A Estátua da Liberdade não é tudo aquilo que os filmes mostram e a pobre esfinge de Gizé já perdeu suas feições felinas há muito tempo. Mas os lugares a seguir realmente cumprem o que prometem, até para os viajantes mais experientes.

- O Taj Mahal deve ser a maior história de amor da arquitetura. Arjumand Bann Begum era uma jovem de 19 anos tão bonita que a lua disse que se esconderia de vergonha. O futuro imperador de Mughal, Shah Jahan, logo se apaixonou por ela e fez dela sua segunda (e preferida) esposa. Eles viajaram juntos pelo país, enquanto ela ajudava os necessitados. Ela morreu tragicamente após dar à luz o décimo quarto filho do casal, mas não antes de fazer o Shah prometer que construiria um símbolo em homenagem ao amor deles. Após um ano de luto profundo, o Shah reuniu os maiores arquitetos do mundo, pedras preciosas e lápis-lazúli da Ásia, Rússia e China, e o mármore mais branco de toda a Índia. Durante os 20 anos seguintes, cerca de 20 mil pessoas trabalharam sem parar, criando uma "lágrima no limiar do tempo", nas palavras do poeta bengalês Rabindranath Tagore. Logo após o fim das obras do Taj Mahal, Shah Jahan foi deposto por um de seus filhos e aprisionado em uma fortaleza a 1,5 quilômetro de distância dali. Ele passou o resto dos seus dias admirando o tributo ao seu amor pela janela, até que seu corpo foi enterrado junto ao da mulher, em 1666.

Localizado perto das margens do Rio Yamuna, em Agra, Uttar Pradesh, o Taj Mahal fica aberto do nascer do sol até o poente. Faça sua visita no começo da semana para evitar as multidões e não tenha pressa: não importa quantas vezes você já tenha visto fotos dessa sensual construção nas aulas de geografia e em restaurantes indianos, você vai se emocionar. Dê um pulo no museu Taj para ver um retrato do "ornamento mais amado do palácio", Arjumand Bann Begum.

- A Muralha da China começou a ser construída no século 3 e dizem que ela "é tão alta porque está cheia de ossos de soldados" e "tão profunda porque foi regada com o sangue dos soldados". Com sete metros de altura e larga o suficiente para que dez soldados marchem lado a lado, ela tem o mesmo comprimento da distância entre Nova York e Los Angeles. Apesar de ter falhado em barrar os bárbaros (Gengis Khan simplesmente subornou os guardas para poder passar), a Muralha é sem dúvida um lugar incrível. Mas é importante evitar os lugares onde ela foi restaurada (tais como

Badaling e Mutianyu, perto de Beijing), porque eles são cheios de turistas, vendedores agressivos e lanchonetes de fast-food ocidentais. Em vez disso, coloque uns sanduíches na mochila (e, se tiver tempo, uma barraca) e siga para o interior para uma longa caminhada e um piquenique em uma parte mais isolada desse antigo monte de pedras. A partir de Beijing, experimente a trilha de 13 quilômetros entre Jinshanling e Simitai. Para chegar até lá, suba em um ônibus para Miyun, na estação de ônibus de Dongzhimen, depois suba em um ônibus para Gubeikou e salte em Bakeshiying. Ou se junte a uma das expedições de 11 dias "Walk the Great Wall" da Explore Worldwide, que passam por áreas bastante remotas. Quem gosta de correr pode participar da Maratona da Grande Muralha em Huangyaguan, Tianjin, que inclui subir e descer 37 mil degraus.

- Certa vez, o poeta chileno Pablo Neruda escreveu que "Machu Picchu é uma viagem à serenidade da alma, à eterna fusão com o cosmos, lá sentimos nossa própria fragilidade". Localizada 44 quilômetros a noroeste da cidade de Cuzco, no Peru, estima-se que essa "Cidade Perdida dos Incas" tenha sido construída como um retiro para a nobreza em torno do ano 1440 e permanecido desabitada até a chegada dos espanhóis, em 1532. Um historiador americano a "redescobriu" em 1911 (levando tantos artefatos para Yale que o Peru está ameaçando um processo) e, desde então, os turistas vão para lá às pencas. Suas 140 estruturas incluem templos, santuários e residências, todos construídos com pedras tão perfeitamente cortadas que não foi necessário usar argamassa para juntá-las (e, em muitos lugares, nem mesmo uma faquinha consegue penetrar entre elas). Muitos turistas fazem visitas de um dia a partir de Cuzco, mas, se tiver tempo e condicionamento físico, vale muito mais a pena subir a pé pela Trilha Inca. Dependendo do ponto de partida, a viagem pode levar de dois a quatro dias e incluir difíceis passagens por diferentes paisagens, de florestas fechadas ao topo das montanhas. Leve roupas quentes, boas botas e uma lanterna, masque folhas de coca para ganhar energia e se prepare para ter algumas visões alucinantes, como encostas de morros completamente cobertas por orquídeas selvagens em flor.

- Um monge português que visitou Angkor Wat em 1586 disse que ela "é uma construção tão extraordinária que não é possível descrevê-la com uma pena". Cinco séculos mais tarde, as palavras ainda estão valendo. A apenas alguns quilômetros ao norte de Siem Reap, no Camboja, esse lugar foi construído no século 12 como templo oficial e capital para o rei Suryavarman II. Exemplo clássico do estilo arquitetônico Khmer, tem torres em forma de botões de lótus, janelas com balaústres e muros altos cobertos de baixos-relevos. As cerca de 2 mil *devatas* — ou dançarinas celestes — são especialmente encantadoras, flertando de todos os ângulos que se olhe (exceto as da entrada sul, que mostram os dentes). Os arqueólogos ainda estão descobrindo novas partes de Angkor enterradas na floresta. Faça sua visita com uma excursão ou contrate um guia particular no lugar.

VIAGENS E PASSEIOS

A *Explore: Leading the World in Adventure Travel* oferece viagens de férias a pequenos grupos para mais de 120 países e lugares históricos ao redor do mundo.

Acesse: www.explore.co.uk

IX. Os Melhores Destinos de Todos os Tempos

San Cristobal de Las Casas, México

Escondida nas montanhas de Chiapas, no sul do México, a cidade colonial de San Cristobal de Las Casas chamou a atenção do mundo no Ano-novo de 1994, quando um exército de índios maias chamados zapatistas marcharam sobre a cidade com machados e rifles AK-47, anunciando sua revanche pelos 500 anos de exploração. O Exército mexicano rapidamente controlou o levante, mas não antes de o seu porta-voz mascarado, o subcomandante Marcos, se tornar o símbolo do movimento antiglobalização. Atualmente, San Cristobal é um centro de peregrinação para ativistas, artistas e viajantes que curtem cafés orgânicos, mercados, lojas com produtos *fair-trade* e consciência política. Não se esqueça de conhecer os seguintes lugares:

- Dizem que todo maia tem "uma biblioteca ancestral em seu coração". Mesmo os que não sabem ler são capazes de contar histórias anteriores à conquista espanhola. Em 1975, a americana Ambar Past fundou a Taller Leñateros, uma cooperativa artística dedicada à preservação da arte de encadernação maia. Dê um pulo na Flavio Paniagua, nº 54, para ver os artistas (a maioria índias) fazendo papel a partir de quase tudo: de papelão velho e folhas de palmeira a café, palha de milho e pétalas de violeta. Diários, cartões e calendários decorados com *silk-screen* estão à venda na loja anexa. Peça uma cópia de *Incantations*, a maravilhosa coletânea de orações, encantos, poemas e histórias maias traduzidos, que a cooperativa publicou em 2005. A capa tridimensional é a representação em baixo-relevo de uma máscara de Kaxail, a deusa maia da selva. Os lucros vão diretamente para a cooperativa, que apoia os 150 membros de 30 famílias locais.

- Nos últimos 45 anos, Sergio Castro (uma espécie de Madre Teresa mexicana) vem trabalhando com os índios nos mais diferentes papéis — como engenheiro sanitário, fazendeiro, professor e trabalhador da construção civil —, sempre de graça e muitas vezes arriscando sua segurança pessoal. Ao longo desse tempo, ele coletou centenas de roupas tradicionais, peças de artesanato, ferramentas e instrumentos. Todos os dias, às 18 horas, ele guia visitas à sua coleção em espanhol, inglês, francês e italiano, no Museo Trajes Regionales de Sergio Castro, na Calle Guadalupe Victoria, nº 6. A apresentação de uma hora e o *slide show* são gratuitos, mas eventuais doações vão para o seu trabalho no tratamento de queimaduras na região rural (os índios de Chiapas mantém o fogo sempre acesso em suas minúsculas cabanas, e crianças pequenas, homens bêbados e pessoas com ataques epiléticos sempre acabam caindo no fogo). Os visitantes também podem doar medicamentos, como bandagens e unguentos.

- A Madre Tierra, na Avenida Insurgentes, nº 19, tem de tudo: uma casa noturna com apresentações ao vivo de ska mexicano e reggae que vão até o amanhecer, um excelente restaurante vegetariano, uma padaria especializada em doces e pães integrais, uma agência de viagens e um cinema com exibições noturnas de documentários de orientação zapatistas e os últimos lançamentos do cinema mexicano. Outro centro bacana é o La Casa de Luna Cresciente, um restaurante e livraria administrados por um grupo de artistas mexicanas, cujas obras enfeitam as paredes. A comida é orgânica, deliciosa e barata (3,50 dólares por uma sopa, um prato principal, um suco feito na hora e uma sobremesa). Encontre-as no quintal da Chiapa de Corzo, nº 19.

- Antes de partir de Chiapas, explore a cidade primitiva maia de Pelenque, localizada em uma magnífica floresta habitada por bugios. As agências de viagem em San Cristobal oferecem passeios de um dia para as ruínas, que incluem paradas nas cachoeiras de Misol-Ha e Agua Azul. Peça os detalhes na Zapata Tours, na Madre Tierra.

SITE RECOMENDADO

www.tallerlenateros.com

Kerala, Índia

No precioso coração da Índia, Kerala é a joia que mais brilha. É o Estado mais progressista do país, com altas taxas de alfabetização e expectativa de vida maior que a dos Estados Unidos. Antiga sociedade matriarcal, suas mulheres são completamente emancipadas, em parte graças a determinadas líderes comunitárias, como Mary Roy, que lutou com sucesso contra leis antiquadas que negavam às mulheres o direito de herdar as propriedades dos pais, e sua famosa filha ativista, Arundhati (autora de *O Deus das Pequenas Coisas*). Em 1975, Kerala se tornou o primeiro Estado a eleger líderes marxistas democraticamente, e continua a ser o único lugar no mundo em que comunistas adoram Krishna, Cristo, Alá e uma variedade de Boddhisatvas, lado a lado e em hamornia.

Kerala também é linda. Cocos, jacas, mangas e bananas crescem selvagens ali, assim como especiarias tais como canela, noz-moscada e cravo. Sua costa é pontilhada de praias, mas apenas os ocidentais passam muito tempo ali, comendo saladas e bebendo cerveja. Indianos e viajantes experientes vão para as represas naturais, uma rede de canais que ligam três grandes rios, 44 rios menores, incontáveis riachos e lagoas. É possível alugar uma antiga *kettuvallam*, ou casa-barco, totalmente construída com tábuas de jaqueira unidas com cordas de palha de coco. Embarcações desse tipo já foram usadas para transportar arroz e especiarias, mas agora têm quartos, banheiros modernos, salas de estar e cozinhas bem abastecidas, de onde saem frutos do mar fresquinhos e *curries* de coco. Passe um dia ou dois ao sabor dessas águas tranquilas salpicadas por junco africano. Baunilha, nozes de betel, bosques de cacau, campos de arroz, plantações de chá e vilas rurais vão passar lentamente por você, enquanto garças, martins-pescadores e pipas bramanesas voarão sobre sua cabeça.

Se quiser ter uma experiência transcendente, peça ao capitão da sua *kettuvallam* para atracar na Missão Matha Amritanandamayi, em Amritapuri. Construída em uma vila de pescadores, esse *ashram* considera-se o centro de uma "revolução espiritual silenciosa". No leme está Amma, uma guru conhecida como a Mãe do Abraço, já que ela diz ter fisicamente abraçado mais de 24 milhões de pessoas nos últimos 30 anos. "Eu estava cética na primeira vez, tudo parecia um culto com todo mundo usando roupões brancos e descalços, e minha contagem de abraços passou de 1.000", diz Sonya Tsuchigane, atriz de Nova York. "Mas Amma é o mais perto do amor incondicional que eu já estive. Sua energia chega até aquele buraco que todos temos dentro de nós e o enche de amor e luz." Amma passa grande parte do ano viajando, então cheque a agenda dela para ter certeza de que ela estará lá (apesar de que seu *ashram* merece uma visita mesmo assim).

Kerala também é o berço da *ayurveda*, o estudo de como prolongar a vida por meio da medicina homeopática e de massagens. Um tratamento especialmente rejuvenescedor inclui ficar completamente nua e deitar-se em uma tábua de madeira, enquanto dois terapeutas derramam óleo quente por todo o seu corpo e o esfregam com golpes para quebrar suas toxinas e eliminar todos os desequilíbrios. Podem-se encontrar clínicas em praticamente todas as esquinas de Kerala, mas, para um tratamento de luxo, experimente o Coconut Lagoon Resort, nas represas.

SITES RECOMENDADOS

www.amritapuri.org

www.asiatravel.com/india/hotels/kerala/cocolagoon/index.html

Suécia

Qual é o melhor lugar para ser mulher? Bem, de acordo com estudos das Nações Unidas e do Fórum Econômico Mundial, é a Suécia. Esse país nórdico está no topo do *ranking* dos países com mulheres que têm um diploma universitário, seguem uma carreira e conquistam cargos públicos. Mães (e pais) suecos podem tirar até 18 meses de licença-maternidade, as creches são subsidiadas e dizem que os homens suecos são os que mais ajudam. O país também vive de acordo com uma filosofia chamada "Allemansratten", que permite que os cidadãos montem suas barracas onde quiserem, sem medo de violar os direitos de propriedade.

"Isso contribuiu de modo significativo para alimentar a relação especial que os suecos têm com a natureza, o carinho e o amor que têm por sua terra natal", diz Anna-Karin Jatfors, uma sueca que agora vive na Indonésia. "É por isso que ficamos com os olhos brilhando e tão patrióticos quando falamos sobre nosso país!"

Alguns suecos dizem que eles têm apenas duas cidades — Estocolmo e Göteburg — e que o resto são vilas que variam de tamanho. Estes são alguns dos pontos altos:

- Todo mês de novembro, desde 1990, artistas internacionais e engenheiros se reúnem em Jukkasjarvi,

Norrland, para construir um luxuoso hotel todo em neve — 4 mil toneladas, para ser mais exata. Nos quatros meses antes de ele derreter, cerca de 15 mil hóspedes pagam entre 400 e 800 dólares para dormir nessa maravilha da engenhosidade humana. Além de ele possuir cerca de 100 quartos e suítes — alguns decorados com castelos, bandos de pinguins, pilhas de ossos de mamute ou esculturas em tamanho natural dos Beatles esculpidas em gelo —, há galerias de arte, um cinema, uma capela e o Ice Globe Theatre, com 400 lugares, que apresenta shows de mágica e música, além de peças de teatro (os espectadores recebem capas isolantes para se manter aquecidos). As horas com luz do sol são gastas em *snow mobiling*, trenós puxados por cães, pescaria, *ski cross-country* e em aulas para aprender a esculpir suas próprias esculturas de gelo. Safáris para ver renas também podem ser organizados, assim como visitas a comunidades nômades de pastores de renas, conhecidos como Sami. No fim da noite, deite em um bloco de gelo que serve de cama coberta com pele de rena e um saco de dormir de alta tecnologia (não beba muito antes de dormir: levantar no meio da noite para ir ao banheiro é um sacrifício). O Hotel de Gelo fica a cerca de 200 quilômetros ao norte do Círculo Polar Ártico. Se você tiver 700 dólares sobrando, chame um trenó puxado por cães para buscá-la no aeroporto. Guarde qualquer coisa que possa congelar (como câmeras e iPods) nos *lockers* da recepção. Se o frio for insuportável ou demais para seu bolso, acomodações aquecidas são oferecidas em hotéis ou cabanas próximos.

- Se temperaturas abaixo de zero são tediosas, vá no fim de junho, quando os suecos vão em massa para o interior para celebrar o "Midsummer". Amigos e famílias decoram enormes mastros com flores e vegetação e passam a noite (e o começo da manhã) cantando, dançando e girando em torno dele, parando de vez em quando para as brincadeiras e os jogos. Há o arremesso de botas e ovos e corridas de revezamento em que as equipes competem para ver quem consegue criar a corda de roupa mais comprida, usando para isso as próprias roupas. Entre as comidas tradicionais estão picles de arenque e as primeiras batatas e morangos da estação, tudo acompanhado com bastante *aquavit* (potente bebida destilada de batata ou de grãos, como a vodca). O Midsummer também tem suas conotações místicas. Dizem que as flores silvestres adquirem poderes especiais à meia-noite e as garotas colocam sete tipos diferentes de flores sob os travesseiros, para sonhar com seus futuros parceiros.

  A melhor maneira de curtir o Midsummer é com amigos suecos, mas, se você é novo no país, viaje para Leksand, a aproximadamente 240 quilômetros a noroeste de Estocolmo. Localizada na região de Dalarna — o coração folclórico do país —, Leksand tem as celebrações mais animadas, com cerimônias de levantamento de mastros acontecendo durante todo o fim de semana. As noites de sexta-feira são as mais lotadas, quando pessoas em roupas típicas navegam rio abaixo em canoas, abanando suas guirlandas. Depois, todos seguem para o anfiteatro, onde tocam violino e dançam a noite toda.

SITE RECOMENDADO

www.icehotel.com

Austin, Texas

Não importa qual seja a sua origem, ela vai parecer muito menos divertida após uma temporada nessa grande cidade/cidade universitária. Austin é o tipo de lugar onde apenas dois tipos de calçado são necessários: chinelos de dedos e botas de caubói. Só não se esqueça de que tudo é maior (para não dizer melhor) no Texas: a margarita que você pedir no Baby Acapulco's será do tamanho da sua cabeça e o prato de enchiladas de frango do Chuy's terá a largura do seu tronco.

Ela não é chamada de Capital Mundial da Música ao Vivo por acaso. Cerca de 150 espaços para apresentações ao vivo — desde o Aeroporto, passando pela Sixth Street, até os lendários Limites da Cidade de Austin — ressoam o som de Austin (uma mistura especial de country, rock, blues e jazz, com uma batida latina e um ritmo country) todas as noites. Junte-se às musas sobrevoando o antigo posto de gasolina transformado em bar, onde certa vez Janis Joplin fez uma jam session na Threadgills, na North Lamar Boulevard, nº 6.416 (e peça filé de frango frito ao molho quando estiver lá). Depois, siga para o Continental Club, na South Congress Avenue, nº 1.315, em qualquer terça-feira às 19 horas, para uma performance de uma hora de Toni Price, que a Rádio Pública Nacional americana certa vez descreveu como "algo como um revival sagrado, uma corrida de Harley, um concerto do Phish e uma festa de casamento apalache". Outras cantoras locais imperdíveis são Christina Marrs, Patrice Pike e Tish Hinojosa. Em março, a cidade abriga o South by Southwest Music Conference, que conta com mais de 1.500 shows de estrelas como Lucinda Williams e Dixie Chicks.

É verdade que os artistas rumam para Austin como abelhas atrás do mel. Uma das primeiras estrangeiras foi a extravagante escultora Elisabet Ney, que chocou os habitantes da cidade usando uma bata que quase não cobria os joelhos, no fim do século 19. Ela também disse coisas como "Mulheres são bobas... por se preocuparem com o serviço doméstico. Olhe para mim. Durmo em uma rede, que não precisa ser arrumada todas as manhãs; meu café da manhã é um ovo cru que como direto da casca; faço limonada em uma jarra e daí enxáguo a jarra — e minhas tarefas domésticas do dia acabaram!". Visite seu estúdio na East 44th Street, nº 304, depois siga para o Women & Their Work, na Lavaca Street, nº 1.710. Essa galeria organiza cinquenta eventos por ano, que incluem cinema, música, dança e artes visuais; e recentemente apresentou artistas como Tina Medina, Liliana Wilson e Angela Fraleigh.

Enquanto estiver passeando por essa animada cidade, notará adesivos nos carros com os dizeres "Keep Austin Weird" (Mantenha Austin Esquisita). Esse não é apenas um clamor nostálgico pelo retorno a uma Austin anterior (e melhor) aos dias da internet, mas um tributo aos infinitos hábitos extravagantes da cidade, como a Festa de Aniversário do Bisonho. Essa festa acontece todo mês de abril, no Pease Park, quando milhares de pessoas fantasiadas desfilam atrás da Rainha Hippie, dançam descalças em círculos comunitários de percussão e comem bolo de aniversário em homenagem ao melancólico amigo do ursinho Pooh. Em dezembro, vá até a 37th Street para uma celebração de inverno que só pode ser descrita como anárquica, com metros e metros de luzinhas de natal enrolados em qualquer objeto inanimado disponível, desde latas de lixo passando por poltronas e carros velhos. Um grande vulcão de luz verde cospe lava vermelha; sereias Barbie atiram marinheiros Ken nas mandíbulas de criaturas marinhas; e imagens nada lisonjeiras de políticos são colocadas em posições comprometedoras. Ainda tem os morcegos — 1,5 milhão segundo a última contagem — que vivem sob a ponte na Ann W. Richards Congress Avenue. Multidões se reúnem para assistir-lhes saindo em debandada, um processo que pode levar até 45 minutos. A melhor época do ano para visitas é em agosto, quando as mães levam os filhotes para passear, ou em setembro, quando os moradores da cidade organizam a Batfest, com artesanato, música ao vivo e observação de morcegos (se quiser sentar muito perto, traga um guarda-chuva!). Ligue para a Bat Hotline para ter mais detalhes: 512-416-5700, ramal 3636.

SITE RECOMENDADO

www.sxsw.com

Berlim, Alemanha

O que poderia ser melhor que Berlim? Ela é profundamente cosmopolita (um em cada 7,5 habitantes é imigrante). A população se preocupa com o meio ambiente (centros de reciclagem estão em todos os bairros; os consumidores trazem suas próprias sacolas de pano para fazer compras; o ciclismo é tão bem aceito como meio de transporte que tem suas vias e faróis exclusivos). A cidade promove grandes festas (uma vez por ano, dezenas de milhares de pessoas cobrem as ruas para a maior parada techno do mundo — a Love Parade — assim como sua opositora antiglobalização, a Fuck Parade). E ela presta homenagem a suas mulheres nos seguintes lugares:

- A arte corre nas veias de Berlim. Não apenas as ruínas do Muro de Berlim se transformaram em uma grande tela, mas muitas fábricas abandonadas viraram espaços culturais. No começo dos anos de 1990, *squatters* criaram a Kunsthaus Tacheles, um complexo de vários andares com estúdios, galerias, um café, um teatro, um cinema e um restaurante metido chamado Milagro. Visite o lugar na Oranienburger Strasse, nº 54-56 (pelo U-Bahn Oranienburger Tor). A Kunstwerke Berlin, na

Auguststrasse, nº 69 (S-Bahn Oranienburger Strasse), é uma velha fábrica de manteiga que foi transformada em espaço cultural sem fins lucrativos para artistas internacionais. Outro lugar interessante é a Begine, na Potsdamer Strasse, nº 139, em Schoneberg (U-Bahn Bulowstrasse), que abriga concertos, leituras e filmes feitos por e para mulheres.

- Das Verbogene Museum: Dokumentation der Kunst von Frauen, também conhecido como Museu Escondido, foi fundado por artistas e historiadoras feministas em 1986, para homenagear a arte esquecida de mulheres berlinenses do começo do século 20 que foram expulsas, exiladas ou mortas pelos nazistas. O museu, que agora é uma organização sem fins lucrativos com uma galeria, organiza regularmente exposições de arte contemporânea e histórica feitas por mulheres. Visite-as na Schüterstrasse, nº 70 (S-Bahn Savigny Platz).

- Se você for ao Museu Escondido, certamente vai se apaixonar pela artista Käthe Kollwitz, que tem um museu só para ela na Fasanenstrasse, nº 24 (U-Bahn Uhlandstrasse). Buscando inspiração no trabalho do marido (um médico que atendia em domicílio, em cortiços) e nas mortes do filho na Primeira Guerra e do neto na Segunda Guerra, muito do trabalho de Kollwitz é impregnado de realismo socialista. Ela é mais conhecida por sua série de litografias antifome chamada *Pão* e por uma série de xilografias chamada *Guerra*, mas se superou em muitas outras expressões, como escultura, desenho e artes gráficas.

- Marlene Dietrich — ou Anjo Azul — também é de Berlim. Essa loira surpreendente foi indicada ao Oscar por seu papel em *Marrocos* e aperfeiçoou sua *femme fatale* em clássicos como *A Imperatriz Galante* e *O Expresso de Shangai*. Ela se tornou cidadã americana em 1937, levantou fundos para a guerra, animou as tropas americanas e aliadas e gravou músicas contra o nazismo (em alemão). Apesar de sua "falta de lealdade", Hitler continuou a ser seu fã incondicional e, aparentemente, ofereceu a Marlene uma quantia enorme de dinheiro para ela voltar para casa. Ela respondeu que só voltaria se seus amigos judeus também pudessem voltar. Quando finalmente voltou, na década de 1960, protestantes atiraram tomates e ovos contra ela, ao que revidou: "Eu acho que eles têm um sentimento de amor e ódio por mim". Marlene está enterrada na Stubenrauchstrasse, nº 43-45, no Cemitério Friedenau (U-Bahn Friedrich-Wilhelm-Platz). Seu túmulo é simples e tem os dizeres: "Aqui estou no marco dos meus dias". Para dar uma olhada em suas roupas extravagantes, fotos e objetos pessoais, visite o Filmmuseum Berlin, na Potsdamer Strasser, nº 2 (U/S-Bahn Potsdamer Strasse).

SITE RECOMENDADO

www.tacheles.de

Vietnã

Uma selvagem confluência de mansões coloniais francesas, templos budistas, *kitsch* comunista e campos de arroz, o Vietnã intoxica e revigora. Levante com o sol para desfrutar das primeiras imagens do dia, como os idosos praticando *tai chi* sob as tamareiras; os comerciantes colocando as cadeiras de pernas altas nas calçadas; as mulheres em *ao dai* de seda branca, luvas até o cotovelo e óculos escuros, atravessando o trânsito em motocicletas; o bando de crianças indo para a escolha e gritando: "Oi!".

Então, vá à rua para o seguinte:

- Em Saigon/Ho Chi Minh, faça sua primeira parada no Museu das Mulheres Nam Bo, onde estão expostos por três andares os atos heroicos de vietnamitas ao longo das muitas guerras que o país enfrentou durante o século 20 (contra a França, o Japão, os Estados Unidos, a China e o Camboja). Aqui também há uma galeria de moda com roupas de diferentes regiões e épocas, acompanhadas de acessórios, na Rua Vo Thi Sau nº 202, no distrito 3. Então se prepare para o Museu das Reminiscências de Guerra, na Rua Vo Van Tan. Construído em 1975, o museu documenta meticulosamente as atrocidades cometidas pelas tropas americanas durante a Guerra do Vietnã. Entre os tanques, helicópteros, lançadores de granadas e câmaras de tortura ficam manequins de soldados altos e loiros fumando cigarros, enquanto atiram com suas M16. Uma vitrine, porém, contém sete medalhas — incluindo a *Purple Heart* — com os dizeres: "Para o povo do Vietnã: Eu estava errado. Me desculpe". É uma experiência angustiante, mas obrigatória.

- A mitologia nacional do Vietnã gira em torno de uma impressionante jovem chamada Thúy Kieu, ou "Caminhante das Águas". Exemplo de piedade filial, ela se torna prostituta para salvar o pai e o irmão da prisão. Mas há salvação: mais tarde ela se casa com um rebelde e conquista grande parte do país. Se você chegar durante o Tet, o Ano-novo lunar, participe da tradição vietnamita de predizer o futuro, fazendo uma pergunta, fechando os olhos e abrindo o livro com a história da vida dela. Dizem que o verso que o seu dedo apontar contará o que está para acontecer.

- Não se surpreenda se você estender sua viagem para a culinária. Entre as especialidades estão o *pho*, sopa de macarrão com carne ou frango com muito coentro; o *bahn mi thit*, baguete com patê, carne de porco, picles, nabo, cenoura e pepino; e *báhn chung*, arroz glutinoso recheado com feijões-verdes, carne de porco e gergelim preto e cozido no vapor, em uma folha de bananeira. Para experimentar uma refeição memorável em Hanói, tente o Koto, na Rua Va Mieu, nº 61, no distrito de Dong Da. Quase todos os funcionários do Koto são ex-crianças de rua que podem preparar desde refogados e ensopados vietnamitas a sanduíches, massas e saladas ao estilo europeu em uma ONG australiana chamada Street Voices. Qualquer que seja a sua escolha, termine com um *ca phe sua nong*, um café em estilo francês, servido quente em uma xícara com uma boa dose de leite condensado. Um desses vai deixar você ligada durante metade do dia: para diminuir a potência, peça um gelado, ou *ca phe sua da*.

- Cada centímetro do interior do Vietnã tem suas maravilhas: florestas, picos de montanhas, rios turbulentos, campos de arroz repletos de búfalos. A partir de Hanói, siga para a província de Ninh Binh, onde a antiga capital real de Hoa Lu oferece templos e santuários decadentes, além das ruínas do palácio da dinastia Dinh. Habitantes dos vilarejos terão prazer em levá-la em canoas pelos campos de arroz e formações de calcário para ver Tam Coc, ou as Três Cavernas. Pergunte sobre as lendas locais; eles são grandes contadores de história.

LEITURA SUGERIDA

Hitchhiking Vietnam, de Karin Muller.

Islândia

Por que a Islândia? Porque você pode pegar um ônibus direto do aeroporto até uma piscina geotermal. Porque suas paisagens são tão inóspitas que os astronautas da Nasa treinaram ali antes de ir caminhar na Lua. Porque o povo fala a língua dos vikings e acredita em duendes, incluindo a Björk. Ainda não está convencida? Então vamos começar com Reykjavik.

Assim como a maioria das grandes cidades, a capital da Islândia nunca para — principalmente no verão, quando o sol brilha quase o tempo todo. Sessenta e dois por cento da população vive em casas de madeira com telhados coloridos, e o centro da cidade é repleto de cafés, livrarias, museus e galerias. Pode ser uma boa ideia investir em um passeio turístico de um, dois ou três dias, que inclui entrada para a maioria das atrações, além do direito de viajar livremente nos ônibus da cidade e de mergulhos nas piscinas termais. Não perca o *Volcano Show* no Red Rock Cinema, na Hellusund, nº 6A, que oferece imagens chocantes de casas inteiras sendo engolidas pela lava. Pare na Harbor House, na Tryggvagata, nº 17, para ver as pinturas do famoso artista islandês contemporâneo, Erro, e dê um pulo nas lojas para comprar uma maravilhosa blusa de lã. Nos fins de semana, confira as barganhas do mercado de pulgas de Kolaportid, perto do porto em Geirsgata. Os fãs de Björk devem ir ao Japis, na Laugavegur, nº 13, para ver uma retrospectiva de toda a sua carreira, organizada em caixinhas de CD. Para dar uma olhada nas partes íntimas de todos os mamíferos da ilha, visite o Museu Fálico da Islândia, na Laugavegur, nº 24. A certa altura do dia, jogue-se em um buraco cheio de água. Há nada mais do que 16, apenas na região Reykjavik, incluindo a famosa Lagoa Azul, uma piscina geotermal de água quente, com 5 mil metros quadrados — a 45 minutos de ônibus. Dizem que as águas dali são esfoliantes e revigorantes, e são cercadas por lindos cenários de lava endurecida.

Os bons de garfo vão se deliciar com as opções para o jantar: de tudo, desde linguado e dourado com bacon, alcaparras e folhas de *shiso*, até bacalhau salgado com alcachofras e molho de tomate com lagosta. Se estiver farta de frutos do mar, experimente carne de cavalo, rena ou um cachorro-quente completo. Se quiser uma iguaria feita de leite, experimente o *skyr* — uma espécie de iogurte com textura cremosa trazido à Islândia pelos vikings há mais de 1.000 anos. Tradicionalmente ele é comido com leite ou nata e um pouco de açúcar e pode ser encontrado nos supermercados em todos os sabores possíveis.

A essa altura a noite já deve estar caindo, se já não for outro dia. Se estiver em cartaz, assista "à *Saga de Guðriður*", o show de uma mulher só a respeito de uma obscura lenda viking, que estava sendo apresentado no teatro Skemmtihúsið, na Laufásvegur, nº 22, por anos a fio. Se não, aventure-se em um *runtur*, ou peregrinação de bar em bar. Às sextas e aos sábados, os bares começam a encher por volta das 23 h e só começam a esvaziar às 3 horas da madrugada (ou mais). Cerveja com um pouco de vodca é a melhor pedida, e as torneiras enchem os copos rapidinho.

Durma até acabar com a ressaca antes de explorar o interior do país pegando a Rota 1 a sudeste de Reykjavik, em direção a Hveragerdi, ou Jardim das Fontes Quentes. Atrás dela há um vale cheio de piscinas de lama, fontes de vapor, fumarolas e fontes de água quente, mas a atração principal é o Gryla, um gêiser de 12 metros de altura que tem erupções várias vezes ao dia (ele recebe o nome da malvada mãe do maquiavélico Jolasveinarn, ou garoto do Natal, que dá muito trabalho nessa época do ano). Você também pode fazer excursões montada em cavalos, que duram de algumas horas a oito ou nove dias. Enquanto estiver passeando pela Terra do Fogo e do Gelo, lembre-se de que, a partir de certo ponto, os mapas deixam de ser exatos e as bússolas falham devido às anomalias magnéticas. Alugue um carro e traga uma amiga com ótimo senso de direção.

SITE RECOMENDADO

www.eldhestar.is

Califórnia

A Califórnia não foi feita para indecisos. Todas as manhãs você vai acordar atarantada com tantas opções: *huevos rancheros* ou *dim sum*? As vinículas, as montanhas, o deserto ou a praia? Eu deveria passar o dia surfando, escalando ou andando de bicicleta? Fazendo compras, na balada ou observando celebridades? Não importa quão forte seja seu desejo de viajar, com certeza você vai satisfazê-lo aqui, no que pode ser considerado um dos maiores destinos dos Estados Unidos.

- Vamos começar com os parques nacionais. Yosemite. Sequoia. Kings Canyon. Channel Islands. Death Valley. Se só tiver tempo para um, escolha o Joshua Tree, pela simples razão de que ele tem a melhor trilha sonora (o álbum do U2 de 1987). Aqui o Deserto do Colorado se choca com o Deserto de Mojave, explodindo em arbustos de *chaparral*, *ocotillos*, cactos e oásis com palmeiras, além das árvores que dão nome ao parque. Não há duas Joshua Tree — espécie de cactus — iguais, elas lembram retratos tortos de família. Para chegar aqui a partir de Los Angeles, coloque botas de escalada, muita água na mochila e dirija por 225 quilômetros em direção a leste.

- Para outra excursão arbórea, aventure-se pelos penhascos costeiros do norte da Califórnia, onde sequoias com 1.000 anos de idade chegam às nuvens. Em 1997, ali na Headwaters Forest, uma mulher de 23 anos chamada Julia Butterfly Hill escalou uma árvore chamada "Luna" para protestar contra as instalações e a devastação promovida pela Pacific Lumber Company. Ela só desceu depois de 738 dias, durante os quais se tornou importante voz dos movimentos ambientalistas.

- Para apreciar as fenomenais paisagens californianas em sua totalidade, percorra a State Route I (também conhecida como Highway I) com o teto solar aberto e com a música no último volume. Essa estrada de quase 900 quilômetros de extensão acompanha a acidentada costa desde San Juan Capistrano até Leggett, passando por Orange County, Los Angeles, Santa Cruz e São Francisco. A região de Big Sur é a parte mais popular, com vistas do Pacífico de tirar o folêgo a cada curva.
  "Minhas amigas e eu dirigimos pela costa quando temos qualquer problema na vida, no trabalho, com os homens etc. Você pode encostar o carro e dar um pulo em uma praia ou em um café charmoso na Half Moon Bay, ou pode apenas dirigir", diz Neda Farzan, que certa vez participou de uma travessia de 40 mil quilômetros pelo país, como

historiadora para o documentário *The Odyssey: U.S. Trek*. "Para uma californiana, isso também é um rito de passagem. Levei minha prima para dar uma volta na Highway I quando ela fez 17 anos, para que soubesse que a liberdade da estrada está aqui para quem quiser."

- Há uma infinidade de maneiras de passar o dia em São Francisco: empanturrando-se de pães na Boudin's, passeando pela Golden Gate ou subindo e descendo de bondes aleatórios. Mas não perca o distrito de Mission, lar da cena artística e da comunidade latina (confira os murais na Balmy Alley e na Clarion Alley). Na Bi-Rite, devore algumas delícias orgânicas cultivadas na região; fica na 18th Street, entre Dolores e Guerrero — ou um *burrito* em qualquer parte da Mission Street —, e siga para as lojas descoladas.

Está querendo reacender sua vida sexual ou melhorar suas técnicas de "amor-próprio"? Dê um pulo na Good Vibrations, na Valencia Street, nº 603, na 17th Street. Aberta pela terapeuta sexual pioneira Joani Blank em 1977, essa loja de propriedade de uma cooperativa vende novidades como o "Nosso Primeiro Kit de *Bondage*", além de produtos luxuosos como o Yva, um vibrador/obra de arte à prova d'água, com design ergonômico e feito de ouro 18 quilates que custa 1.500 dólares, com até sete horas de autonomia. Caminhe mais alguns blocos até a Valencia Street, nº 826, para se abastecer de lupas, tapa-olhos ou mensagens em garrafas. Isso mesmo: o autor Dave Eggers (de *Uma Comovente Obra de Espantoso Talento*) abriu uma escola de literatura para escritores entre 8 e 18 anos, que também funciona como uma loja de artigos de pirata. Tome coragem e compre uma edição limitada que custa 100 dólares e inclui uma lupa; todos os lucros são revertidos para as crianças.

Certamente agora você está com vontade de fazer uma nova tatuagem — e sorte sua, pois a Black & Blue Tattoo está logo ali, na esquina da Guerrero Street, nº 381, com a 14th Street. Proprietárias e funcionárias são todas mulheres e esse estúdio ganhou o prêmio de "Melhor da Baía" pelos leitores do *Guardian* em 2005. Se você tem medo de agulhas, siga para o *osento* exclusivo para mulheres, que fica na Valencia Street, nº 955. Instalado em uma casa vitoriana branca, ele oferece uma banheira de água quente a 40 °C, uma piscina de água fria para mergulhar, saunas seca e úmida e um deque de madeira. Depois pegue o BART para atravessar a baía até Oakland e ver o sol se pôr sobre o Lago Merritt, uma lagoa de água salgada e refúgio ecológico, com o perfil da cidade como pano de fundo. Sente-se em um banco e observe a vibrante variedade de pessoas: jovens afro-americanos, avós ucranianas, amantes cambojanos e famílias guatemalenses.

- Termine sua aventura pelo Estado Dourado com um tour por suas vinícolas. A Benziger Winery, em Sonoma, usa uma técnica agrícola holística chamada biodinâmica, que integra seus vinhedos com o meio ambiente ao redor. Faça um passeio de 45 minutos pela propriedade — na qual há jardins e santuários animais — em um bonde puxado por um trator, e então experimente uma taça do seu famoso Fumé Blanc. A Benziger Family Winery fica na London Ranch Road, nº1883, em Glen Ellen.

Apesar de Sonoma e Napa Valley serem as regiões vinícolas mais conhecidas, não são as únicas. Kathy Joseph abriu Fiddlehead Cellars, no condado de Santa Bárbara, para "captar a essência pura" das suas variedades de uva preferidas: Sauvignon Blanc e Pinot Noir. Ela e sua "FiddleChix" produzem agora 5 mil caixas por ano na sua "Lompoc Wine Ghetto", na East Chestnut Avenue, nº 1.597. Ligue com antecedência para marcar uma degustação. Vinte quilômetros ao norte de Fort Bragg, ao longo da costa de Mendocino, Sally Ottoson administra uma vinícula chamada Pacific Star. Aprecie uma degustação de cortesia na cave cheia de barris e depois relaxe nas mesas de piquenique ao ar livre com uma garrafa de Petite Sirah (se for a época certa, um bando de baleias-cinzentas pode passar por você). Outras vinículas de propriedade de mulheres na Califórnia incluem: Kathryn Kennedy Winery, La Sirena Wine, Tres Sabores, Selene e Lane Tanner.

Outra mulher que contribuiu para o estado das uvas californianas foi Dolores Huerta. Com Cesar Chaves, ela liderou o grande boicote às uvas na década de 1960, em uma tentativa de educar o público sobre o péssimo tratamento que os trabalhadores imigrantes recebiam e também sobre o excessivo uso de pesticidas (cofundadora do Sindicato de Trabalhadores Agrícolas, ela também criou 11 filhos, quase sempre como mãe solteira!). A Fundação Dolores Huerta ainda sai em defesa dos trabalhadores agrícolas a partir de seu quartel-general, em Bakersfield. Capte a sensação de seu legado (e de outros líderes mexicanos) passeando por San Diego's Chicano Park, onde brilhantes murais adornam os pilares que sustentam a Ponte Coronado. A comunidade latina se reúne ali todo dia 22 de abril (ou no fim de semana mais próximo), a fim de celebrar as muitas lutas para manter os tratores fora do parque.

LEITURA SUGERIDA

Legacy of Luna, de Julia Butterfly Hill.

SITES RECOMENDADOS

www.nps.gov/jotr

www.goodvibes.com

www.826valencia.org

www.blackandbluetattoo.com

www.oaklandnet.com/parks/parks/lakemerritt.asp

www.benziger.com

www.pacificstarwinery.com

www.fiddleheadcellars.com

www.doloreshuerta.org

www.chicano-park.org

Mongólia

Mongólia. A palavra em si já remete a uma paisagem inóspita e proibida — o símbolo da desolação. Ainda assim, essa "última fronteira" é repleta de rituais e tradições e cercada por uma beleza natural grandiosa. Venha para atravessar pastos salpicados de flores selvagens, montada em um pônei (ou um *yak,* ou um camelo), para meditar em templos tibetanos lamaístas escondidos, ou para flertar com lutadores com mais de 130 quilos e vestidos apenas com botas, cuecas e mangas. Venha para se banhar no legado de Gengis Khan, que criou o maior império da história no século 12, incentivando seus guerreiros a "viver da espada, não do arado", e de Mandhai-Setsen, a Rainha Sábia que reunificou sua turbulenta nação liderando tropas em batalhas no século 15. Seja qual for a razão, venha.

Aproximadamente um terço dos mongóis vive na capital, Ulan Bator — ou UB, como os estrangeiros a chamam —, que está rapidamente se tornando uma cidade cosmopolita. Em meio aos opressivos blocos de apartamentos em estilo soviético há barulhentas casas noturnas, cafés, restaurantes indianos e descolados, que vendem ligações de seus celulares por poucos *tugrik.* A cena artística de Ulan Bator também está crescendo. Visite a Galeria de Arte do Sindicato de Artistas Mongóis, no segundo andar do Centro Cultural, Avenida Chinggis, nº 1, e depois tome um chá com os artistas no café do Clube de Arte, na porta ao lado. Então, dê um pulo no Museu Choijin Lama, no primeiro andar do Marco Polo Plaza, na Galeria Red Ger no Barilagchdiinn Talbai, e na Galeria Bartsch, no Misheel Center, distrito de Khan Uul. Não importa quanto você goste de Ulan Bator, limite sua estada por lá porque o coração do país está no interior. Ache um bom guia em uma agência de viagens (melhor ainda, um estrangeiro que more por lá); faça um bom estoque de mantimentos e presentes para as famílias que vão recebê-la e reze por uma viagem segura no centro sagrado da Mongólia, o Mosteiro de Gandantegchinlen (o único mosteiro budista lamaísta a sobreviver aos expurgos comunistas). Depois, aventure-se pelas estepes.

Na Mongólia há poucas estradas e a maioria dos veículos é soviética, então use um bom sutiã esportivo (ou dois). De vez em quando, você passará por um *ovoo*, ou alta pilha de pedras, em deferência aos deuses cultuados muito antes do budismo tibetano. Junte-se ao seu motorista dando três voltas ao redor das pedras em sentido horário e acrescente um pedregulho para ter boa sorte. Então, continuem dirigindo. Depois de um bom tempo, vocês chegarão a uma pequena comunidade, onde a família que irá hospedá-la estará à sua espera. A maioria dos mongóis vive em *gers*, cabanas redondas com estrutura de madeira, cobertas com pesados tecidos brancos e que podem ser desmontadas em uma hora e transportadas em carros de boi: perfeitas para uma viagem nômade. A etiqueta *ger* deve ser seguida à risca: faça um pouco de barulho quando entrar; pise primeiro com o pé direito; se for mulher, movimente-se pelo espaço no sentido horário (em caso contrário, em sentido anti-horário) e, acima de tudo, aceite alegremente o que o anfitrião lhe oferecer, normalmente uma pequena tigela com vodca (se for uma pessoa de sorte) ou com um potente leite de égua fermentado, chamado *airag* (se for azarada). Vire a tigela sobre a cabeça como prova de que bebeu até a última gota. No verão, talvez eles ofereçam iogurte fresco. Lamba a tigela até ficar limpinha.

E aí começa a diversão! A cultura mongol gira em torno dos cavalos; muitas crianças aprendem a montar antes mesmo de aprender a andar. Seus anfitriões, ou o guia, vão levá-la para um passeio inesquecível por florestas parecidas com Sherwood, pelo Deserto de Ghobi ou pela tundra, dependendo da região em que você estiver. Se possível, planeje uma viagem para o Lago Hovsgal, um dos lagos de água doce mais profundos do mundo. Apesar de ser muito frio para nadar (a não ser que você seja russa), o lago é cercado por montanhas maravilhosas e tundra, e é o lar de ursos, alces e ibex (um tipo de cabra selvagem).

O melhor mês para visitar a Mongólia é julho — não só por causa do tempo ensolarado, mas também por causa do Naadam, um festival em estilo olímpico que dura três dias e é festejado em todos os cantos do país. No arco e flecha, as mulheres atiram 20 flechas feitas com galhos de salgueiros e penas de urubu, de uma distância de 60 metros e os homens atiram 40 flechas de uma distância de 65 metros, enquanto os juízes se posicionam em ambos os lados do alvo, cantando músicas folclóricas. Nas corridas de cavalos, 600 animais galopam pelas estepes com jóqueis de até 5 anos de idade. Os vencedores são batizados com leite de égua e homenageados com canções. E há as lutas, que dizem ter mais de 1.000 anos. Homens musculosos se agarram por horas e horas até perder as forças e cair. Os vencedores se tornam importantes figuras públicas, assim como os embaixadores em países como a França. O maior Naadam acontece em Ulan Bator, mas, para evitar os turistas, vá para as estepes. Porém, talvez você seja retirada da multidão para ajudar a cumprimentar os vencedores.

Lituânia

A resistência do povo lituano pode ser imediatamente percebida, e sua história revela o porquê. O império lituano já se estendeu do Mar Báltico ao Mar Negro, mas foi invadido pelos russos no século 19, que começaram a "russificar" o lugar, fechando universidades, abolindo códigos legais e banindo a língua. Durante as duas guerras mundiais, o império enfrentou invasões de alemães, russos e nazistas, e muito de sua população judaica foi exterminada (sobreviventes guiam visitas pelo Museu das Vítimas do Genocídio na Aukūg. nº 2, na capital, Vilna). Inacreditavelmente, durante as quatro décadas da ocupação soviética que se seguiram, os lituanos conseguiram manter sua herança cultural — mesmo correndo o risco de ser mandados para a Sibéria. E, em março de 1990, eles chocaram o mundo declarando independência. Gorbachev enviou tropas para controlar a principal torre de televisão em Vilna, mas milhares de civis desarmados as impediram e queimaram seus passaportes russos em fogueiras. Apesar de ser apenas um pouco maior que o estado da Paraíba, a Lituânia ganhou a guerra contra a Rússia e foi o primeiro satélite soviético a se libertar.

A espiritualidade do país continua onipresente. De cultura matriarcal, os lituanos cultuavam muitas entidades femininas nos tempos ancestrais, incluindo Saule (deusa do sol), Laima (do destino) e Gabija (do fogo); veja seus mosaicos dentro dos muros da Universidade de Vilna. Depois, escale a Montanha das Três Cruzes, que lembra o lugar em que as tribos pagãs crucificaram frades franciscanos séculos atrás. Os soviéticos removeram as cruzes na década de 1950, mas os habitantes da cidade arriscaram a vida, subiram morro acima e as colocaram de volta no lugar. A 160 quilômetros de Vilna, outra montanha tem sido o santuário de milhares de cruzes de vários formatos, tamanhos, desenhos e metais desde o século 14. Os soviéticos tentaram destruir o lugar três vezes, mas as cruzes sempre voltavam misteriosamente a seus lugares. A Igreja de São Pedro e São Paulo em Vilna também é uma maravilha, com 2 mil frisos brancos e cremes, com anjos, bestas e jovens escalando suas paredes e pendendo do teto, cada um simbolizando uma passagem bíblica, uma batalha ou uma alegoria diferente.

Apesar do drama histórico, o povo lituano é tranquilo e muito bem-humorado (afinal de contas, eles moram no único país que tem uma estátua do Frank Zappa. Esculpida por um artista que costumava fazer estátuas de Lênin, ela fica no jardim da Kalinausko Gatve). Multidões se reúnem para o festival popular de Skamba Skamba Kankles, durante o último fim de semana de maio, e cafés e restaurantes se expandem pelas calçadas durante o verão. O Užupio Kaviné, na Užupio 2, tem um ótimo deque com vista para o rio, que é habitado por uma sereia de prata.

Há séculos, os lituanos viajam para Druskininkai, 13 quilômetros ao sul de Vilna, para relaxar em seu sanatório. Alugue uma bicicleta e siga para as margens do Rio Nemunas, onde as pessoas se aquecem ao redor de uma fonte de água que dizem ter poderes curativos. Alguns até bebem da água, apesar de sua alta salinidade; depois, siga para os spas. O recém-reformado Druskininkü Godykla oferece banhos de lama de uma hora, enquanto o Afrodite tem sauna, banho turco e dois tipos de massagem, uma feita com mel. Termine o tratamento com um banho no Vilna Spa, famoso por ter a melhor água mineral da região.

Agora explore as paisagens lituanas. O Parque Nacional Aukstaitija, para começar, tem 650 mil quilômetros quadrados de florestas de pinheiros, mais de 100 lagos e 80 vilas históricas, algumas das quais mantêm a tradicional arquitetura em madeira (incluindo uma igreja octagonal do século 18). Para uma vista panorâmica, escale o Ladakalnis, onde os antigos pagãos faziam sacrifícios para a deusa Lada (e por uma boa razão: dizem que ela deu à luz o planeta inteiro!).

SITE RECOMENDADO

www.genocid.lt/muziejus/en

Jordânia

De seus desertos ondulados a seus templos sagrados, a Jordânia é cheia de surpresas. Onde mais você pode seguir os passos de Lawrence da Árabia pela manhã e se submeter a um tratamento de beleza digno da Cleópatra à tarde? País mais acessível do Oriente Médio, a Jordânia recebe os viajantes calorosamente, e as mulheres podem passear por lá com relativa tranquilidade.

- Comece sua jornada na capital pelo distrito artístico de Amman, que é repleto de cafés, bares e galerias. Não perca o Darat al-Funun, na Rua Nimer bin Adwan. Localizado em três prédios ao longo das ruínas de uma igreja bizantina do século 16, esse centro cultural oferece uma galeria de arte contemporânea, uma livraria e promove oficinas, exibições de filmes e performances musicais e de teatro, além de palestras com artistas e críticos árabes. Informe-se sobre os eventos literários mensais, em que poetas recitam versos sob iluminadas colunas romanas. Então dê uma volta pelas redondezas e vá atrás de tragos de cachimbos de água e xícaras de *yansoon* quente, uma bebida à base de anis, nas casas de chá. Para experimentar um *hamman* tradicional, dê um pulo no Al-Pasha, na Rua Al-Mahmoud Taha, entre 10 horas da manhã e meia-noite, para uma boa sessão de esfoliação corporal, seguida por um banho de vapor e 45 minutos de massagem. Relaxe no chique Blue Fig, na Abdoun (uma galeria, café, bar e restaurante ao som de *world music*), Books@Café na Jabam Amman, First Circle — um lugar badalado com estrangeiros e jovens jordanianos. Às sextas-feiras, siga para o Souk JARA, um mercado de pulgas a céu aberto que oferece cerâmica, artesanato e antiguidades, ao lado do showroom da Jordan River Foundation, perto do First Circle.

- Depois, vá até o Mar Morto para um tratamento de beleza e saúde com mais de 2 mil anos de idade. Localizadas a quase 400 metros abaixo do nível do mar, essas águas sagradas estão cheias de bromo, magnésio, iodo e cálcio e são consideradas tão boas para tratar asma, artrite, doenças de pele e hipertensão que os planos de saúde de alguns países europeus — como Alemanha e Áustria — cobrem longas estadas no lugar. Antes de ir, coloque na mochila um kit com sabonete, xampu, bucha e toalha e se certifique de que não tem nenhuma ferida aberta (que iria arder "pra valer" na água com alta concentração de sal). Com apenas alguns passos dentro da água, você vai sentir seus pés levitando magicamente em direção à superfície, fazendo você flutuar como uma rolha. Divirta-se dando cambalhotas, mas não engula água — apenas uma gota pode fazê-la engasgar ou até vomitar. Enxágue toda a água salgada assim que você sair e vá para uma cabana de lama, onde você paga uma pequena taxa para ter o corpo coberto de lama e cozinhar ao sol. Ir ao Mar Morto é uma fácil viagem de um dia a partir de Amman e a maioria dos hóteis e agências de viagem oferece saídas diárias.

- Apesar de ser chamada de "a cidade rosada quase tão velha quanto o tempo", na verdade Petra tem pedras de muitas cores. Os nabateus escavaram essa cidade mágica perto dos penhascos, no século 3 a.C.: templos, palácios, tumbas, salas para banquetes e até mesmo um teatro. Durante muito tempo, sua localização era ideal, espremida no cruzamento entre a Rota da Seda e a Rota das Especiarias. Mas Petra começou seu declínio durante o domínio romano e sofreu seriamente com um terremoto em 363 d.C. Por séculos, foi conhecida como a Cidade Perdida, até que um explorador suíço a redescobriu nos anos de 1800 e Harrison Ford passeou por lá nos anos de 1900 (na verdade, você vê Petra em *Indiana Jones e a Última Cruzada*). Entre por um cânion tão estreito que você quase pode tocar os dois lados ao mesmo tempo e visite os vários templos construídos em homenagem a Allat, a deusa árabe pré-islâmica (os nabateus a equiparavam com Atena).

- Mais conhecido pelos atos heroicos de Lawrence da Arábia — que ficou por ali durante a Revolução

Árabe de 1917 —, o Wadi Rum é um vale feito de arenito e granito. Os muitos moradores que habitaram a região deixaram para trás grandes templos e pinturas nas pedras — algumas delas pré-históricas. Hoje, tribos beduínas ainda vivem por lá e oferecem passeios de camelo e expedições para escalar as pedras.

SITE RECOMENDADO

www.daratalfunun.org

Canadá

Quem não ama o Canadá? Os cidadãos têm acesso a um sistema de saúde universal, a um ótimo sistema de educação pública, a programas sociais progressivos e as taxas de criminalidade são baixíssimas. Os viajantes tiram proveito de ricas paisagens com montanhas, tundras, geleiras, florestas e lagos brilhantes, além de atividades como observação de ursos-polares, focas e baleias. E, para fechar com chave de ouro, os canadenses são um povo hospitaleiro e despretensioso, que se esforça para se distinguir dos seus vizinhos do sul. Visite os seguintes lugares:

- Segunda maior cidade de língua francesa do mundo, Montreal sabe alguma coisa sobre *joie de vivre*. O Festival Internacional de Jazz de Montreal, que acontece no verão, reúne 2 milhões de espectadores para assistir a 500 shows (a maioria de graça) de mais de 2 mil músicos, incluindo Diana Krall, Norah Jones e Dee Dee Bridgewater. Cerca de 700 comediantes — como Margaret Cho e o grupo canadense de comédia Women Fully Clothed — atraem mais de 2 milhões no mês de julho para o Just for Laughs Humor Festival; e mais 2 milhões de pessoas se aglomeram ao redor da Ponte

Jacques Cartier para assistir aos fogos de artifício cuidadosamente sincronizados com os acordes da L'International des Feux Loto-Québec. Quando Montreal fica branquinha no inverno, a festa se muda para o subsolo, onde passarelas subterrâneas ligam os shoppings,cinemas e hotéis da cidade.

- Peter Ustinov resumiu da melhor maneira quando disse que Toronto é "uma Nova York administrada por suíços". Quase metade da população não nasceu ali, mas suas culturas são homenageadas e respeitadas. Toronto também é o lar de grandes museus e galerias. As viciadas em sapatos devem dar uma olhada no Bata Shoe Museum, que guarda mais de 10 mil pares — desde antigas sandálias egípcias a tamancos de madeira, além de sapatos de salto usados por damas como a princesa Diana e Elizabeth Taylor. E não se esqueça da Toronto Women's Bookstore, na Harbord Street, nº 73: um centro comunitário com mais de três décadas, essa organização sem fins lucrativos abriga oficinas de escrita, lançamentos de livros e ocasionais eventos de poesia, arte e palestras.

- Em que outro lugar do mundo além de Vancouver você pode levar apenas 15 minutos para sair de uma grande cidade e chegar a um pico cheio de neve? A Montanha Grouse oferece *snowboarding*, patinação no gelo, caminhada na neve e uma porção de lojas, bares e restaurantes. Para algo mais extravagante, inscreva-se no "Fly Dine, and Drive Package", para que um helicóptero pegue você no centro, leve-a até o alto da montanha para um jantar à luz de velas no Observatório e traga-a de volta em uma limusine. No verão de Vancouver acontecem o International Dragon Boat Festival, o The Bard on the Beach Shakespeare Festival e uma variedade de festivais de música clássica, jazz e world music; além de uma das paradas gays mais divertidas da América do Norte.

- Nenhuma aventura pelo Canadá está completa sem um passeio pelo interior. Os fãs do filme *Atanarjuat: O Corredor mais Veloz* vão curtir as áreas Inuit, como as dos Territórios do Noroeste, Nunavut, Nunavik e Labrador. Esse povo indígena viveu dos animais do ártico até a chegada de comerciantes, missionários e agências governamentais, no fim do século 19 e começo do século 20. A modernização interrompeu seus costumes tradicionais e agora muitos dependem do turismo e do artesanato para cuidar da família. A Inuit Art Foundation vende esculturas em pedra-sabão, gravuras e tecidos produzidos por essas famílias, na Merivale Road, nº 2081, em Ottawa.

SITES RECOMENDADOS

www.montrealjazzfest.com

www.hahaha.com

www.batashoemuseum.ca

www.womensbookstore.com

www.inuitart.org

Chengdu, China

Um sábio provérbio chinês aconselha: "Não visite Sichuan quando jovem". Assim que colocar os olhos em suas paisagens montanhosas e em seus templos taoístas, em sua cozinha apimentada e suas óperas ao meio-dia, você nunca mais vai querer ir embora. Eleita a "Cidade da Festa" pelo *Los Angeles Times*, Chengdu tem mais casas de chá e bares por habitante do que Xangai (que tem o dobro da população). Ainda assim, ela está fora do circuito turístico típico, o que significa menos tumulto nos seguintes lugares:

- Os sichuaneses se orgulham de dizer que sua comida queima três vezes: quando entra, no meio do caminho e na saída. Eles não estão brincando: só o fato de estar no encontro da Rua Huaxing e da Estrada Chunxi, onde começa o Chuanchuanxiang, ou a sequência de restaurantes de *hot pot*, você vai sentir os olhos lacrimejarem e o nariz escorrer. Pegue um cesto e encha-o com espetinhos: carneiro cru, peixe, frango, cogumelos, couve chinesa. Depois sente em uma mesa de *hot pot* construída em torno de um caldeirão borbulhante cheio de pimenta do reino, que antigamente era usada como analgésico (é aí que a queimação começa). Mergulhe os espetinhos e deixe-os cozinhar por bastante tempo (principalmente o frango), depois pesque com seus *chopsticks*. Se não der conta de muita pimenta, solicite um caldeirão *baiwei*, para covardes. Se não, peça bastante *pijiu*, ou cerveja. Provavelmente você vai achar o *hot pot* delicioso. Outra delícia da culinária de Sichuan é o *mapo doufu*, o tofu e a carne de porco misturados em um molho apimentado de feijão e temperados com cebolinha, cogumelho orelha-de-pau e, claro, pimenta vermelha. Segundo a lenda, Ma Po era uma velha senhora leprosa que estava em quarentena em um lugar afastado e deu abrigo a pai e filho que foram pegos por uma forte tempestade no meio da noite, além de cozinhar para eles o seu prato preferido. Apesar de eles terem ficado com medo da doença, não podiam recusar a comida e passaram a se hospedar com ela cada vez que passavam em direção à cidade. Sua reputação cresceu e a receita continua a ser a favorita de Sichuan.

- Uma das figuras históricas mais conhecidas de Sichuan é Wu Zetian, uma imperatriz que governou a dinastia Zhou entre os anos 690 e 705. Maquiavélica e linda, ela conspirou, fez esquemas e seu caminho para o trono do Dragão passou por várias camas. Quando chegou lá, ela reforçou o sistema de impostos de Sichuan para assegurar o fornecimento constante de chás e seus descendentes afirmam que a região é o berço da bebida nacional. As casas de chá proliferam por Chengdu, com senhores vestindo jaquetas à la Mao e petiscando sementes de girassol em algumas, e com homens de negócios em poderosos ternos assinando contratos em outras. Há apresentações de ópera, peças e comediantes em algumas delas (como o Teatro Jinjiang na Huaxingzheng Jie). Jogue uma partida de Mahjongg e fique com as orelhas limpas enquanto bebe xícaras de chá de jasmim na loja de chá Renmin, na Renmin Gongyuan, no Parque do Povo.

- "O caminho como pode ser expresso não é o Caminho eterno./ O nome que pode ser nomeado não é o Nome eterno." Esse é o princípio do taoísmo, uma antiga religião e filosofia que floresceu em Sichuan. Infelizmente, a maioria dos lugares sagrados foi destruída durante a Revolução Cultural, entre 1966 e 1976, e seus monges foram mandados para o exílio, mas alguns continuam por lá. À noroeste de Chengdu, seguidores acendem compridos incensos e se curvam para os espíritos em Qingyang Gong, ou Templo do Carneiro Verde. Outro lugar importante é a Montanha de Qingcheng, considerada o berço do taoísmo por alguns estudiosos. Ela oferece um ambiente tranquilo para refletir e meditar.

LEITURAS SUGERIDAS

Iron and Silk, de Mark Salzman.
A Construção de Madame Mao (Editora Rocco) e
Azaleia Vermelha (Editora Scipione), de Anchee Min.

Moçambique

Não a chamam de “Lisboa Africana” sem razão. Moçambique pode ter enfrentado de tudo nas últimas décadas, de fome causada pela seca a guerrilhas brutais e severa opressão econômica, mas agora está tendo uma recuperação promissora. Você logo vai perceber por que essa antiga colônia portuguesa está atraindo todo tipo de gente, de mochileiros a turistas de luxo:

- Comece sua jornada por Maputo, a capital. Estão entre as paradas obrigatórias a palaciana Estação dos Caminhos de Ferro (projetada pelo mesmo Eiffel que desenhou a famosa torre) e o Museu Nacional de Arte na Avenida Ho Cho Mihn, nº 1.233, que expõe artistas nacionais contemporâneos. No Mercado Municipal, na Avenida 25 de Setembro, vende-se de tudo: de temperos a peixes frescos, de castanhas-de--caju a cestos. Para conhecer um pouco da medicina tradicional, dê um pulo no Mercad Xipamanine, onde se vendem unhas e rabos de animais guardados em sacos de farinha. Os fãs de artesanato devem dar um pulo na Praça 25 de Junho nas manhãs de sábado para batiques, máscaras e sândalo. Já os interessados em história e os fãs de Che Guevara devem visitar o Museu da Revolução, que reconta — em quatro andares de fotografias granuladas e uniformes amassados — a revolta contra os portugueses e a guerra civil (preste atenção na metralhadora representada na bandeia nacional). Termine com o mural que representa a luta de Moçambique pela independência, a caminho do aeroporto, na Avenida Acordos de Lusaka (só não pise na grama: é contra a lei e você pode levar uma multa).

- A essa altura você deve estar com fome. Siga para a Feira Popular na Avenida 25 de Setembro para experimentar as diversas influências da cozinha moçambicana — do restaurante Escorpião com a tradicional comida portuguesa ao Coqueiros, com comida típica da província da Zambézia, que serve a saborosa galinha zambeziana, cozida no leite de coco. As especialidades moçambicanas incluem *curry* de siri (levemente frito e mergulhado em um molho vermelho) e *matapa* (camarões cozidos no leite de coco e servidos com amendoim, folhas e frutas). Nos fins de semana, nada supera o Costa do Sol na marginal, logo na saída da cidade. Peça um prato de camarões grelhados, como *piri-piri*, um forte molho de pimenta-malagueta, e, para acompanhar, tome uma cerveja Dois M ou uma Manica bem gelada.

- A vida noturna de Maputo vai do pôr ao nascer do sol. Perto da Feira Popular, locais e turistas se espremem em bares lotados para curtir música alta e cerveja barata. A região perto da Rua do Bagamoio também é badalada e o pessoal se aperta em casas noturnas para dançar a *passada*, uma mistura de merengue com lambada (se quiser ouvir o que a sua companhia está dizendo, vá para o tranquilo Gypsy Bar). Esteja ciente de que prostitutas e batedores de carteira também frequentam esses lugares. Em hipótese nenhuma caminhe da Feira Popular até a Rua do Bagamoio — por mais próximas que elas pareçam.

- Agora ponha o pé na estrada. Escalar e caminhar nas montanhas de Penha Longa ao longo da fronteira do Zimbábue é muito bom, mas a maioria dos turistas vai direto para o Oceano Índico. Vá nadar em torno de recifes de corais na Ponta D'ouro e você provavelmente verá tubarões-martelo, arraias, garoupas-batata e até mesmo tubarões-baleia. Mas nada supera Pemba, uma cidade costeira no extremo norte do país, onde mangues cor de esmeralda cercam ilhas de areais brancas. Por anos conhecido apenas pelos viajantes mais intrépidos, agora o lugar conta com um *resort* cinco estrelas que atrai multidões de todos os continentes. Ainda assim, é possível encontrar cafés com teto de palha que servem lagosta fresca à luz de velas e jangadas que fazem passeios ao pôr do sol para observar arraias de dois metros de comprimento e os ocasionais *dugongos*. As mulheres *macua* são famosas pela determinação e pintam o rosto negro com uma grossa pasta branca chamada *muciro*, para hidratar a pele. Compre um dos seus batiques ou das suas esculturas em ébano no mercado.

- O Arquipélago de Bazaruto é um paraíso divino de peixes florescentes, moreias e enormes mexilhões. As ilhas desse arquipélago, incluindo e Benguerra e Santa Carolina, são acessíveis a partir de Vilankulos, uma tranquila vila de pescadores na província de Inhambane. Há uma infinidade de *resorts* luxuosos, mas quem está com o orçamento apertado pode fazer um bom negócio em uma pousada chamada Baobab's, que gentilmente arranjará um passeio de barco para você.

Cidade de Nova York

Se você não conseguir ir a nenhum dos outros destinos indicados neste guia, vá para Nova York experimentar um pouco de todos. Quer tostar em uma *banya* com uma sala cheia de russas suando e garrafas de champanhe soviético pipocando? Vá ao Brighton Beach, no Brooklyn. Que tal tatuar as palmas das mãos com hena e entrar em um *sári* feito para uma princesa? Vá ao Jackson Heights, no Queens. Quer tomar umas caipirinhas e sambar um pouquinho com alguns cariocas? Vá ao Black Betty, na Metropolitan Avenue, nº 366, Williamsburg. E a gente só começou.

- Para ver algumas inspiradas obras de arte, comece pelo óbvio (o Metropolitan, na Fifth Avenue, nº 1.000, com a 82nd Street; o Museu de Arte Moderna na II West com a 53rd Street; o Guggenheim na Fifth Avenue, nº 1.071, com a 89th Street; o Whitney, na Madison Avenue, nº 945, com a 75th Street) e depois siga para Chelsea. Entre a 20th e a 26th Street e a Tenth e a Eleventh Avenues, você encontrará uma infinidade de galerias independentes. Entre as galerias de propriedade de mulheres e administradas por elas estão: a Bellwether Gallery, na Tenth

Avenue, nº 134, a Denise Bibro Fine Art Gallery, na West, nº 529, com a 20th Street, e a Barbara Gladstone Gallery, na West, nº 515, com a 24th Street. Depois, entre no trem nº 7 para a cidade de Long Island e visite a P.S. I, na Jackson Avenue, nº 22-25. Fundado durante um projeto da década de 1970 de transformar os prédios nova-iorquinos abandonados em espaços públicos, esse centro de arte contemporânea fica dentro de uma antiga escola e promove exposições de arte, exibição de filmes e shows de primeira. Finalize o dia (ou o fim de semana) com outro trem (ou dois) para dar uma olhada na coleção do El Museu del Barrio, na Fifth Avenue, nº 1.230, com a 104th Street. Fundado em 1969 por artistas e ativistas porto-riquenhos, esse é o primeiro museu latino e importante ponto de encontro para a comunidade hispânica do Harlem.

- Verão em Nova York significa festivais. Você encontrará música ao vivo, leituras, apresentações de dança, exibição de filmes e feiras de rua em praticamente todos os bairros — a maioria ao ar livre e de graça. Pegue uma cópia do *Village Voice* e comece a planejar. Os moradores de Manhattan seguem para o Central Park para o seu SummerStage festival. Entre as atrações de 2006 estavam Feist, a artista inglesa de hip-hop, Lady Sovereign, o roqueiro de blues Bonnie Raitt, a estrela da música *indie* Ani DiFranco e a finalista do prêmio Pulitzer Joan Didion. A The New York Philarmonic e a

Metropolitan Opera também oferecem apresentações noturnas gratuitas no parque; sente no fundo se quiser conversar. O Bryant Park, na 40th Street com a Sixth Avenue, tem exibições gratuitas de clássicos do cinema; os nova-iorquinos preparam elaborados piqueniques e começam chegar às 17 horas para exibições que se iniciam às 20 horas. Já os moradores do Brooklyn vão até o Prospect Park para o Celebrate Brooklyn, que nos últimos anos incluiu shows de La India, Leela James e Angelique Kidjo.

- Mas o que você quer mesmo é fazer compras? Como já disse um motorista de táxi de Nova York: “Qualquer coisa que você não conseguir achar em qualquer outro lugar do mundo, a cidade tem dois. E, se você consegue achar em outro lugar, a cidade tem cinco”. Está procurando uma gaiola de bambu para seu passarinho, um quimono de seda, um conjunto para sushi e saquê ou uma xícara quente de *oolong*? Vá ao Pearl River Market, na Broadway, nº 477. Quer aquelas sandálias que a Carrie Bradshaw namorava em *Sex and the City?* Vá à Jimmy Choo’s, na Fifth Avenue, nº 645, com a 51st Street (e, se você precisa justificar a etiqueta com o preço de 1.200 dólares, repita o lema da Bette Midler: “Dê o sapato certo para uma mulher e ela conquistará o mundo”). Quer retocar a maquiagem antes de passear pela cidade? A principal cadeia de lojas europeia, Sephora, é a resposta (com dez filiais apenas em Nova York). Está atrás de pechinchas? Não há nada melhor do que a Century 21, na Cortlandt Street, nº 21, entre a igreja e a Broadway (tenha em mente que fazer compras ali no fim de semana é uma batalha corpo a corpo). E há o paraíso das lojas de consignação — INA —, onde celebridades e editores de moda se livram de seus poucos usados casacos Marni, camisetas Prada, sapatos de salto da Manolo Blahnik e bolsas Chanel, Miu Miu, Marc Jacobs e Gucci (também é onde aconteceu a famosa "Venda de Guarda-Roupa" do *Sex and the City*, em que centenas de fãs fizeram filas de dar volta no quarteirão para comprar uma "peça de história da moda" depois que a série acabou). A maioria das roupas da INA só vai até o tamanho 38, mas há sapatos para quase todos os pés. Entre as quatro filiais, a do Soho é a melhor, na Thompson Street, nº 101 (metrô mais próximo: C ou E, em direção a Spring Street). Fique atenta para as liquidações de estação, quando os preços podem cair até 70% (o que, quando se trata de um peça usada da Barneys, ainda vai custar a você algumas centenas de dólares, mas para uma fashionista isso é uma pechincha).

- Um "lugar de descanso para indivíduos especiais", o Hotel Chelsea, na West, nº 222, com a 23rd Street, foi inaugurado em 1884 como uma cooperativa de moradia antes de se transformar em acomodação temporária, e por anos a fio atrair escritores, artistas, músicos e outras pessoas interessantes. Em algum ponto dos 11 andares repletos de quadros, Sir Arthur C. Clarke escreveu *2001: Uma Odisseia no Espaço*, o poeta Dylan Thomas "navegou para a morte", Janis Joplin teve um caso com Leonard Cohen, Arthur Miller escreveu *Depois da Queda* e Sid Vicious, do Sex Pistols, matou sua namorada, Nancy. Entre as famosas residentes estão a compositora Patti Smith, a cineasta Shirley Clarke e a comunista Elizabeth Gurley Flynn. "Este é um hotel sensível e pessoas lindas estiveram aqui."

- Não vá embora da Big Apple sem prestar homenagem a sua habitante mais famosa. Um presente dos franceses no fim do século 19, a Estátua da Liberdade segura uma tocha com a mão direita, uma pedra na outra e está em pé sobre uma corrente que simboliza a liberdade conquistada. As sete pontas de sua coroa representam os sete mares (ou continentes) e em sua placa está escrito um soneto de Emma Lazarus que começa assim: "*Me dê sua cansada, sua pobre / sua tumultuada massa que clama por respirar livre*". A partir de seu posto na boca do Rio Hudson, ela dá as boas-vindas (pelo menos em teoria) a todos os imigrantes, visitantes e americanos que chegam aos Estados Unidos. Faça uma visita apropriada pegando uma balsa no Battery Park, em Nova York, ou no Liberty State Park, em Nova Jersey, e faça o Statue of Liberty Observatory Tour ou o Promenade Tour; ambas incluem a entrada para o museu.

VIAGENS E PASSEIOS

A *Gusty Women Travel* oferece passeios "Discover New York" apenas para mulheres.
Acesse: www.gutsywomentravel.com

SITES RECOMENDADOS

www.villagevoice.com

www.summerstage.org

www.bryantpark.org

www.celebratebrooklyn.org

www.inanyc.com

www.hotelchelsea.com

www.nps.gov/stli

Sua Terra Natal

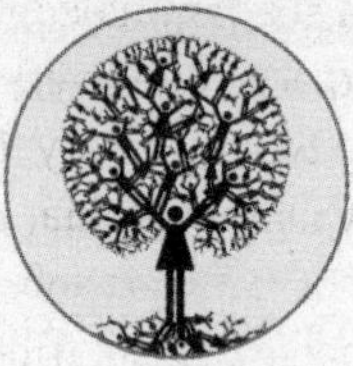

De todos os destinos destacados neste livro, nenhum tem tanto significado quanto a nossa terra natal. Em algum momento da vida, volte ao seu lugar de origem, seja ele um bairro específico, seja ele um continente inteiro, para aprender com as raízes que estão dentro de você.

Comece pesquisando um pouco. A Heritage Quest — um dos maiores provedores de dados genealógicos dos Estados Unidos — oferece um tutorial *online* chamado "Genealogy 101", com dicas sobre como desenhar uma árvore genealógica e como obter informações essenciais (como antigos registros de nascimento, morte e casamento). Eles também vendem CD-ROMS com títulos como "Seu sobrenome na América de 1870". Outra ótima fonte é a Biblioteca da História da Família, que tem mais de 340 filiais em 64 países. Fundada para ajudar os membros da Igreja de Jesus Cristo dos Santos dos Últimos Dias (também conhecidos como Mórmons) a traçar sua linhagem, essas bibliotecas também permitem que não membros pesquisem em suas enormes coleções de microfilmes. Há outras milhares de organizações dedicadas à genealogia, muitas das quais têm websites e organizam conferências anuais para que aqueles que estão em busca de suas raízes possam trocar galhos. Simplesmente digite sua raça ou grupo étnico e "Genealogical Society" no Google e veja o resultado.

Se as origens da sua família continuam a ser um mistério, siga com a informação que tiver. A Soul Planet Travel, por exemplo, oferece "Black History Tours" para a Nigéria e para a cidade de Salvador, na Bahia, que se tornou popular entre os afro-americanos curiosos sobre seu ancestrais, mas que não sabem exatamente de qual tribo eles vêm.

Até quem foi adotado pode achar um jeito de explorar suas raízes. Tome como exemplo a artista Rachel DayStar Payne, de Corpus Christi, Texas (EUA). Ela sabe apenas que seus pais biológicos frequentaram a Universidade do Texas, em Austin, em 1969, e só essa informação lhe deu um sentimento de ligação. "Sempre que encontro gente que esteve em Austin naquela época, eu tento localizar meus pais através deles", ela diz. "Essas são as minhas histórias de família — ou o mais perto que posso chegar delas. E eu adoro passear sem rumo em Austin, sabendo que eu vim daquele paraíso *hippie*, o lugar dos ideais artísticos e de vida boêmia."

Se suas pesquisas genealógicas a levarem a uma verdadeira vila ancestral, passe o maior tempo possível por lá. Pode acontecer de você esbarrar por engano com um parente distante, como ocorreu com a escritora Barbara Belejack em sua recente viagem à Eslováquia. Graças a um tio que a visitou 30 anos atrás, ela tinha uma vaga ideia da localização da vila. Com uma antiga fotografia do avô em mãos, ela bateu em uma porta aleatória. A mulher que atendeu achou que ele se parecia com um homem que morava na vila vizinha e a aconselhou a procurá-lo. Foi o que Barbara fez, e conheceu um primo em primeiro grau de seu avô. "Eu sempre achava que eu devia ter sido trocada na maternidade, porque nunca entendi minha cultura eslovaca completamente. Tentei estudar russo na faculdade, mas não fui adiante, e passei a maior parte da minha vida adulta explorando a América Latina", conta. "Mas havia uma ligação com ele. Nós passamos a tarde juntos e eu me senti como se quase tivesse voltado à cozinha dos meus avós."

Se você não conseguir localizar um membro vivo da família, procure pelo historiador local (ou o habitante mais antigo) para ver se ele sabe alguma coisa sobre o seu sobrenome. Peça cópias dos certificados de nascimento, casamento ou morte relevantes no cartório; tire o decalque das tumbas com o seu sobrenome no cemitério local; encha uma garrafa com terra. Acima de tudo, fale com a velha-guarda, para ter a versão de "histórias de família".

Pelo menos você vai ter a satisfação de assistir ao mesmo pôr do sol que seus ancestrais assistiram e de ter a mesma poeira nos sapatos.

Viagens e passeios para mulheres

A Broad Adventure
www.abroadadventure.com

Adventure Associates
www.adventureassociates.net

Adventures in Good Company
www.adventuresingoodcom-pany.com

Adventures in New Zealand for Women
www.driftwooddreamers.com

Adventures in Perspective
www.livingadventure.com

AdventureWomen
www.adventurewomen.com

Adventurous Wench
www.adventurouswench.com

American Woman Road & Travel
www.roadandtravel.com

Armstrong & Hedges
www.teagardentravel.com

Artista
www.artistacreative.com

The Association of Women Travel Executives, Londres
www.awte.org.uk

Astra
www.astragreece.com

Azores Walks
www.azoreswalks.com

Bev Gruber's Everyday Gourmet Traveler
www.gourmetravel.com

Blue Moon Explorations
http://home.cio.net/bluemoon

Broad Horizons
www.broadhorizonsnetwork.com

Bushwise Women
www.bushwise.co.nz

Call of the Wild
www.callwild.com

Canadian Woman Traveller
www.cwtraveller.ca

Canyon Calling Tours
www.canyoncalling.com

Caribbean Bike & Adventure Tours
www.caribbeanbiketours.com

Cloud Canyon Expeditions
www.cloudcanyon.com

Costa Rican Luxury Vacation
www.vacationscostarica.com

Country Walkers
www.countrywalker.com

Destinations Europe
www.womens-tours.com

Diva Expeditions
www.divaexpeditions.com

EarthWise Journeys
http://home.teleport.com/~earthwyz/

Ela Brasil Tours
www.elabrasil.com

Elderhostel
www.elderhostel.org

Equinox Wilderness Expeditions
www.equinoxexpeditions.com

Eurynome Journeys of Leisure Markets: Travel Adventures for Women
www.wanderwoman.com

Explorations in Travel
www.exploretravel.com

Fresh Tracks
www.freshtracks.ca

GATE
www.gate-travel.org

Global Fitness Adventures
www.globalfitnessadventures.com

Go-Outdoors
www.go-outdoors.ca

GORP Travel
www.gorptravel.com

Grape Adventures
www.grapeadventures.com

Gutsy Gals Travel
www.gutsygalstravel.com

Gutsy Women Travel
www.gutsywomentravel.com

High Wild & Lonesome
www.hwl.net

The Historic Pines Ranch
www.historicpines.com

Holiday Expeditions
www.bikeraft.com

Il Chiostro
www.ilchiostro.com

Journey Weavers Educational Travel
www.journeyweavers.com

Journeys International
www.journeys-intl.com

Journeys of the Spirit
www.journeysofthespirit.com

Inspiring Ireland
www.inspiringireland.com

Las Olas
www.surflasolas.com

Loners on Wheels
www.lonersonwheels.com

Mama Tembo Tours
www.mamatembotours.com

Mariah Wilderness Expeditions
www.mariahwomen.com

Mind Over Mountains
www.mindovermountains.com

Mountain Spirit Adventures
www.mountainspiritadventures.com

Newage Travel
www.newage-travel.com

Olivia Cruises & Resorts
www.olivia.com

Ontdek Kenya
www.ontdekkenya.com

PanTours of Australasia
www.pantoursindia.com

Paris du Jour
www.parisdujour.com

Phyllis Trips
www.phyllistrips.com

RVing Women
www.rvingwomen.org

Sacred Earth Journeys
www.sacredearthjourneys.ca

Sacred Journeys for Women
www.sacred-journeys.com

Sacred Sites Tours
www.sacredsitestours.com

Seagypsy
www.seagypsysailing.com

Senior Women's Travel
www.poshnosh.com

Shop Around Tours
www.shoparoundtours.com

Sights and Soul Travels
www.sightsandsoul.com

Sila Sojourns
www.silasojourns.com

Soul Purpose Adventures
www.soulpurpose.bc.ca

Sounds & Furies Productions
www.soundsandfuries.com

Surf Goddess Retreats
www.surfgoddessretreats.com

Tanguera Tours
www.tangomina.com.ar/tanguera/aboutus.htm

Tea Garden Traveler
www.teagardentravel.com

Tiger Travel
www.tigertravel.co.uk

Tours Explore
www.toursexplore.com

Towanda Women
www.towanda.org

Transition Counseling Services
www.transitioncounselingservices.com

Travel with Women
www.travelwithwomen.com

A Twisty Road
www.twistyroad.com

Unleashed Adventures
www.unleashedadventures.com

Valentine Travel
www.valentinetravel.com

Walking Women Holidays
www.walkingwomen.com

Well Arranged Travel
www.wellarrangedtravel.com

Wild Women Expeditions
www.wildwomenexp.com

Woman Tours
www.womantours.com

Womanship
www.womanship.com

Woman Walkers Travel Service
www.womenwalkers.com

Women Xplore
www.womenxplore.com

Women's Only Mountain Biking
www.womensonly.com

Women's Quest
www.womensquest.com

Women's Travel Network
www.womenstravelnetwork.ca

Women Travelling
www.womentravelling.com

Women's Travel Club
www.womenstravelclub.com

Women Welcome Women
www.womenwelcomewomen.org.uk

The World Outdoors
www.theworldoutdoors.com

Agradecimentos

Sou profundamente grata às seguintes mulheres que compartilharam comigo seus destinos favoritos: Stacy Aab, a rede de comunicações das mulheres do Alaska, Claire Alpern, Sarah M. Anderson, Aliana Apodaca, Natasha Lycia Ora Bannan, Barbara Belejack, Donna Bernhardt, Joan Bertin, Lisa Bosler, Shelley Buckingham, Bianca Calabresi, Irma Cantu, Irene Carranza, Trina Chattoraj e família, Krista Claudene-Retto, Karla Cosgriff, Carolina Varga-Dinicu, Larisa Dinsmoor, Marie Doezema, Stephanie Emory, Lauren Erdreich, Neda Farzan, Monica Flores, Susan Frances, Nicole Fraser, Mercedes Gallego, Wang Huaiyu, Anna-Karin Jatfors, Lila Rose Kaplan, Claire Karpen, Debby Katz, Suzanne Kratzig, Rebecca Kroll, Victoria Langland, Anna Lara, Jen Leo, Cheng Lijie, Irene Lin, Amaya Moro-Martin, Sylvia Martinez, Svetlana Mintcheva, Aya Nakashima, Carolena Nericcio, Sheryl Oring, Stacey Panousopoulos, Catharine Patha, Rachel DayStar Payne, Dena Qaddumi, Kavitha Rao, Amy Robben, Lori Robinson, Maria Sacchetti, Amy Schapiro, Michele Serros, Betty Shamieh, Elena Shishkina, Sherry Shokouhi, Jessie Sholl, Jo Slater, Sylvia Smullin, Daphne Sorensen, Laima Sruoginis, Danya Steele, Sonya Tsuchigane, Annie Wald, Beth Weinstein, Betsy White e Jackie Yang.

Agradeço também a esses amantes das mulheres por sua colaboração: Leo Arriola, Stanley Bard, Michael Coren, Robert Edgerly, David Farley, Harley Feldbaum, Harry Finley, Jeff Golden, Brendon Levitt, Fred Magerrison, Eddy Malesky, Tom Miller, Paul Muldoon, Mansir Petrie, Rolf Potts, Michael Robertson, Greg Rubio, Eli Shalom e Peter Silys.

Também sou muito agradecida pelos recursos maravilhosos que existem nos quais as viajantes podem confiar durante suas jornadas, os quais consultei para informações básicas de logística e descrições, especialmente os guias *Lonely Planet, Time Out* e *Moon Travel*. Agradeço também à seção de viagem do *The New York Times, New Yorker, New York Magazine, Washington Post, San Francisco Chronicle, Seattle Post-Intelligencer, Village Voice, San Francisco Bay Guardian, Globe and Mail, The Observer* e outros jornais arquivados no Lexis/Nexis; Wikipedia e Alternet; e os seguintes livros: *1000 Lugares para Conhecer Antes de Morrer*, de Patricia Schultz (Sextante, Rio de Janeiro, 2006); *Apple's America: The Discriminating Traveler's Guide to 40 Great Cities in the US and Canada*, de R. W. Apple Jr. (North Point Press, New York, 2005); *Susan B. Anthony Slept Here: A Guide to American Women's Landmarks*, de Lynn Sherr e Jurate Kazickas (Time Books Random House, New York, 1984); e *100 Things to Do Before You Die: Travel Events You Just Can't Miss*, de Dave Freedman e Neil Teplica (Taylor Publishing Company, Dallas, Texas, 1999).

Agradeço do fundo do meu coração a James e Sean O'Reilly e a Larry Habegger da *Traveler's Tales* por me convidarem para fazer parte deste projeto, e a Susan Brady e Emilia Thiuri, que atuaram como sábias parteiras deste livro. Minha agente Sarah Jane Freymann continua a ser meu anjo literário e minha amiga. Não há palavras para agradecer o Conselho de Humanidades e o Departamento de Escrita Criativa da Universidade de Princeton pela bolsa Hodder que me permitiu ter tempo para pesquisar e escrever este livro. Minhas amigas de Princeton — Tori, Amaya, Jo, Sylvia, Lauren, Maayani, Karla e Elliot — mantiveram minha saúde mental neste ano maluco: *mil gracias* pelas lembranças. Sem minha família eu estaria perdida e sozinha: Irene e Dick Griest, e Barbara, Alex, Jordan e Analina Devora.

Os agradecimentos finais vão para a Mãe da Estrada, que torna todas as viagens possíveis.

Sobre a autora

Stephanie Elizondo Griest se infiltrou na máfia russa, poliu propaganda chinesa e fez dança do ventre com as rainhas cubanas da rumba. Essas aventuras são o tema de seu bem-sucedido primeiro livro: *Around the Bloc: My Life in Moscow, Beijing, and Havana*. A Atria/Simon & Schuster vai publicar as memórias de sua viagem pelo México em 2008. Ela também já escreveu para *The New York Times*, *Washington Post*, *Latina Magazine* e numerosas antologias de memórias de viagem. Viajante insaciável, já explorou 25 países e certa vez passou um ano inteiro dirigindo mais de 70 mil quilômetros pelos Estados Unidos, documentando sua história para um site infantil. Atualmente tem uma bolsa Hodder da Universidade de Princeton e é ex-bolsista do World Policy Institute. Visite seu website em www.aroundthebloc.com.

Este livro foi composto em Liberation Serif
para a Editora Novo Conceito,
em julho de 2011